Inhaltsverzeichnis

Zweite Phase: Zeit des Wohlbefindens. Von wegen

Dritte Phase: Stadium der Belastung.
Jetzt wird's doch erst lustig

Letzter Akt: Die Entbindung

»Der Muttertrieb ist gefährlicher als die Atombombe.«

Loriot

Vorwort

Als ich schwanger wurde, wollte ich sein wie Lisa.

Lisa, Journalistin, hat drei kleine Kinder, ist blond, superschlank, immer gut gelaunt und dabei ärgerlicherweise nicht mal 30!

Also eigentlich wie die Mami aus einer US-Komödie. Zu schön, um echt zu sein. Eigentlich will und sollte man sie hassen. Geht aber nicht. Weil sie so lustig und auf dem Boden geblieben ist. Und deswegen will jede Lisas Rat. Weil jede Mutter auch ein bisschen Lisa sein will. Ich eben auch ... (Caro)

Ich beneidete Caro um ihre Schwangerschaft.

Täglich schleppte ich mich und meine drei Kinder mit Zwillingswagen samt Kiddyboard plus fünf Tüten Sandpielzeug, Fläschchen, Knabberzeug zum Spielplatz und ließ mich von der Realität einholen.

Caro, der superhippe Lockenkopf, würde demnächst also auch über Windeln diskutieren. Am besten mit mir, fand ich, denn es gibt nicht viele Menschen, die aus einem derartig wilden, zielstrebigen Leben herausgerissen und durch eine Schwangerschaft in eine neue Welt geschubst werden. Ich erkannte mich da wieder. Und wollte noch einmal dabei sein ... (Lisa)

Mit der Schwangerschaft betreten wir eine Welt, von der wir bislang nicht wussten, dass sie existiert. Eine Welt, in der wir fast täglich denken: Was soll DAS denn jetzt? Ich glaub, mich tritt ein Kind!

»Haben Sie noch Fragen?«, leierten unsere Frauenärzte nach dem ersten Ultraschall herunter, während wir uns noch das Glibbergel vom Bauch wischten.

Und: O ja. Wir hatten Fragen.

Unendlich viele.

Wir fanden etliche Infos zu Bauch und Baby – nichts aber zum Lebensgefühl Schwangerschaft. *Wie läuft das jetzt mit der Gleichberechtigung und dem Papi? Verkraftet mein Job das unter Umständen? Warum sehen wir schwanger plötzlich nur noch Schwangere? Sollen wir uns freuen, dass wir plötzlich die Behindertentoilette nutzen dürfen? Ist meine Lieblingsjeans nun ein Fall für den Altkleider-Container? Werde ich eine dieser nervösen Mamis, die ständig nur noch über ihre Kinder reden? Wie werde ich wieder lässig? Übertreibe ich?*

Das war der Moment, in dem die schwangere Caro auf Lisa traf. Zwei 29-Jährige. Die eine Karriere-Girl mit Freude am Exzess. Die andere Dreifachmutter mit Job und Ehe. Lisa war die Frau von Caros Arbeitskollegen.

»Glückwunsch zur Schwangerschaft«, schrieb sie eines Tages ins Chatfenster.

Und Caro offenbarte: »Danke. Ich wollte dich längst anschreiben, hab mich aber nicht getraut. Weil bestimmt jeder dich mit Fragen nervt ...«

Lisas Antwort folgte prompt: »Frag, frag, frag!«

Und nach vielen Mailwechseln kam uns die Idee, noch mehr Frauen an diesem Austausch teilhaben zu lassen. »Lass uns doch ein Buch draus machen!«

Hier ist es.

Erste Phase:
ZEIT DES NEUBEGINNS. LOS GEHT'S

1.

Da hast du Sex in the City –
und dann wird da echt ein Baby draus!

Liebe Lisa,

in einem indischen Ashram, nach stundenlanger Meditation und Selbstreinigung, würden wir uns in zügelloser Leidenschaft verlieren und auf einer bunten Matratzenlandschaft zwischen Räucherstäbchen und Sikh-Gesängen das Wunder der Zeugung vollbringen und unsere Liebe krönen.

Tja, so oder so ähnlich hatte ich es mir vorgestellt, wie mein Freund und ich einmal Baby-Sex haben sollten. Eine unvergessliche Nacht. Oder zumindest ein unvergesslicher Nachmittag. Oder zumindest irgendwas, an das ich mich überhaupt erinnern kann. Ich meine, sollte der Moment der Zeugung nicht ein total wichtiger sein, bei dem man halb erleuchtet ist und an den man sich als Paar für immer gemeinsam erinnert? So dachte ich auf jeden Fall bisher. Das Dumme ist: Ich bin jetzt in der achten Woche schwanger und habe keinen blassen Schimmer, wann es passiert ist.

Ich fürchte nur, es war dieses viel zu gemütliche unbedeutende Wochenende, an dem mein Freund und ich zu Hause waren. Samstagnachmittag. Oder auch Sonntagmorgen. Ich packte meine Koffer, um am Montag für zwei Monate nach China für einen Sprachurlaub zu fliegen. Er hatte zwischen spätem Frühstück und dem HSV-Spiel auf dem Sportkanal noch ein bisschen Zeit für mich. Irgendwo zwischen Bett, Sofa, nicht aufgehängter Wäsche, Einkaufstüten und Duschkabine wird es dann wohl passiert sein. Die Zeugung unseres Babys. Wir hätten es besser planen können. Und vor allem besser wissen sollen. Wir benutzten keine Kondome. Mit der Pilleneinnahme nahm ich es nicht so genau, weil's mir mit 29 auch langsam ein bisschen egal war.

Tja, so leicht kann's gehen. Zehn Minuten Sex – und dann gleich der Hauptgewinn.

Lustigerweise war ich am Tag davor – kurz vor der langen Reise – noch zur Kontrolluntersuchung beim Frauenarzt gewesen. »Wenn Sie sich ein Kind wünschen, wird das sehr schwierig für Sie, Frau Rosales«, hatte der Doc mich aufgeklärt. »Sie haben einen unregelmäßigen Zyklus und Ihre Gebärmutter ist nach hinten geneigt.« Er griff nach einem kleinen Prospekt auf seinem Tisch. »Sollten Sie Fragen zu einer Fertilitätstherapie haben, sprechen Sie mich an.« Ich war kurz verwundert. »Ich bin doch erst 29«, entgegnete ich. »Ja, eben«, raunte er zurück. »Es wird ab jetzt von Jahr zu Jahr schwieriger für Sie.« Etwas enttäuscht hatte ich die Praxis daraufhin verlassen. Dass mein Frust über diesen Idioten nur zwei Wochen halten sollte, konnte ich ja an diesem Tag noch nicht ahnen.

Fazit für mich: Irgendwie toll, dass immer alles anders kommt und Mutter Natur den kleinsten, noch so unbedeutenden Quickie ohne Sterne-Gucken und Sich-in-die-Augen-Schauen gelten lässt. Beim nächsten Kind will ich aber Champagner, Satin-Bettwäsche und ein Feuerwerk. Mindestens.

Wie war das denn bei euch so?

Liebe Caro,
echt rührend, wie romantisch deine Zeugungsvorstellungen sind. Ich habe mir um diesen Moment eigentlich nie groß Gedanken gemacht. Aber ich kenne tatsächlich Frauen, die meinen, sie könnten schon beim Vollzug ihrer Ehe merken, dass es mit dem Baby diesmal geklappt hat. Viel mehr noch: dass sie bereits im Moment der Zeugung spüren, ob es ein Mädchen oder ein Junge werden würde. Das sind genau die Frauen, die später auch von einer »psychischen Nabelschnur« sprechen. Nabelschnur? Psychisch? Was wie ein Thriller klingt, soll einfach nur bedeuten, dass sie als Mütter, egal wie viele tausend Kilometer sie von ihrem Kind entfernt sind, spüren, wenn es ihrem Schätzchen mal nicht gut geht ... Hach!

Aber das mit der bedeutungsgeschwängerten Zeugungsmoment-Sache scheint nicht nur dir so zu gehen! Neulich war ich auf der Hochzeit eines Freundes und der Brautvater erzählte in seiner Rede doch tatsächlich, was er bei der »Herstellung« seiner Tochter aus dem Fenster sehen konnte – die Spree nämlich, aus einem schicken Berliner Hotel heraus. Da schweifte mein Blick dann doch mal kurz von ihm zur Brautmutter – Reiterstellung? – und ich beschloss: Manche Dinge möchte ich mir einfach nicht vorstellen.

Da können sich meine Kinder durchaus glücklich schätzen, denn derartige Anekdoten werde ich auf ihrer Hochzeit sicherlich nicht erzählen. Weil ich erstens gar nicht mehr wirklich weiß, wann es passiert ist, und weil ich zweitens dabei bestimmt nicht aus dem Fenster geschaut habe. So viel ist sicher!

Ich muss dich also enttäuschen, wenn du von mir eine Feuerwerks-Aha!-das-Ei-ist-befruchtet-Geschichte hören möchtest. Das lief bei uns alles sehr technisch: Nach fünf Monaten ohne Verhütung und ohne Schwangerschaftsanzeichen gab ich bei Google »Fruchtbare Tage« ein und zack – war ich zwei Wochen später schwanger. Klar, ich hatte nachher immer eine Kerze gemacht. Also nicht eine Kerze *an*gemacht, sondern diese Sportübung vollzogen, Beine in die Luft, damit das Bienchen auch zum Blümchen findet. Hatte so ein Gerücht gehört, dass das hilft. Und funktionierte dann ja auch. Aber ich denke, dass Dr. Google da doch mehr geholfen hat als meine Verrenkungen. Und auch wenn Internetsuchmaschinen sonst nicht besonders zuverlässig sind, hier traf mal eine ins Schwarze. Toll!

Also insofern kann ich sogar zurückverfolgen, an welchen Tagen es ungefähr passiert sein muss. Aber Details und das Gefühl »Jetzt ist es passiert!« – nein, damit kann ich nicht dienen. Meine nächste Erinnerung nach dem blauen Strich auf dem Pinkel-Plastikstäbchen, das sich Schwangerschaftstest nennt, war dann: ein fantastischer Geruchssinn. Große zwickende Brüste. Und die Kloschüssel, die für einige Wochen meine beste Freundin wurde.

Ich hab ja nichts dagegen, wenn du nach der nächsten Zeugung ein Feuerwerk zündest, aber freu dich doch einfach erst mal, dass es so schnell geklappt hat. Da hast du dir eine Menge

Grübelei erspart, denn einige stellen sich die Frage nach dem Pro und Contra für oder gegen ein Kind ja so lang, bis die biologische Uhr nicht mehr tickt. Der Berliner Autor Malte Welding schreibt zum Beispiel in seinem Buch ›Frauen und Männer passen nicht zusammen – auch nicht in der Mitte‹:

»Es gibt ungeheuer viele Gründe, keine Kinder zu bekommen, wenn man erst anfängt nachzudenken. Hirn ist ein evolutionärer Nachteil geworden.«

Eben!

Gut, dass uns diese Denkerei erspart blieb. Und neben der gedanklichen Abwägung haben wir zudem noch einiges an Geld gespart. So eine Fertilisationstherapie gibt's nämlich nicht umsonst! Als ich frisch mit den Zwillingen schwanger war und meine Mutter das im Dorf erzählte, da gratulierte die Dame vom Tante-Emma-Laden und fragte: »Hat sie sich datt gegönnt?« Meine Mutter stand auf der Leitung. »Wie bitte?« – »Na, so 'ne In-vitro-Geschichte kostet ja auch …« Es war nicht das letzte Mal, dass ich auf künstliche Befruchtung angesprochen wurde. Zwillinge bedeuten anscheinend automatisch In-vitro für viele. War bei mir aber eben nicht so. Ach, was habe ich mich dann immer gefreut über die gesparten 10 000 Euro. Meine Zwillinge: ein Schnäppchen!

2.

Motherfucker:
Wie hast du's deinem Mann gesagt?

Liebe Lisa,
mal eine ganz einfache Frage vorneweg: Wie hast du's eigentlich deinem Kerl gesagt? Ich glaube nämlich, ich hab's vermasselt. An dem Tag, als ich erfuhr, dass ich schwanger bin, war ich total im Stress. Ein eigentlich banaler Tag, nur eben ein besonders arbeitsreicher, an dem mir tausend Dinge im Kopf rumschwirrten.

Ich saß in einem Sandwich-Café in Peking mit meinem Laptop, musste eine Reportage schreiben, von der ich wusste, dass sie nur zur Hälfte was taugt, und putzte mir zur Freude der Umsitzenden alle fünf Minuten die Nase, weil ich eine fette Grippe hatte. Und das im März. Wie unnötig.

Am Abend, als ich endlich meine Jacke anzog und das Café verließ, machte ich noch einen Schlenker über den Drogerie-Markt, um Zahnpasta zu kaufen. Als ich meinen Mini-Einkaufswagen durch die Gänge schob, fiel mein Blick auf eine Regalreihe voller (wohlgemerkt chinesischer) Schwangerschaftstests. Es schnellte mir durch den Kopf wie ein Blitz. Hätte ich nicht vor einigen Tagen meine Regel bekommen müssen? Irgendwie sollte es längst so weit sein.

Also schnell testen.

Auf der Toilette des benachbarten Starbucks.

Ich pinkelte auf den Streifen, wartete 30 Sekunden und schaute dann auf das Testfenster. Nichts! Kein zweiter Streifen. Also, nicht schwanger. Da es auf der Toilette keinen Mülleimer gab, steckte ich den Teststift in meine Jackentasche und rannte zum Taxi. Und dann die Überraschung: Als ich zehn Minuten später vor meiner Haustür aus dem Taxi sprang, um meinen Freund im Hostel abzuholen, wollte ich den Test gerade im Vorbeigehen in eine öffentliche Mülltonne auf der Straße pfeffern, als ich wie angewurzelt stehen blieb. Da war er. Ganz blass und hellrosa, statt dunkelpink wie auf der Packung beschrieben.

Hell erleuchtet vom Neonröhrenlicht einer chinesischen Trinkpäckchen-Reklametafel.

Der zweite Streifen.

Ich glaubte dem Test irgendwie (noch) nicht. Und schmiss ihn weg. Aber die Verwirrung blieb.

Im Hostel angekommen, sagte ich meinem Freund dann kein Wort – genau fünf Minuten lang.

Ich weiß nicht, wie es dir geht, Lisa, aber ich kann vor ihm kein Pokerface machen.

Und wenn ich über etwas grübele, dann soll er es gefälligst wissen, damit er mit mir grübeln kann. Scheiß auf Schmetterlinge! Scheiß auf den Film-Moment!

Ich dachte immer, ich würde es ihm bei einem romantischen Candle-Light-Dinner sagen, den Schwangerschaftstest wie eine Uhr in eine Schmuckschatulle packen und dann verschenken. So hatte ich es mal in einem französischen Film gesehen. Dumm nur, dass wir ausgerechnet den zusammen gesehen hatten. Kreativ fand ich auch, einen Glückskeks zu bestellen, auf dessen Zettelchen steht: Du wirst Vater. Den hätte ich ihm bei einem Besuch im China-Restaurant heimlich zum Nachtisch gelegt. Toll in der Theorie.

Stattdessen saß ich auf dem Hostelbett, während er sich zum Essengehen fertig machte, stammelte von einem chinesischen Schwangerschaftstest, den ich möglicherweise falsch gedeutet hatte und morgen mithilfe eines Lexikons, das man bestimmt irgendwo besorgen könnte, wiederholen müsste. Ich blickte etwas zerknirscht zu ihm.

»Toll, dann werden wir wohl Eltern«, erwiderte er cool.

Ich verzog das Gesicht. Seufzte in dem Wissen, das ich einen geschichtsträchtigen Moment meines Lebens vermasselt hatte, und antwortete: »Vermutlich.«

Zu viel für mich. Auf den Schock-Verwirrungsmoment rauchte ich meine letzte Zigarette auf dem Balkon des Zimmers. Vermasselt ist vermasselt ist vermasselt.

Liebe Caro,
zu diesem Thema werden ja viele Geschichten vermittelt. Die Variante Proll geht so:

»Ey Hase!«

»Ja, Schatz?«

»Bist 'n Motherfucker jetzt.«

»Was?«

»Na, ich bin trächtig. Baby im Bauch. Du vögelst ab jetzt 'ne Mutter.«

Der Dialog geht dann sicher noch weiter, enthält aber bereits jetzt so viel Kerninfo, dass ich gern schnell zur nächsten Variante komme. Zum Beispiel die meiner Großtante Irene. Die Variante Tante also – strotzend vor Feinfühligkeit. Als Irene hörte, dass ich schwanger bin, meinte sie als erstes zu meinem Vater: »Da musst du wohl jetzt mit 'ner Oma ins Bett.« Muss man denn selbst bei diesem sensiblen Thema immer gleich an Erotik denken? Ich finde nicht. Klar läuft das nicht immer alles hollywoodreif, hast du ja selbst gemerkt. Aber immer gleich in die Kerbe Sex hauen? Hm. Bei mir und meinem Mann, also im echten Leben, da war das auf jeden Fall viel romantischer.

Ich kam nach einem langen Tag von der Journalistenschule nach Hause. Hatte den Interviewtermin des Pathologen sogar geschwänzt, weil ich müde war und keine Lust auf eine Reportage über Leichenschneider hatte. Mein Freund begrüßte mich überschwänglich. »Afrika klappt! Wir können auf einer Farm in Lesotho anfangen. Du darfst mit Touristen ausreiten, ich helfe bei den Gästezimmern und auf dem Hof.« Ich sagte: »Oh, dann geh ich jetzt erst mal 'nen Test machen.«

Ich war überfällig. Ich hatte schon seit Langem einen Schwangerschaftstest zu Hause rumfliegen. Denn ich wollte schwanger sein. Dann tat ich also, was auf der Packungsbeilage stand, und ein kleiner blauer Strich veränderte mein Leben. Schnell war klar, was da stand. So klar, dass ich beinahe die Benutzung von Toilettenpapier vergaß und mit runtergelassener Hose rausgerannt wäre. Lisa! Tief atmen. Noch mal zurück zur Kloschüssel. Ohgottohgottohgott. Ich schaffte es dann doch noch ordentlich raus aus dem Bad. Ich stand im Türrahmen zum Wohnzimmer. Hose oben, wo sie hingehörte. Ich muss komisch gegluckst haben, schlug die Hände vor den Mund. Mein armer Kerl. »Wie? Schwanger, oder was?« – »Tja« antwortete ich und zog die Schultern hoch. »Wie sicher ist das?« – »Da steht 99 Prozent.« – »Krass.« Mein erstes Freudentränchen blieb ungetrocknet, denn mein Freund (damals noch Freund) tigerte durch die Wohnung, hin und her wie ein traumatisiertes Zootier im Käfig. »Komm, wir kaufen noch 'nen neuen zur Sicherheit«, meinte er schließlich, ganz aktionistisch. »Okay.«

Es ist süß, Männer in solchen Situationen zu erleben. Sie wollen immer etwas TUN. Wir zogen uns an. Es war November, ich erzählte der Apothekerin aufgeregt mein Leben. »Ich. 23 Jahre alt. Verliebt. Schwanger. Test. O Gott.« Sie verkaufte mir einen neuen Test, gratulierte, und ich dachte: Es kann doch nicht sein, dass die Apothekerin das vor meiner eigenen Mutter weiß!

Wir wohnten damals noch in Berlin-Friedrichshain, fuhren mit neuem Test im Auto erst einmal zum Treptower Park und waren die einzigen Menschen dort. Nasskaltes Novemberwetter. Wir hielten Händchen und dachten an Kinderwagen. Wir kamen am Biergarten »Eierschale« vorbei, mein Liebster musste pinkeln. Und während er zur Toilette verschwand, ging ich zu einem Tisch mit Schirm darüber. Dort stand ja jemand! Stand der da grad schon oder war das hier alles ein Film? Ich sagte: »Ich hätt' gern zwei Gläschen Sekt«, und er hatte welchen. Mit Plastik-Gläsern stießen wir dann auf unsere Zukunft an. Mitten im Park. Wie in Trance vor lauter Gefühlen. Dann fing es – kein Witz – zu regnen an. Es hätte nur noch gefehlt, dass der Soundtrack aus ›Die fabelhafte Welt der Amélie‹ erklungen wär' und wir wirbelnd zu tanzen begonnen hätten ... Zu kitschig, um wahr zu sein.

3.
Kleine Brülltonnen –
Wird mich mein Baby so nerven wie fremde Kinder?

Liebe Lisa,
auf die Gefahr hin, dir als junger Mutter von drei bezaubernden blonden Engeln das Herz zu brechen: Ich hasse kleine Kinder. Wenn sie im Supermarkt laut rumschreien, ihren matschigen Kinderkeks auf dem Bahnsitz verteilen oder im Café die Aufmerksamkeit meiner Mami-Freundin einnehmen, die sich mehr darüber freut, dass ihr kleiner Benni ihr gerade auf die Schulter gesabbert hat, als über meinen neuen Job. Aber, fein.

Eigentlich war ich bislang immer sehr zuversichtlich, meine Schwangerschaft würde meine Hassgefühle gegenüber fremden plärrenden Kindern in der Öffentlichkeit von einer Sekunde auf die andere einstellen – aber nichts da! Dass ich übrigens mit dieser gemeinen Haltung nicht allein bin, zeigt mir der Comedian Michael Mittermeier (›Achtung Baby!‹), der den Begriff des Arschlochkindes prägte.

Ich meine, mal ehrlich, Lisa! Da sitze ich am Sonntagnachmittag mit Freunden im Biergarten Prater in Prenzlauer Berg bei einem schwangerschaftsfreundlichen alkoholfreien Radler, als plötzlich zwei dreijährige Jungs in Latzhosen anfangen, die Leute am Nebentisch mit Kies zu bewerfen. Irgendwann trottet dann der Vater mit einer Mischung aus Müdigkeit und Genervtheit an den Tisch, entschuldigt sich bei den Leuten und sagt seinen Jungs auf die Gefühlvoll-Pädagogische, dass sie das lieber lassen sollen. Ganz toll.

Seitdem habe ich neu über Nerv-Kinder nachgedacht. Denn höchstwahrscheinlich können die kleinen Monster ja gar nichts dafür, dass sie völlig schamlos herumheulen, Menschen belästigen und eine Qual für ihre Umwelt sind. Ich weiß, euch Eltern darf man so was ja nicht sagen: Aber wahrscheinlich seid ihr einfach zu lasch und weich gekocht von eurem Pausbäckchen-Alter-Ego.

Meine Bekannte kommt zum Beispiel aus einer reichen, strengen syrischen Familie. »Als ich vier Jahre war, hatte ich ein kleines Tutu an und habe für die Freunde meiner Eltern Ballett getanzt«, erzählte sie mir neulich. Gut, dass Farah heute eine hoffnungslos unstetige Malerin ist, die immer Geld, Ruhm und Exzess braucht, lasse ich jetzt mal beiseite. Aber wie man sieht, ist das mit den kleinen Brülltonnen in der Bahn doch eine Frage der Erziehung, die nicht unbedingt zu verklemmten Spießer-Vorzeige-Schwiegertöchtern führen muss.

Warum erwartet ihr Eltern immer, dass alle Umstehenden Tränen des Mitgefühls vergießen, weil eurem Baby gerade ein Furz quer sitzt?! Tragt doch euer Baby einfach aus der Bahn, wenn es schreit, dann würden wir (Noch-)Kinderlosen uns weniger über kleine Quälgeister aufregen!

Stattdessen kniet ihr euch hin und sagt so lange Sachen wie: »O Elias, hast du Aua?«, bis auch der letzte besoffene Fahrgast-Penner an eurer Zurechnungsfähigkeit zweifelt.

In New York – habe ich letztens in einem Film gesehen – geht es, was das angeht, übrigens noch irrer zu. Da lernen Mütter in irgendwelchen versnobten Baby-Schulen, dass es am besten ist, mit dem Baby oder dem Kleinkind mitzuweinen. Das heißt, sobald Baby losheult, tut Mami so, als würde sie auch ganz, ganz traurig sein und heult laut mit wegen der ach so wichtigen Mutter-Kind-Bindung.

Für mich steht fest: So werde ich nicht. Ich werde vernünftig mit meinem Baby reden, damit es sich direkt daran gewöhnt. Ich werde mich tausend Male entschuldigen, wenn mein Kind einen Fremden ankotzt, und mich nicht so verhalten, als wäre es das Normalste der Welt, auf der Café-Toilette eine Kack-Windel zu wechseln. Das muss man doch hinkriegen! Oder etwa nicht?

Auf der anderen Seite bin ich mittlerweile auch gar nicht mehr so sicher, wie es mit meinem eigenen Baby wird. Ich meine: Es ist nicht so, dass mein ungebremster weiblicher Hass auf plärrende Kinder mir selbst keine Sorgen macht. Von meiner Bekannten Nadja habe ich sogar gehört, dass es in den ersten Monaten fast mit ihr durchgegangen wäre. Nadja hatte ein Schreikind – wie geschätzte zehn Prozent aller Mütter. Das sind Babys, die laut Ärzten mindestens drei Stunden am Tag durchweinen. Nadja erzählte mir, dass sie in der ersten Zeit sogar Selbstmordgedanken hatte und ihr Kind am liebsten gegen die Wand geworfen hätte. Ich meine, nicht, dass wir uns falsch verstehen. Nadja ist keine Klischee-Asi-Mutter, die vormittags Bier trinkt und ihr Baby alleine lässt, um ihre Pfandflaschen zu Penny zu bringen. Im Gegenteil: Sie ist Akademikerin und Nachrichtenredakteurin für einen großen deutschen Fernsehsender und im echten Leben eher ein zurückhaltendes Mäuschen. Ich dagegen bin eigentlich eher impulsiv und eine Frau der Tat – was das alles nur noch schlimmer machen dürfte. Die Frage: Wird mich mein eigenes Baby genauso nerven wie die Kinder in der Bahn? Und schlimmer noch: Werde ich darüber sogar gewalttätig, weil ich das arme schreiende Baby als Zielscheibe meines angestauten Mutterfrustes sehen werde? Werde ich am Ende sogar eine Sadisten-Mutter, über die man dann in der Zeitung liest? Oder werde ich so eine weich gespülte, resignierte »Hast du Aua«-Mutti?

Habe ich etwas komplett missverstanden? Und jetzt sag mir nicht, dass mein aufkeimendes Mama-Gen mich am Ende doch in die Knie zwingen wird! Bist du etwa genau so Eine? Jetzt mal ehrlich! Die Wahrheit, bitte, die schonungslose!

Liebe Caro,
sag mal, kannst du eventuell deinen Frauenarzt fragen, ob er dir ein paar mehr Schwangerschaftshormone spritzen kann? Du beschreibst meine Kleinen als »bezaubernde blonde Engel« und sagst im gleichen Atemzug, dass du Kinder hasst. Das macht mir Sorgen!

Allerdings: solche wie du sind meistens die schlimmsten. Machen in der Schwangerschaft einen auf hart und werden dann die überzeugtesten Übermütter der Nation. Tofufütternde Löwenmütter, die ihre Kinder wie rohe Eier behandeln. Warte nur ab. Du wirst nicht gewalttätig, im Gegenteil.

Lustigerweise ist mir das mit dem Prater-Biergarten in der letzten Woche just so passiert, wie du es beschreibst. Mein Mann hatte Besuch von alten Kumpels aus der westfälischen Heimat. Ich wollte sie auch mal wiedersehen, wir hatten aber keinen Babysitter und so schleppte ich die Kinder gegen 18 Uhr einfach mit. Du musst wissen: Kinder entwickeln oft eine Eigendynamik, die du nur schwer steuern kannst, besonders wenn sie in einer Gruppe unterwegs sind. Einer wirft ein Steinchen, dann der nächste, das ist ein bisschen so wie in Berlin-Kreuzberg am 1. Mai. Mein Pech war, dass unsere Freunde die ersten Steinchenwürfe beobachteten und – Todsünde! – mit Lachen reagierten. Ein Freifahrtschein für meinen Nachwuchs! Noch ein Stein, Geröle, noch einer und so weiter. Mir blieben zwei Möglichkeiten: aushalten und locker bleiben. Oder Kinder packen und ab nach Hause. Nur: Damit wäre ja auch mein Abend versaut gewesen!

Die von Außenstehenden als dritte Option betrachtete Möglichkeit, die Kinder zu ermahnen und damit von ihrem Tun abzuhalten, gibt es in der Realität kaum. Man hätte dann eher mindestens zwanzig Minuten lautstarkes Geheule und Geschrei und müsste versuchen, drei Kinder auf einmal zu bändigen.

Was mich daran ärgert: Egal, was die Kinder in der Öffentlichkeit anstellen, ob sie jemanden als »Kackamann« bezeichnen oder eine Auto-Alarmanlage auslösen – immer sind gleich die Eltern schuld. »Können Sie nicht mal aufpassen!«, heißt es dann. Statt den Kindern selbst die Ohren lang zu ziehen. DIE bauen doch hier gerade Scheiße, nicht ich. Und man höre und staune: Ja, die haben einen EIGENEN Charakter, der sie lenkt. Trotzdem entschuldige ich mich brav beim Nachbartisch im Biergarten für die Steinewurf-Aktion. Und halte damit den Kopf hin für etwas, das ich gar nicht getan habe. Wäre ja auch okay so, wenn ich denn dann auch den Stolz zur Schau tragen dürfte, wenn meinem Kind etwas gelingt. Aber hast du schon einmal eine Mutter gesehen, die nach dem Theaterauftritt ihres Jüngsten aufgestanden ist und sich selbst hat feiern und applaudieren lassen, weil sie seit sechs Wochen immer wieder denselben Satz mit ihrem Kind geübt hat und ihm täglich sein Lampenfieber von der Stirn gestreichelt hat? Das ist das Undankbare an diesem Mutterjob: Für dich klatscht keiner. Für Schlechtes musst du aber geradestehen. Ist das nur mein subjektives Empfinden oder stimmt daran tatsächlich etwas Grundlegendes nicht?

Ich bin in einem wenig autoritären Kinderladen im Westberlin der 80er-Jahre groß geworden. Da kam es schon vor, dass mein großer Bruder zu Hause anrief und sagte: »Hey Mama, wir haben die Erzieher gefesselt, du kannst uns abholen kommen.« Geweint haben unsere Eltern trotzdem nicht mit uns, wie du es aus New York beschreibst. Davon habe ich noch nie gehört! Dass Eltern aber mitunter mitfühlend und kindisch werden, das kann ich schon bestätigen. Meine Freundin Svenja erzählte mir neulich, ihr Sohn Finn habe sich mit einem anderen Jungen auf dem Spielplatz um eine Schaufel gestritten, was die Mutter des Jungen veranlasste, Finn mit Sand zu bewerfen. Eine Mutter wirft Sand auf ein Kind! Es ist unglaublich, aber manche Mütter *sind* so! Oder nein, Caro, sie sind nicht so. Sie *werden* so. Mach dich da auf was gefasst.

Du musst ja nicht mit Sand auf fremde Kinder werfen, aber so ein bisschen »Hüddeldüddel«-Sprache wirst du dir schon aneignen, ob du willst oder nicht. Du sagst zwar, du möchtest mit deinem Baby vernünftig reden, aber was, wenn es nur »Hmm, bähh, ba, ba« antwortet? Das Wort »Hund« geht einem Kind eben nicht so leicht über die Lippen wie »Wau wau«, und wusstest du, dass es für diese veränderte Elternsprache sogar einen Fachbegriff gibt, nämlich »Ammensprache«? Die Tonlage wird höher, die Intonation übertrieben. »Ja, wer IST denn da? Dutzidutzi?« Dass dich das im Café mit deiner Freundin nervt, wenn du ihr von deinem Job erzählst, kann ich schon verstehen. Warum du dich allerdings über das Wickeln im Café-Klo aufregst, erschließt sich mir nicht. Sei doch froh, dass sie es nicht neben deinem Latte Macchiato tut!

Ach, ich bin ja selbst manchmal so eine Klischeemutti. Da hab ich mal Ausgang ohne Kinder und fahre zum Friseur und rege mich in der Bahn über eine Mutter auf, die mit zwei kleinen Jungs einsteigt. Sie redet sehr laut. Zu laut. Sie betont je-de Sil-be. »Janni, wenn dir waaarm ist, dann zieh dir deine Kapuuuze vom Kopf.« Sie redet ununterbrochen sehr laut. Von den Kindern ist kaum etwas zu hören.

Diese Mutter will ganz korrekt mit ihren Sprösslingen umgehen, schießt es mir zynisch durch den Kopf, ihnen gutes Dinkel statt bösen Weizen andrehen, sie möchte sie betont ernst nehmen, obwohl ihre Kinder vielleicht gerade mal zwei und drei Jahre alt sind. Sie wird nicht müde, ihnen jedes einzelne Detail in dieser Straßenbahn zu erklären. In lautem Ton, damit bloß auch die anderen Fahrgäste hören, wie pädagogisch wertvoll sie ihren Nachwuchs erzieht. So weit die Vorurteile, die durch meinen kurzfristig kinderfreien Kopf schwirren.

Als ich aber am späteren Nachmittag selbst in einer Familien-Polonaise mit den Kids eine Bahn betrat, begann ich, ihnen jedes Detail zu erklären, in klarem Ton, damit sie alles verstanden. Ich meine, hey, hier ging es schließlich um meine Kinder! Und erst nach einiger Zeit platzte dann die Erinnerung in meinen Mama-Egoismus. An die Straßenbahnszene an meinem kinderfreien Vormittag. Ich erinnerte mich an die nervige Vollblutmutti und merkte: Verdammt, ich bin auch nur eine Mutter. Dir wird es ähnlich gehen, Caro, glaub mir.

4.

Mein Kerl ist ein Traum –
Aber muss ich ihn wegen des Kindes jetzt auch
gleich heiraten?

Hey Lisa,
ich habe es heute meinem Chef gesagt! Dass ich schwanger bin!
Und rate mal, was seine erste, spontane Reaktion war. Er fragte:
»Und, heiratet ihr jetzt auch?«

Und ich war total baff. Mit der Frage hatte ich überhaupt nicht
gerechnet. Ich stammelte so etwas wie: »Ja, also vielleicht.«

Chef-Deutsch, versteht sich. Immer vage, aber betont freundlich bleiben. Ich meine, was antwortet man auf so eine Frage
schon?

»Dafür müsste ich mich erst einmal scheiden lassen.«

»Geht nicht, weil ER noch verheiratet ist.«

»Ich habe ihn gefragt, aber er meinte, er hat noch nicht mit
genügend Frauen geschlafen.«

»Ich glaube nicht, dass er der letzte Mann sein sollte, mit dem
ICH ins Bett gehe.«

»...«

Aber mal ganz ehrlich, Lisa: Ich halte nicht wirklich viel vom
Heiraten.

In meinem Lieblingsfilm ›Krieg und Frieden‹, der Version mit
Audrey Hepburn, sagt Fürst Andrej Bolkonski zum Grafen Peter
Besuchow: »Heirate nie, Pierre. Sonst geht alles Schöpferische in
dir zugrunde.«Den Satz habe ich das erste Mal mit zwölf Jahren
gehört, als der Streifen während der Weihnachtsfeiertage im Öf-
fentlich-Rechtlichen lief, und seitdem wie ein Mantra in Erinnerung behalten.Weil Heiraten ja doch irgendwie angestaubt ist
und einen beschränkt. Oder um es mal mit den Worten von J. R. R.
Tolkien zu sagen: »Ein Ring, sie zu knechten, sie alle zu finden, ins
Dunkle zu treiben und ewig zu binden.«

Haha! Ja, ich weiß, findet eine verheiratete Frau wie du nicht lustig. Aber das liegt auch daran, dass ihr Ehefrauen ein Image-Problem habt.

Ehefrauen flirten nicht.

Ehefrauen sind ständig eifersüchtig und kommandieren ihren Kerl rum.

Ehefrauen tanzen nicht bis acht Uhr morgens in Diskos.

Ehefrauen ziehen immer dasselbe an.

Ehefrauen fangen Sätze mit »Wir ...« und »Also, mein Mann und ich ...« an.

So ist das. Und weil ich auf das alles, bis vielleicht auf das Herumkommandieren, keine Lust habe, lasse ich mich nicht wegheiraten. Punktum.

Oder sollte ich etwa doch? Es ist halt so im Moment: Bis dato hatte ich nie einen Zweifel an meiner Anti-Ehe-Haltung. Doch jetzt, wo ich schwanger bin, beginne ich, über ein paar Dinge nachzudenken. Wird es mein süßes Baby nicht besser finden, wenn Mama und Papa verheiratet sind? Ich meine, klar gibt es heutzutage so viele Modelle: Patchwork-Familien, zwei Mamas, zwei Papas, Alleinerziehende – aber finden es Kinder nicht immer schön und beruhigend zu wissen: »Ah, Mama und Papa, die sind verheiratet – die gehören also (theoretisch) für immer zusammen. Die trennen sich nicht mal eben so.«

»Kinder sind konservativ«, hat mal einer der Erfinder der ›Sendung mit der Maus‹ in einem Interview gesagt. Sie wollen nicht, dass der kleine blaue Elefant morgen gelb und übermorgen rosa ist. Ein bisschen sollten sich deshalb auch Mama und Papa danach richten. Denn Kinder brauchen so viel Halt und Sicherheit wie möglich. Und diese Sicherheit ist vielleicht auch die Ehe ihrer Eltern. Oder liege ich da falsch?

Auf der anderen Seite gibt es da natürlich noch den nicht unbeträchtlichen Druck der Umwelt, deren Weltbild ohne Trauschein völlig durcheinandergerät. Nicht nur der Chef, sondern auch Freunde, Familie, Kollegen und Bekannte fragen uns in letzter Zeit öfters mal: »Wollt ihr nicht heiraten?« Oder schlimmer noch: »Warum seid ihr eigentlich nicht verheiratet?« Bei letzterer Frage schwingt immer mit: »Na, wollte er dich nicht?«, oder: »Seid wohl doch nicht so verliebt, wie ihr immer tut.«

Schande, Schande!

Fazit: Wenn man als Paar mit Kind nicht auf jeder Dinner-Party in bestimmten Kreisen einen peinlichen Moment der Stille am Tisch erzeugen will, sollte man wohl besser schnell einen Termin im Standesamt machen.

Aber muss das wirklich sein?

Gut, zugegeben: Heiraten, die öffentliche Bekundung der Liebe, ist natürlich furchtbar romantisch. Dagegen kann und darf niemand etwas sagen. Und, hey, mit mehr als 18 Millionen Ehen in Deutschland ist sie immerhin noch die häufigste Form des Zusammenlebens von Paaren. Aber kommen wir doch mal zum Punkt: Ich bin verliebt. In meinen Freund. In unser Leben. In das Baby, das in meinem Bauch heranwächst. Aber muss ich deshalb gleich heiraten? Oder anders gefragt: Gibt es wirklich richtig gute, wichtige Gründe, die für die Ehe sprechen, wenn man ein Kind hat? Was denkst du, Lisa, als glücklich verheiratete Dreifach-Mami? Überzeug mich doch, wenn du kannst!

Herrje, Caro,

du sagst es doch selbst: Es gibt tausend Formen des Zusammenlebens, tausend Möglichkeiten, glücklich oder unglücklich zu werden. Und wenn es sich für dich ohne Trauschein im Moment so gut anfühlt, warum lässt du dir dann von den Leuten da reinreden? Du bist doch sonst nicht so! Oder weichen dir deine Hormone gerade dein Emanzenhirn auf? Es klingt jedenfalls nicht sonderlich überzeugend, wenn du Heiraten als »furchtbar romantisch« bezeichnest. Besonders das erste Wort sollte dir in diesem Zusammenhang zu denken geben ...

Ich kann dich aber beruhigen. 2010 kam fast jedes dritte Kind in Deutschland unehelich zur Welt, in den neuen Bundesländern sogar sechs von zehn Kindern, also über die Hälfte. Und du bist zwar kein gebürtiger Ossi, wohnst aber immerhin in einem Teil Berlins, der früher zur DDR gehörte. Du bist also in guter Gesellschaft, mal von mir abgesehen. Ich, die es toll findet, verheiratet zu sein. Die es aber genauso toll findet, wenn jemand ohne Ehe glücklich ist. Euer Kind jedenfalls wird sich für euren Trauschein nur interessieren, wenn es ihn in den Mund nehmen und ansabbern darf. Die höhere Bedeutung ist ihm pups-windel-egal.

Früher, da war das noch schwieriger: Wenn man unverheiratet Kinder bekam, musste der Vater das Kind nach der Geburt noch adoptieren. Aber das ist heute nicht mehr so, der Vater kann schon vor der Geburt beim Standesamt seine Vaterschaft erklären – rein formal gibt es also keinen Grund mehr für die Ehe. Nur: Eine Hochzeitsentscheidung fällt ja bei den meisten nicht aus formalen Gründen, sondern aus Liebe.

Das ist eine andere Ebene.

Die nehme ich ernst.

Eine Ehe als Dach über einer großen Liebe, das auch mal Regen und Donner abhält, wenn es gewittert, das ist schon was Feines. Aber neben dem Schutz, den dieses Konstrukt bietet, muss auch jeder schauen, wie er mit der Last des Lebenslänglichen umgeht. Für mich war es zum Beispiel leichter zu heiraten, als ich schon schwanger war, weil ich dachte: Durch das Kind sind wir eh für immer verbunden. Die Liebe war riesig, ja, aber ich denke, bis zur Hochzeit hätte es ohne Bauch noch einige Zeit gedauert. Ich freue mich bis heute über unseren Mut, besonders wenn ich in der ›Süddeutschen Zeitung‹ in einem Artikel über Paartherapien lese:

»Der klassische Grund für eine Krise bei Paaren ist die Geburt eines Kindes. [...] Paartherapeut Wolfgang Schmidbauer: ›Die Integration eines Dritten kann ein Paar überlasten und gleichzeitig den Druck verstärken‹ – man trennt sich eben nicht so leicht, wenn man Verantwortung für Kinder hat. Je mehr Kinder im Haushalt leben, desto kleiner ist laut einer Studie die Wahrscheinlichkeit einer Trennung.«

Es sieht also gut aus für mich und meinen Mann. Bei drei Kindern haben wir die Statistik auf unserer Seite und große Chancen, beieinanderzubleiben. Und nicht zu denen zu gehören, die die Scheidungsrate 2010 explodieren ließen. Elf von 1000 Ehen wurden laut Statistischem Bundesamt in diesem Rekordjahr getrennt, so viele wie nie zuvor. Ob in diesen Fällen Kinder eine Rolle spielten? Wer weiß, laut Schmidbauer sind sie immerhin ein

Risikofaktor. Durchaus nachvollziehbar, denn zum einen ist ein Baby einfach anstrengend – Schlafmangel, die Last der Verantwortung und die veränderten Rollen ergeben einen prima Nährboden fürs gegenseitige Anzicken. Und zum anderen kommt in der Begleitung eines eigenen Kindes plötzlich die eigene Erziehung wieder hoch. Da kann sich der Akademiker bei der Heirat seiner intelligenten Frau noch so sicher gefühlt haben: Wenn er aus einem liberalen Elternhaus kommt und sie aus einem konservativen, dann prallen Erziehungsansichten aufeinander, die durchaus zu »unüberbrückbaren Differenzen« führen können.

- *Ich finde, das Kind darf im Auto essen.*
- *Und ich finde, du bist zu lasch, wenn du nicht mal das verbieten kannst.*
- *Dafür finde ich, dass du das Kind nicht anschreien darfst.*
- *Und ich finde, du lässt dir von ihm auf der Nase herumtanzen.*
- *Na, hab ich den ganzen Tag Stress mit der Erziehung des Kindes oder du?*
- *Du hättest viel weniger Stress, wenn du konsequenter wärst.*
- *Usw.*

Ich weiß, wovon ich spreche. Kompromisse sind hier das Zauberwort, viel Toleranz und schöne gemeinsame Erlebnisse. Unvergessliche. Ich erinnere mich gern an die WM 2006. Eine Woche vor meinem Entbindungstermin waren mein Mann (frisch verheiratet – mit **mir**!) und ich auf dem Weg ins Olympiastadion, um die Begegnung Ukraine gegen Tunesien zu sehen. Auf dem Weg dorthin hatte er plötzlich ein Bedürfnis. Ein dringendes. Ich blieb unten am S-Bahn-Gleis stehen, er lief schnell hoch, um sich zu erleichtern. Und kam nicht wieder.

Ich ging ihm nach. Da stand er umringt von Polizisten, zeigte auf mich und sagte: »Mich nehmen Sie wegen Wildpinkelns fest. Und was, wenn meiner Frau jetzt die Fruchtblase platzt? Kriegt die dann auch 'ne Strafe?« Leider war ich durch meinen Monsterbauch zu dick, um im Erdboden zu versinken.

So etwas vergisst man nicht. Das schweißt zusammen.

Oder, als wir gemeinsam in einem Sanitär... äh ... Sanitätshaus standen und ich mir auf Anraten der Frauenärztin für die Flugreise mit Schwangerschaftsbauch Stützstrümpfe kaufen musste. Da standen wir dann zwischen all den Rollatoren und Krücken und zahlten 20,50 Euro für hautfarbene Krampfader-Verhinderer. Auch das: unvergesslich.

Aber natürlich stritten wir auch, besonders am hormongefluteten Anfang der ersten Schwangerschaft. Über Nichtigkeiten. Weil Zukunftsangst durch jede Ritze unserer Wohnung waberte und unsere Hirne vernebelte. Nach einer Lappalie brach irgendwann die ganze Einsamkeit der Frühschwangerschaft aus mir heraus. Tagelang hatte ich mit Brechreiz in der Wohnung gelegen und durfte keinem was erzählen (seine Idee!). Ich weinte, schluchzte, heulte den ganzen Abend und die ganze Nacht. Und am nächsten Morgen lag ein Zettel auf dem Küchentisch:

Liebchen, ich wünsche dir einen schönen kotzfreien Tag

stand da drauf. Mein Körper reagierte, ich spuckte zum ersten Mal zwölf Stunden lang nicht. Ein ganz neues Lebensgefühl. Und der Moment, in dem ich wusste, dass ich ihn heiraten muss.

5.

Pumuckl Rasputin ist da!
Wie wir kreative Vornamen einordnen können

Liebe Lisa,
mein Freund ist ein cooler Typ! Er meinte neulich ganz nebenbei, während er sich ein Brot schmierte, dass ich den Namen unseres Babys ganz alleine bestimmen dürfe.

»Warum denn?«, fragte ich ungläubig zurück, während ich versuchte, einen freudigen Unterton in meiner Stimme zu unterdrücken.

»Na ja«, meinte er. »Du hast schließlich seit Monaten die Strapazen der Schwangerschaft und du bist die Mama. Ich finde das nur fair.«

Lisa, was für ein Moment!

Ich gehöre nämlich zu den Mädchen, die seit ihrem zwölften Lebensjahr eine rosa Kiste mit Perlen, Modeschmuck und sonstigem Kitschkram haben, in der auf einem kleinen, fein parfümierten Zettelchen der Wunschname ihres zukünftigen Babys steht.

Dummerweise hatte mir Madonna, die dumme Kuh, schon vor langer Zeit den schönen altfranzösischen Namen Lourdes verramscht und Anthony für einen Jungen, wie der Sänger der Gruppe East 17 hieß, fand ich auch nicht mehr so cool wie früher.

Die nächsten Wochen im Büro gehörten also den Vornamenslisten im Netz. Der Doc hatte mir schon sehr früh verraten, dass es höchstwahrscheinlich ein Junge wird, und so konnte ich schon mal alle Mädchennamen streichen. Was es allerdings nicht einfacher macht. Ja, originell muss der Name sein.

Kein Finn, kein Jakob, kein Oskar – oder wie die Modenamen des Jahres noch so lauten.

Gibt es schließlich schon genug. Schlimmer ist allerdings noch, wenn dann mit einem vor lauter Unikatsanspruch die Kreativität durchgeht und der Sohnemann darf sich sein Leben lang für einen Namen wie Neo, Anakin oder Hannibal erklären.

Und »Kevin ist kein Name, Kevin ist eine Diagnose«, sagt der Volksmund ja mittlerweile.

Tim, Nikolas oder Ben finden viele Freunde beim ersten Hören total öde. Und ich bin verwirrt. Gibt es sie, Lisa, die optimalen Namen ohne Stigmata, mit denen man möglichst nichts falsch macht und wenig über seine soziale Herkunft und persönliche Geschmacksnote preisgibt? Berate mich doch mal!

Liebe Caro,
es ist ja so: Die meisten Schwangeren geben ihrem Kind bereits im Mutterleib einen Spitznamen. Unser erstes Kind nannten wir Moko. Gern auch abgewandelt als Moki, Mokum und Ähnliches.

Warum das so war? Erstens schienen ein paar Gehirnzellen in den Bauch gerutscht zu sein, sodass wir bereits zu Schwangerzeiten in einen Modus der Babysprache verfielen, und zweitens erfuhren wir von der Schwangerschaft, als das Baby so groß war wie ein Mohnkorn. Aus Mohnkorn mach Moko.

Beginnen wir aber mit den echten Vornamen, solchen also, die tatsächlich von deutschen Standesämtern genehmigt wurden. Da wären zum Beispiel Keanu, Neo Indigo, Jaromir, Ingwer, Rigobert, Chenekwahow, Pumuckl, Leonardo da Vinci Franz, Rasputin für Jungen. Für Mädchen Hjördis, Blia, Fanta, Pepsi-Carola, Gneisenauette. Mal abgesehen davon, dass diese Namen alle nicht meinem ausgeprägten Vornamengeschmack entsprächen, ist mein persönlicher Absolut-No-Go aus dieser Liste: Rasputin. Mein Vater sagte früher zu uns Kindern immer, wenn wir auf der Toilette nachlässig waren: »Rasputin, Rasputin, scheißen, ohne abzuziehen.«

Für mich gibt es also Namen, die eindeutig mit Stuhlgang zu tun haben. Das war auch der Grund, warum ich in der Schwangerschaft allen Freunden den Vornamen für unser Baby verschwiegen habe. Damit mir nicht alle mit einem »Mein-Onkel-hieß-aber-auch-so-und-der-stank«-Satz um die Ecke kamen. Du merkst also: Wichtig ist erstens, was du mit einem Namen verbindest. Und zweitens natürlich auch, was die anderen mit dem Namen verbinden, denn: das fällt auf dich zurück!

Umfragen unter Lehrern ergaben, dass Luises und Leonards in der Schule eher Einser absahnen als Justins und Chantals. Das Klischee des Vornamens als einflussreicher Begleiter sei also hiermit bestätigt, aber mit der Schule hört es ja nicht auf. Auch spätere Einladungen zu Bewerbungsgesprächen werden bewusst oder unbewusst vom Vornamen des Bewerbers beeinflusst. Und wer als Schlechtbenamter später seine Partner beim Online-Dating kennenlernen will, dem sei gesagt: Selbst in Internet-Partnerbörsen beeinflusst der Vorname die Klickzahlen.

Wer weiß, ob unsere Agentin uns überhaupt dieses Buch hätte schreiben lassen, wenn wir uns als Cindy und Cheyenne vorgestellt hätten! Überleg dir das also genau mit dem Namen für dein Kind! Bekommt euer Baby denn auch einen Zweitnamen? Bei Mädchen wundert mich ja der inflationäre Gebrauch der beiden Zweitnamen Marie und Sophie. Wieso gerade die so häufig sind? Weiß ich nicht.

Was mir aber auffällt: Je einfältiger die Deutschen mit dem Zweitnamen für ihr Mädchen umgehen, desto vielfältiger werden die Erstnamen. Früher, so kommt es mir vor, gab es auch einfach noch nicht eine solche Fülle von Vornamen. Damals, da gab's noch zwei Thomas pro Klasse. Dann noch einen Dirk, eine Steffi und eine bebrillte Andrea. Dann war da noch Christoph, der Klassenclown. Julia, die Schöne, und Jessica. Die tuschelten mit Stefan, Thorsten, Daniela und Sebastian, weil Olli-Oliver wieder einen schweinischen Witz erzählt hatte. Das war's dann aber auch mit der Namenshülle und -fülle. Ob die böse Globalisierung schuld ist? Im Zweifel ja, denn die ist ja immer schuld. Also auch an den Namen. Heute ist scheinbar alles möglich, es liegt einzig und allein am Ermessen des Standesamtes. Und dadurch werden Eltern kaum noch kreative Grenzen gesetzt. Umso wichtiger also, dass ich dir die wichtigsten Namenskategorien vorstelle.

Der politische Name
Im Bundesstaat New Jersey wurde Eltern unter anderem aufgrund der Namenswahl für ihr Kind das Sorgerecht entzogen. Der kleine Adolf Hitler Campbell wurde zusammen mit seinen beiden Schwestern in staatliche Obhut genommen, ein Supermarkt hatte sich vorher geweigert, den Schriftzug des Vornamens auf eine Geburtstagstorte zu schreiben. Ganz so politisch muss es natürlich nicht zugehen, aber es gibt tatsächlich Eltern, die ihr Kind Che nach Che Guevara nennen oder die bewusst einen Namen wählen, der Hürden zu nehmen hatte, bevor er erlaubt wurde. So erzählte mir eine Freundin die Geschichte von Bekannten, die ihr Kind Wolke nannten, weil sie es toll fanden, dass in der Vergangenheit Eltern bis vors Gericht zogen, um ihr Kind so nennen zu dürfen. Also ein Name aus Solidarität zu anderen Eltern.

Der Natur-Name

Bleiben wir bei Wolke. Der Name ist heutzutage erlaubt, das wissen wir spätestens, seit die Schauspielerin Wolke Hegenbarth im deutschen TV auftritt. Der Name Sturm hingegen ist noch nicht so verbreitet, aber genauso erlaubt. In Kombination mit bestimmten Nachnamen dann aber doch auch gewöhnungsbedürftig. Mein Favorit: Sturm Tief. Oder: Sturm Wettervogel. Denken wir an die Natur, denken wir natürlich auch an die Atomlobby. Da fällt uns der kanadisch-armenische Regisseur Atom Egoyan ein, der zwar wenig bekannt ist, aber immerhin für den Film ›Das süße Jenseits‹ (The Sweet Hereafter) für den Oscar nominiert war. Er wurde in Kairo geboren und seine Eltern wählten seinen Vornamen zu Ehren des Baus des ersten ägyptischen Atomreaktors. Warten wir also noch ein paar Jahre ab, bis die ersten Winds und Solars geboren werden.

Der Pflanzen-Name

Hallo, ich bin Vera – Aloe Vera! Pflanzennamen sind wieder groß im Kommen. Menschen mit dem Nachnamen Silie haben es natürlich gut, die können ihr Kind Peter nennen. Für alle anderen wie mich – Hagebutte Harmann, wie wär's? – gibt es aber genügend Alternativen: Jasmin, Oleander, Azalee, Begonie, Kamille, Dahlie, Erika, Lilie, Malve, Rose, Olive, Viola. Jetzt brauchst du nur noch eine Blumenwiese voller Kinder und das Flower-Power-Leben kann beginnen.

Der Friedhofs-Name

Geh mal über einen Friedhof, egal über welchen. Auf den Grabsteinen mit ihren Hecken und Blümchen davor wirst du sie sehen, die Namen der heutigen Vornamens-Top-Ten. All die Emils, Georgs, Annas, Mathildes, Marthas, Konrads, Theodors, Antons, Luises, Willis und Gustavs. Falls du also noch zweifelst an dem Namen für dein Kind: so ein Friedhofsbesuch ist da sehr hilfreich. Auch wegen der vielen Blumen, die ja auch Namen haben.

Der Zeugungsort-Name

Wir alle wissen unfreiwillig, wo Victoria und David Beckham einen ihrer Söhne zeugten, weil sie ihn nach dem Ort der Zeugung einfach Brooklyn nannten. Ich weiß ja nicht, was zum Namen von Verona Pooths Sohn überliefert wurde, der da »San Diego« heißt. Aber deutsche Standesämter genehmigen zum Beispiel auch Alaska. Wer nicht ganz so weit reisen will zur Zeugung, der muss abwägen – ich weiß nicht, ob Palma bereits genehmigt wird.

Der Promi-Kindername

Apple, Peaches, Violet – ständig hören wir diese Namen und denken: Promis halt. Auch Philipp Röslers Kinder haben ausgefallene erste Namen, wenn sie auch altfriesisch bzw. niederdeutsch sind: Grietje Marie (der Zweitname!) und Gesche Helen. Dabei können Promis auch ganz normal! Oder wie heißt Carla Brunis Kind? Giulia! Und Kristina Schröders Baby heißt Lotte Marie (auch hier der bereits oben erwähnte Zweitname!). Manche können sich eben zurücknehmen. Willst du denn dein Baby nach irgendwem benennen? Das könnte schwierig werden, denn wahre Vorbilder gibt es ja kaum noch. Nach dem Film ›Kevin allein zu Haus‹ gab es eine Welle von kleinen Kevins weltweit. Und heute? Schaut keiner mehr Filme, nur noch Comedy. Aber so lieb wir sie auch haben ... unsere Kinder wollen wir nicht Mario, Hape, Harald oder Dieter nennen. Oder?

Der genderneutrale Name

Gender ist ja auch heute noch ein großes Thema, selbst wir haben der Frage nach Junge oder Mädchen ein eigenes Kapitel in diesem Buch gewidmet. Es gibt sie, die Namen, die für Jungen und Mädchen gleichermaßen gewählt werden können: Luca, Jamie, Toni, Kim, Noah, Cato zum Beispiel oder Conny und Siggi. Was also, wenn der Vorname keinen eindeutigen Rückschluss auf das Geschlecht des Kindes zulässt? Dann muss ein Zweitname her. Wie wär's denn mit Marie?

Der Bedeutungsname

Nehmen wir meinen Namen: Lisa. Stammt von Elisabeth und heißt: Gott ist mein Eid. Dann doch lieber Philipp. Heißt: der Pferdefreund. Wer also ein Hobby hat, dem sei geraten, den Vornamen für das Kind nach der Bedeutung auszuwählen und dem Kind damit gleich von Anfang an mit auf den Weg zu geben: Werd' so wie ich. Sonst knallt's.

Der nordische Bullerbü-Name

Wer sich die Lindgren-Idylle nach Hause holen will, dem sei ein nordischer Name ans Herz gelegt. Ohnehin erfahren nordische Namen gerade eine Renaissance. Stell dir einen Spielplatz vor mit Lasse, Bosse, Ida, Michel, Dörte, Berit, Grusche, Antje, Birte, Hauke und Ove. Da *muss* es ja einfach zugehen wie in Bullerbü. Oder?

Der geht-gar-nicht-mehr-Name

Zum Abschluss möchte ich mich verabschieden von einigen Namen, die womöglich nie wieder modern werden. Ruhet in Frieden: Gisela, Helmut, Manfred, Wolfgang, Kurt, Jochen, Eberhard und Elfriede. Und Marcel. Du auch.

6.
Per Live-Stream in den Mutterleib – Wie viel Ärzte-Überwachung ist nötig?

Liebe Lisa,

es ist etwas Schreckliches passiert. Es war Nachmittag, ich saß an meinem Schreibtisch in der Redaktion und beendete gerade den Tag, freute mich auf den Grillabend bei uns auf der Dachterrasse, als ich wie aus dem Nichts ein Brennen an meiner Harnröhre spürte. Sofort rannte ich auf Toilette, verkrampfte mich beim Pinkeln vor Schmerz und war mir schlagartig sicher: Ich habe eine richtig fiese Blasenentzündung!

Ehrlich, Lisa: Mir standen die Schweißperlen auf der Stirn. Eine Blasenentzündung ist natürlich nichts Schlimmes, aber im vierten Monat? Eine Infektion so nah am meinem Baby? Panik stieg in mir hoch.

Was dann in den nächsten Stunden geschah, erzähle ich dir lieber nicht so ausführlich.

Weil ich es verdrängen möchte.

Deshalb nur kurz: Ich fuhr schnell mit der Bahn nach Hause, hielt mir den Unterleib und weinte so erbärmlich und ungehemmt vor allen Leuten, dass mir dicke Tränen die Wangen und den Mund runterkullerten. Das Brennen war grausam, doch die Ungewissheit, ob die Entzündung meinen Fötus beeinträchtigen könnte, unerträglich.

Zu Hause angekommen, kam mir mein Freund schon auf der Treppe entgegen. Wir ließen sofort Grillsteaks und Freunde stehen und fuhren sicherheitshalber ins Krankenhaus zur Notaufnahme. Dort, auf der Toilette neben dem Wartezimmer, pinkelte ich bereits Blut.

Ich schrie auf und schluchzte bitterlich. Mein Freund überspielte seine Angst und machte mir Mut.

Und er behielt recht. Es war zwar eine Blasenentzündung. Doch der Doc machte einen Ultraschall, verschrieb mir Antibiotika für drei Tage und sagte den schönsten Medizin-Deutsch-Satz, den ich je gehört habe: »Frau Rosales, Ihre Schwangerschaft ist intakt.«

O Lisa, ich kann nicht einmal in Worte fassen, wie glücklich ich war.

Doch seitdem bin ich ein gebranntes Kind. Die Angst, dass es dem Baby irgendwie nicht gut gehen könnte, hat sich wie Klauen in mein Herz geschlagen.

Vor ein paar Wochen waren wir bereits beim Ersttrimester-Screening, sprich der berühmten Nackenfaltenmessung, die sagen soll, wie hoch das Risiko ist, dass das Kind das Down-Syndrom hat. War alles okay. In der 20. Woche, so empfahl uns der Spezial-Doc, könnten wir für 150 Tacken zum Organ-Screening wiederkommen.

Ich machte sofort einen Termin.

Und überflog gleich noch mal die ganze Baby-Kontroll-Angebotspalette. Glukose-Test für 35 Euro? Nehm' ich mit. Alle möglichen Bluttests. Habe ich schon für unterschrieben! Und der 3–D-Ultraschall, der in allen Regenbogenfarben die Blutzirkulation beobachtet? Am besten täglich, bitte!

Zugegeben, Lisa: Seit dieser schrecklichen Blasenentzündung würde ich mir am liebsten ein Ultraschallgerät für zu Hause kaufen, mit dem ich jeden Abend Baby-TV schauen könnte. Ein Live-Stream-Kanal in den Mama-Bauch. Was wäre das für ein geiles Geschäftsmodell!

»Seien Sie nicht so nervös, Frau Rosales«, sagte mein Doc dann beim letzten Mal, nachdem er mit seinem schrulligen Ultraschallgerät, wahrscheinlich noch aus Adenauers Zeiten, meinen Bauch gescannt hatte.

Da weiß der Arzt meiner schwangeren Freundin Sophia wesentlich besser, wie man die Ängste werdender Eltern zu Geld machen kann. Die Arme musste gleich zu Beginn der Schwangerschaft erst einmal 500 Euro auf den Tisch der schicken Privatpraxis legen. Als All-inclusive-Paket sozusagen. Dafür darf sie jetzt jede Woche Baby-Big-Brother spielen und ihren knautschigen kleinen Fötus von allen Seiten in Gelbstich-Schattierung und 3-D bewundern.

Ganz anders wiederum meine Bekannte Louisa. Die hat in ihrem Esoterik-Rausch beschlossen, dass Ultraschall dem Baby schadet, wegen der Strahlenbelastung und des Rauschens im Mutterleib, und lässt sich jetzt nur noch von der Hebamme den Bauch abtasten.

Was für Freaks! Alle beide!

Aber beide haben ihren Punkt gemacht. Beide haben heute gesunde Kinder. Doch wie soll ich es denn nun halten? Meinen Bauch zum Überwachungsstaat machen? Oder dem Baby und der Natur ihren Frieden lassen? Alles wissen wollen oder lieber gar nichts?

Wie hast du es denn gemacht?

Liebe Caro,
du hast Angst um dein Baby. Das ist gut und normal und beruhigend. Andere Leute fragen sich im vierten Monat noch, ob sie das Baby überhaupt bekommen möchten, du weinst wegen einer Blasenentzündung – die einen bekommen einen Kontrollwahn und bauen sich einen Überwachungsstaat um ihren Mut-

terleib, die anderen vertrauen den Hexenkünsten der Natur. Es gibt immer zwei Seiten der Medaille. Und eine Schwangerschaft kracht nun mal als Unsicherheit in das Leben einer (bis dahin unabhängigen) Frau. Wir starten als Anfänger in das Projekt Kind, egal was wir in unserem bisherigen Leben geleistet haben, bei der ersten Schwangerschaft beginnt jede Frau bei Null.

Was ist schon eine verpatzte Präsentation im Job gegen die Sorge um das eigene Kind! Nichts bereitet uns Frauen auf dieses weltbewegende Thema vor und plötzlich vertrauen wir wieder unseren Instinkten und die führen bei dir scheinbar zu Panikattacken und bei anderen zum absoluten In-sich-Ruhen. Back to the roots, viele besinnen sich in solchen Extremsituationen auf das, was sie wirklich sind, auf den Kern ihrer Persönlichkeit. Manchmal geht eben die Verhältnismäßigkeit verloren. Das sieht man an deiner Freundin Sophia, die 500 Euro für die Rund-um-die-Uhr-Bewachung zahlt, und auch an deiner Freundin Louisa, die sich dem Ultraschall komplett verweigert.

Von der Krankenkasse vorgesehen sind pro Schwangerschaft drei Ultraschall-Untersuchungen. Für mich waren die in der ersten Schwangerschaft ein Segen, nicht nur, weil ich schon mal einen pränatalen Blick auf mein Baby werfen konnte, sondern weil es meine Sorgen beruhigen konnte, da es keine Auffälligkeiten gab. In der zweiten Schwangerschaft lag die Sache anders. Ich erwartete Zwillinge, also galt ich von vornherein als Risikoschwangere. Was bedeutet: mehr Kontrolle, mehr Untersuchungen.

Ehrlich gesagt hat mich das alles eher verunsichert. Beim Blutzuckertest habe ich nach der zweiten Blutabnahme auf nüchternen Magen das ganze widerliche Zuckerzeug in die Arztpraxis gespuckt und hyperventiliert, weil ich so einen Hunger hatte. Kreislaufversagen. Im Wartezimmer vor der Nackentransparenz-Untersuchung lagen dann lauter Heftchen mit Erklärungen zu verschiedensten Behinderungen herum und natürlich begann dann mein Mutterherz schneller zu schlagen, weil auch ich mir natürlich so meine Gedanken machte. Es wird eh schon ein Marathon, wenn die beiden gesund kommen, was also, wenn etwas nicht stimmen sollte?

Am Ende lief alles gut, meine Kinder waren gesund. Aber die

Frage ist ja, wie ich mit einem eher unerfreulichen Ergebnis umgegangen wäre.

Für meine Cousine war es gut, im Organultraschall zu erfahren, dass ihre Tochter mit einem speziellen Syndrom zur Welt kommen würde, sie konnte sich vorbereiten und wurde nicht von der Diagnose überrascht. Auch für meine Freundin Tina war es wichtig, zu erfahren, dass ihr Kind kaum Überlebenschancen haben würde, und entscheiden zu können, ob sie das Kind nun bekommen würde oder nicht. Sie hatte die Möglichkeit abzuwägen, am Ende entschied sie sich dafür, behutsam Abschied zu nehmen.

Für meinen Bekannten Max bzw. für seine Frau und das ungeborene Baby war die Diagnose Rhesusunverträglichkeit hingegen lebensrettend. So konnten Bluttransfusionen durch die Nabelschnur das Leben des Kindes retten. Andererseits können solche Untersuchungen natürlich auch Unsicherheiten verursachen. Wenn die Nackenfalte des Babys zu dick ist und die betroffene Mama bis zum Organultraschall Unsicherheit hat, ob ihr Baby nicht eine schlimme Krankheit hat. Schon mehrmals habe ich jetzt im nächsten Bekanntenkreis erlebt, dass eine erste Schockdiagnose sich bei weiteren Untersuchungen in Luft auflöste. Und dann steht die Frage im Raum: Belastet das nicht unnötig die Schwangerschaft? Hätte man sich ohne die Untersuchungen nicht all die Sorgen ersparen können? Zumal statistisch gesehen ja die meisten Schwangerschaften unkompliziert verlaufen.

Der ganze Kontrollwahn aus Zahlen und Messungen ist ein Fluch und ein Segen zugleich. Er kann Sorgen bereiten, wo keine nötig wären – er kann aber auch Leben retten.

Insofern kann ich deine Freundinnen beide sehr gut verstehen. Die eine, die sich weigert, sich an der ganzen Hysterie zu beteiligen, und die andere, die lieber die Kontrolle behält.

Ein Mittelweg wäre natürlich genial. Aber wem reicht schon ein Mittelweg, wenn es um das Leben und die Gesundheit des eigenen Kindes geht? Da kann schon mal die Verhältnismäßigkeit verloren gehen. Wirklich.

7.

Rosa oder blau –
Ist es wichtig, das Geschlecht vorher zu wissen?

Liebe Lisa,
es ist so weit. Die erste Hürde ist genommen. Ich bin in der 14. Schwangerschaftswoche! Von außen sieht man noch nichts, außer einem kleinen Speck-Vorbau am Bauch – der aber auch nur der Stauraum für meine nächtlichen Muffin-Cookies-Orgien sein könnte. Von meiner kleinen Wampe und natürlich meinem neuen Erotikfilm-reifen Atombusen mal abgesehen, habe ich mich also kaum verändert. Mein süßer Mini-Mensch im Bauch dafür umso mehr. Der hat sich nämlich, laut Schwangerschafts-ratgeber, seit dieser Woche entschieden, ob er ein Junge oder ein Mädchen sein will. Ach, ist das alles kitschig und schön! Und jetzt die alles entscheidende Frage an dich: Muss ICH das Geschlecht meines Juniors vorher wissen?

Eigentlich ja nicht, weil …

… ich sowieso kein Babyzimmer habe, das ich rosa oder blau streichen könnte (Klischeefarben!).

… ich mich sowieso über beides gleichermaßen freuen würde.

… ich mich ja wie meine Freundin Dana theoretisch bis zur Geburt überraschen lassen könnte.

… Geschlechter (bei Geburt) heutzutage, in einem Land, wo jeder öffentlich und frei schwul, lesbisch oder transsexuell sein kann, eh nicht mehr so wichtig sind.

So weit meine Überlegungen.

Die mein Freund übrigens nicht teilt.

»Natürlich wollen wir das vorher wissen«, entgegnete er fassungslos, als ich ihm gestern Abend meine guten Argumente für eine, nennen wir sie mal: gender-neutrale Schwangerschaft aufsagte.

Es sei doch so oder so 'ne Überraschung – ob jetzt bei der Geburt oder beim nächsten Ultraschall-Termin, findet er.

Na ja, und irgendwie hat er ja auch recht. Vielleicht ist es nämlich gar nicht so schlecht, sich vorher ein paar Gedanken machen zu können, wie man sein Kind heranwachsen lassen möchte.

Oder ist das gar nicht nötig? Erzieht man eigentlich ein Mädchen anders als einen Jungen? Gleich von Anfang an?

Lisa, du merkst, ich bin total verwirrt. Hilf mir doch mal bitte weiter.

Liebe Caro,

es gäbe keinen Feminisimus, wenn Geschlechter in unserer Gesellschaft keine Rollen spielen würden. Die Frage, ob man schon vor der Geburt das Geschlecht des Babys wissen muss, ist eine andere. Ach, was sage ich? Vor der Geburt? Vor der Schwangerschaft! Genau. Denn einige spekulieren ja schon beim Zeugungsakt auf vage Wahrscheinlichkeitsrechnungen, die besagen, dass Geschlechtsverkehr während des weiblichen Eisprungs eher zu einem Jungen führt und die Tage vor und nach dem Eisprung eher zu einem Mädchen. Einfach weil weibliche Spermien langsamer sind, dafür aber länger überleben, und männliche Spermien zwar kurzlebig, aber eben erfolgreicher im Sprint zum Ei sind.

Ich habe mir ja immer einen Jungen als Erstes gewünscht, einen großen Bruder für eine darauf folgende kleine Schwester. Ich bekam dann eine Tochter zuerst und anschließend zwei Jungen. Auch schön! Wenn man schon ein Mädchen hat und dann erfährt, dass man auch Jungs »kann« – das ist erhebend. Fand ich jedenfalls. Mein Körper kann so was herstellen. Ich bin immer noch fasziniert. Und beglückt, dass ich beide Geschlechter beim Aufwachsen begleiten darf. Denn es ist anders. Jungen und Mädchen sind anders! Schon allein beim Wickeln müssen so verschiedene Dinge beachtet werden. Die Namenswahl verläuft anders, die Geschenke zur Geburt sind anders. Und genau das wollten Kathy Witterick und David Stocker aus dem kanadischen Toronto zum Beispiel für ihr Kind verhindern. Das Paar nannte sein drittes Kind bewusst geschlechtsneutral »Storm« und verschwieg der gesamten Verwandtschaft und dem Freundeskreis, ob es sich bei Storm um ein Mädchen oder um einen Jungen handelt. Damit das Kind frei von Rollenklischees aufwachsen kann. Und Storm ist kein Einzelfall. Eine dänische Oma, deren Enkel Charlie auch ohne Geschlecht aufwachsen soll, beklagt im Interview mit der Zeitschrift ›Nido‹ den fehlenden Wortschatz zum Phänomen. Muss sie von einem »Es« sprechen, wenn sie von ihrem Enkel erzählt? Das ist schwer für die Umgebung! Andererseits meinen die Eltern das ja gut. Fern von gesellschaftlichen und industriellen Zwängen wollen sie, dass sich ihre Kinder frei entfalten können. Forscher haben herausgefunden, dass Mädchen und Jungen in den ersten Lebensjahren Bälle und Puppen noch gleich interessant finden. Und während die Mädchen mit dem Alter immer weniger Interesse an Bällen und mehr an Puppen haben, ist es bei den Jungen umgekehrt. Eintrainiert von der Umgebung?

Es geht ja schon mit den Geburtsgeschenken los: Für Jungs gibt es Bagger-Bordüren, für Mädels Haarschleifchen. Das ist kein Klischee. Das habe ich selbst so erlebt bei unseren Kindern. In Kaufhäusern sind die Jungsabteilungen hellblau und die Shirts voller Autoreifen und Dinosaurier, bei den Mädchen gibt es Krönchen und pink. Das prägt die Kinder!

Die Tochter unserer Nachbarn, mitten im Prinzessinnen-Glitzer-Alter (mit zweieinhalb!), stand nach der Geburt ihres Bruders neidisch vor dem Wickeltisch und sagte: »Ich wünsch mir auch so einen Penis zum Geburtstag.« Dann holte sie kurz Luft und ergänzte: »Aber in Rosa und von Lillifee.«

Und was gab es für einen Aufschrei, als ich meine zweijährigen Jungs auf ihren Wunsch hin in Röcken zum Kindergarten schickte und sich mein Mann in unserem Blog Nusenblaten fragte, ob er spießig sei, wenn er das komisch fände. Als »Arschloch« wurde er beschimpft und als »homophober Prenzlbergpapi«. (Was ja an sich schon eine Anmaßung ist, denn wenn die Schimpfer doch ach so weltoffen sind, dann können sie doch nicht blind davon ausgehen, dass Männer in Röcken gleich homo sind ...). Dabei hat er unseren Jungs die Röcke ja erstens erlaubt und zweitens denken ja wahrscheinlich die meisten so wie er. Unsere Jungs fahren auch mit drei Jahren noch auf roten Nagellack ab, da solltest du mal sehen, wie die Umwelt darauf reagiert! Während bei der Tochter der Nagellack höchstens mit »Hübsch« kommentiert wird, ist es bei den Jungen immer ein Thema: »Oh, bist du heut ein Mädchen?«, »Hat dir die Mama das draufgemalt?« etc. Das gleiche Spiel, wenn unsere Herren mal wieder mit Zöpfchen zur Kita gehen. Klar merken sie das. Die Reaktionen sind anders. Und beweisen mir, dass viele Geschlechtsklischees wirklich hausgemacht sind. Auch wenn Familienministerin Kristina Schröder in einem Interview mit der ›Bild am Sonntag‹ sagt: »Es war der große Irrtum des radikalen Feminismus der 70er-Jahre, dass man geglaubt hat, geschlechtsspezifisches Verhalten sei vor allem etwas von der Umwelt Anerzogenes, das man überwinden könne und müsse. Die Erfahrung lehrt Eltern: Das krasse Gegenteil ist der Fall. Die Unterschiede zwischen Jungen und Mädchen lassen sich nicht wegerziehen. Warum sollte man das auch versuchen?«

Es gibt eben viele Sichtweisen zu dem Thema und es ist ein sehr sensibles. Fest steht nur, dass es einen Unterschied macht, ob man ein Mädchen oder einen Jungen bekommt, egal ob die Unterschiede anerzogen oder naturgegeben sind. Trotzdem antworten die meisten Schwangeren auf die Frage, ob sie lieber einen Kalle oder eine Emma hätten:

»Egal. Hauptsache gesund.« Dabei hat die Gesundheit ja nun wenig mit dem Geschlecht zu tun, es sei denn, man lebt in Indien, wo es immer noch gang und gäbe ist, weibliche Föten abzutreiben. Aber hier bei uns? Gesundheit ist unser höchstes Gut. Ja. Versteh mich nicht falsch. Das war und ist natürlich auch ein riesiges Thema für mich. Aber für mich ist das eben eine ganz andere Kategorie als die Geschlechtsgeschichte.

Ich frage nach Ballett oder Fußball (Jawohl! Klischee!) und die reden über Gesundheit. Darf man denn nicht zu seinen Wünschen stehen? Oder ist es ihnen gar wirklich egal? Vielleicht ist es ihnen wirklich gleichgültig, ob da bei ihrem Baby was zwischen den Beinen baumelt oder nicht. Dann muss ich sagen: Respekt! Und: Was bin ich nur für ein oberflächliches Huhn, mich für Geschlechtsfragen zu interessieren. Für mich war es nämlich durchaus wichtig, schon vor der Geburt zu wissen, ob mich ein kleiner

Junge oder ein kleines Mädchen beehren wird. Nicht nur, weil ich dann nur einen einzigen Namen auswählen musste, sondern auch, weil ich schon früher Kontakt zu meinem Kind aufnehmen konnte. Geschlechtsspezifischen Kontakt. Ich konnte früher beginnen, mir eine Zukunft auszumalen. Eine Zukunft voller Rollenklischees. Mit Star Wars für Jungen und Shopping für Mädels. Ich bin eben auch nicht frei von Gendervorstellungen – selbst wenn meine Jungs in Röcken rumrennen.

Falls du einen Jungen bekommst:

Fußball spielen, klettern, ferngesteuerte Autos, Drachen steigen, kämpfen

Falls du ein Mädchen bekommst:

Kleidchen aus Samt, Blumenkränzchen, Marienkäfer basteln, Plätzchen backen, Spielküche

Schneid dir bitte die verschiedenen Themen aus und misch sie mal kräftig durch. Erst dann hast du die Chance, deinem Kind alle Möglichkeiten zu lassen. Es ist nämlich eben nicht genetisch bedingt, dass Männer keinen Nagellack tragen. Und sich Mädchen keine Säbel zum Geburtstag wünschen.

8.

Schwangerschaftsschwachsinn und Stilldemenz – Werdende Mütter zwischen Wahnsinn und Genie

Liebe Lisa,
ich zitiere: »Rosales, deine einzige Legitimation für diesen riesigen Sch***-Haufen von Chaos, den du jeden Tag produzierst, ist, dass du in deinem knallharten Job alles auf die Reihe bekommst. Sonst gäbe es nicht die geringste Rechtfertigung dafür, dass du deinen Kram einfach nie zusammen hast.«

Diese warmen Worte pflegte mein Ex-Freund, als wir gerade frisch nach Berlin gezogen waren, mehrere Male die Woche so oder so ähnlich zu wiederholen.

Ich war eine junge Redakteurin in einer viel zu großen, schnelllebigen Stadt, hatte so wenig Geld, dass ich mir nicht mal den teuren Käse im Supermarkt gönnte, und versuchte, neben meiner Arbeit als Reporterin noch mein Chinesisch-Studium am Laufen zu halten.

Hatte er also recht? Natürlich nicht!

Denn wie sonst hätte ich das damals alles geschafft?

Zugegeben, mein System aus tausend Blöcken, Papierschnipseln, Notizen auf Bankauszügen, Visitenkarten oder Kassenbons mag bis heute von außen chaotisch aussehen, aber ich habe immer irgendwie alles hingekriegt und das nicht mal auf den letzten Drücker!

Das Geheimnis: Man braucht keinen Terminkalender, kann auch mal seine verschwitzten Yoga-Sachen zwei Tage lang mit der ausgedruckten Seminararbeit in einer Tasche transportieren oder seine Laptop-Tastatur so verkrümeln lassen, dass die Taste mit der 9 irgendwann nicht mehr funktioniert, solange nur im Kopf alles sauber und geordnet ist.

Und das war es immer.

Bis jetzt.

Denn kannst du mir mal erklären, wie man klar denken soll, wenn einem vor Übelkeit ständig das Wasser im Munde zusammenläuft und man koordinieren muss, wie man es zur nächsten Kloschüssel schafft?

Kannst du mir sagen, wie man eine gute Idee haben soll, wenn ständig die Blase voll ist und drückt, der Rücken schmerzt und man nicht mehr weiß, wie man sich noch im Bürostuhl hinsetzen soll, damit der Bauch aufhört, auf die Oberschenkel zu drücken?

Oder kannst du mir beantworten, wie man sich auf das Gespräch mit seinen Vorgesetzten konzentrieren soll, wenn da plötzlich ein kleiner Mensch von innen gegen den Bauchnabel tritt?

Also, ich nicht!

Denn auf einmal ist es bei mir so, dass alle meine Gedanken nur noch um Baby und Bauch kreisen. Das ganze Drumherum ist hingegen zu einer großen, wabernden Masse Egal geworden.

Ständig driften meine Gedanken weg oder ich werde müde – ein bisschen so, als wäre ich den ganzen Tag bekifft.

Bislang hatte ich das noch ganz gut im Griff, da konnte ich immer mal interessiert gucken, wenn mein Gesprächspartner den Eindruck hatte, dass ich gleich wegdösen würde, aber mittlerweile – pah, vergiss es!

Neulich stand ich vor meinem Vorgesetzten, er sprach mit mir über etwas sehr Ernstes, und als ich ihn so ansah, dämmerte mir plötzlich: »O meine Güte, Caro, du hast die letzten zwei Minuten gar nicht mehr zugehört. Wenn er dich jetzt was fragt, bist du im A****!«

Übel, oder, Lisa?

Im Internet habe ich dann das lustige Wort Schwangerschaftsdemenz gefunden. Demnach können sich werdende Mamis nichts mehr merken, sind schusselig und vergessen sogar Dinge, die in ihrem Langzeitgedächtnis gespeichert waren.

Gibt es das wirklich? Oder ist das nur eine Ausrede von Schwangeren, die Dinge etwas ruhiger angehen zu lassen?

»Du wirst merken, du wirst jetzt immer langsamer«, erzählte mir neulich eine 40-jährige Bald-Mutti aus meiner Yoga-Gruppe.

Es klang irgendwie wie eine Drohung. Als wäre ich eine 80-jährige Oma, gefangen in einem Pflegeheim, wo sie Bingo und Wasserball spielen.

Schauderlich!

Ich meine, Lisa, sag mal ehrlich, wie schlimm kann das Ganze denn noch werden?

Werde ich demnächst noch öfters wie neulich ohne Portemonnaie und Schlüssel zur Arbeit aufbrechen, es erst dort bemerken, mir dann von meinem Kollegen einen Zehner pumpen, dann vier Wochen lang vergessen, die Kohle am Stück wieder mitzubringen, und jeden Tag mit gesenktem Kopf an seinem Schreibtisch vorbeilaufen?

Werde ich bald häufiger vor dem Bankautomaten stehen und über die Reihenfolge der Zahlen meiner PIN-Nummer grübeln, während ich aus der Schlange hinter mir ein lautes Seufzen vernehme?

Werde ich jetzt so blöde bleiben und es jeden Tag schaffen, mit mindestens zwei Flecken auf meinem Shirt nach Hause zu gehen, weil ich mich beim Mittagessen vollgekleckert habe?

Du musst verstehen, Lisa: Früher war zwischen mir, der Gabel und dem Tisch noch kein Bauch und kein Atombusen, der den Weg der Handführung behinderte.

Aber zurück zum Punkt!

Wie schlimm wird das mit dem ewigen Dämmerzustand denn noch? Neulich sagte doch die Arzthelferin beim Gynäkologen zu mir: »Ach, meine Stilldemenz zieht sich durch mein ganzes Leben.«

Was? Stilldemenz? Das gibt's auch?

Also, Lisa, auf was muss ich mich noch einstellen? Oder anders gefragt: Seit wann bist du denn wieder bei Verstand?

Liebe Caro,
mein früherer Mathelehrer, Herr Moll, der sagte einmal etwas sehr Schlaues, das nichts mit Formeln oder Rechnungen zu tun hatte und das ich mir darum gut gemerkt habe. Er sagte: »Esst vor der Klausur bloß nichts, sonst geht das ganze Blut in den Bauch

statt in den Kopf und dann könnt ihr euch nicht mehr konzentrieren.« Wie wahr dieser Satz ist, zeigte mir meine erste Schwangerschaft. Meine gesamte Konzentration war in den Bauch gerutscht. Enorm. Besonders litt ich unter Wortfindungsstörungen, so schlimm, dass ich dachte, mich gut in die Situation eines Alzheimer-Patienten hineinversetzen zu können. Ich wollte etwas sagen, der Satz war schon unterwegs zum Zuhörer, stockte dann aber im spannendsten Moment. Leichtes Stottern, dann völliges Faden-Verlieren. Ich war erst in der Mitte des Satzes angekommen und hatte nicht nur das nächste Wort vergessen, sondern auch schon den ersten Teil des Gesagten. Ein weißer Fleck auf meiner Gehirn-Landkarte.

Dass so etwas normal ist, zeigte mir die Geschichte meiner schwangeren Freundin Sina. Mit dem Auto war sie zur Tankstelle gefahren, hatte sogar noch gewusst, auf welcher Seite des Autos sich die Öffnung fürs Benzin befand (Respekt!), und merkte dann erst im Tankshop selbst, dass sie das Bargeld vergessen hatte. Ha!, dachte sie, dafür hab ich die EC-Karte dabei. Ab ins Gerät damit. Mist, die PIN vergessen. Kein Problem, dachte sie, ruf ich halt meinen Mann an. Handy vergessen. Tankstellentelefon geborgt, wählen wollen ... es war so peinlich. Tja, du kannst es dir denken. Sie hatte natürlich gleich auch noch ihre Festnetznummer vergessen, geschweige denn konnte sie sich an die Handynummer ihres Kerls erinnern. Schwangerschaftsschwachsinn at its best. Erzählt sich super auf Partys, so 'ne Geschichte. Befindest du dich selbst in der Situation, zweifelst du aber echt an deinem Verstand! Das ist dann schon alarmierend irgendwie. Aber noch harmlos natürlich. Und besser, als bei meiner schwangeren Freundin Dani, die nach einem gemütlichen Schulterblick im Auto plötzlich einen großen Rumms hörte: »Huch? Wo kam denn jetzt der Golf her?« Unschön, so ein Blechschaden, aber – hach – doch irgendwie auch egal, solang es dem Baby gut geht, oder?

Ich habe während der Zeit meines Schwangerschaftsschwachsinns meine Denkstörungen ja gern mit denen verglichen, die auftauchen, wenn man sich frisch verliebt hat. Man liegt auf Watte gebettet im siebten Himmel und das ganze Leben findet in Zeitlupe statt. Du grinst grenzdebil, du möchtest etwas kaufen, weißt aber nicht mehr, was, es ist dir auch ganz egal eigentlich, dann kaufst du doch was und alles fällt dir runter. Dein Grinsen bleibt trotzdem eingemeißelt. Ist doch auch so in der Schwangerschaft, oder? Du schreibst ja selbst, dass du an dauerhafter Unkonzentriertheit leidest. Und ehrlich gesagt, mir ist das bei dir auch schon aufgefallen ...

Wir haben uns ja nun wirklich schon einige Male getroffen, du und ich. Da standst du also letztens vor meiner Haustür und riefst an: »In welcher Hausnummer wohnst du noch mal?« Ich: »Häh?« Du: »Hier sieht alles so anders aus und hier steht auch nicht dein Name am Klingelschild.« Ich: »Doch, der steht da! Unten rechts.« Du: »Ach so, ja. Sorry.« Oben angekommen sagtest du: »Der Hausflur sieht auch so anders aus als letztes Mal.«

Das wäre ja auch alles nicht schlimm, wenn man sich nicht selbst so bescheuert dabei vorkommen würde. Ich traue mich auch kaum, zuzugeben, wann das wieder besser wird. Denn was deine Arzthelferin von der Stilldemenz erzählt ... dagegen ist das bisschen Schwangerschaftsschwachsinn tatsächlich noch ein Witz! Stillen macht nämlich nicht nur durstig (immer eine Flasche Wasser für Mutti bereithalten!), sondern auch ganz schön meschugge. Weil Stillen eben auch echt eine körperliche Herausforderung darstellt.

Solange du dich in deinen eigenen vier Wänden aufhältst, ist das auch alles okay. Aber irgendwann nach der Geburt sollst du dann ein Gespräch mit deinem Chef führen. Du willst gut aussehen! Scheiße. Und ganz die Alte sein. Fuck! Wie zum Teufel soll das gehen? Ein Gespräch mit Erwachsenen, die nicht Vater deines Kindes sind, ist fast unmöglich nach der Geburt. Durch Schlafmangel und Wassereinlagerungen (im Hirn?) und Babysprache fühlt sich dein Hirn an wie eine Mischung aus Pastinakenbrei und Waldmeister-Wackelpudding. Grau-grün und zäh und flutschig. Da kannst du froh sein, wenn du in dieser Zeit keine Mathearbeit bei Herrn Moll schreiben musst. Denn dafür brauchst du das Blut aus dem Bauch ja im Gehirn. Und das fließt da erst wieder hin, wenn ... tja, wahrscheinlich wenn ... ach, ich sag's lieber nicht. Bald. Mit Sicherheit!

9.
Deutschland 2020:
In welche Welt wird mein Kind geboren?

Liebe Lisa,
es gibt Menschen, vor allem Männer, die vertreten die Haltung, dass man bloß keine Kinder in diese böse, kriminelle, ungerechte, umweltverschmutzte Welt hineinsetzen sollte. Das ist natürlich Quatsch. Und wäre mein Papa als Atomkraftgegner und Grünenwähler in den 8oer-Jahren auch bei dieser Haltung geblieben, dann gäbe es heute keine Caro!

Aber dennoch ist mir jetzt, wo ich schwanger bin, oft ein bisschen mulmig.

Da gibt es zum Beispiel dieses Video auf Youtube, in dem eine circa Zweijährige versucht, auf einer Illustrierten mit dem Finger herumzutippen, als wäre es ein Ipad. Das Kind ist völlig verdutzt, dass das Papier anscheinend kaputt ist und sich keine lustigen bunten Fenster öffnen. »Steve Jobs hat mein Kind programmiert«, scherzt der Vater und Urheber des Videos in seinem Kommentar.

Tja, ist das wirklich witzig?

Auf jeden Fall ganz süß und eigentlich harmlos.

Viel schlimmer sind die Nachrichten in meiner Redaktion, die über den Ticker reinkommen, während ich »auf Arbeit« bin.

Da lese ich Sachen wie: »Zwei Elfjährige nach Koma-Saufen im Krankenhaus«, »Jugendlicher nach Facebook-Mobbing vermisst«, »30 Prozent aller Jugendlichen sind internetsüchtig«, »Jedes vierte Kind hat schon mal einen Porno über Handy auf dem Schulhof gesehen.« Zugegeben: Dass ich bei einer Zeitung arbeite, ist meiner Gelassenheit nicht sonderlich förderlich.

Aber mal ganz elternhaft spießig gesprochen: Das sind alles Probleme, die es in unserer Kindheit nicht gegeben hat. Wir interessierten uns null für Technik, für Alkopops und das Gehänsel der anderen, wenn wir uns zur Kinderdisko im Gemeindesaal beim Tanzen aus Spaß Salzstangen in die Nase steckten. Wir pflückten Himbeeren im heimischen Garten oder im Hof, bastelten Laternen und spielten Seilhüpfen, anstatt uns vor dem Computer beim Internet-Chat den Hintern plattzusitzen. Nein. Wir aßen Frosties mit Milch auf der Couch und schauten nur Fernsehen, bis der Peter Lustig sagte: »Und jetzt abschalten.«

Waren wir die besseren Kinder? Oder etwa braver? Bestimmt nicht! Nur unsere Eltern: Die waren einfach schlechter informiert, sorgloser und mussten nicht mehrmals am Tag eine Panikattacke erleiden, weil sie beim Nachrichten-Checken in der U-Bahn von einer Erzieherin lesen mussten, die ein Kind zu Tode geschüttelt hat.

Verdammte Informationsflut!

Schlage ich ein Magazin beim Gyn im Wartezimmer auf, lese ich von steigenden Krebsraten, Burn-Out und Medikamentensucht. 150 000 Klein- und Grundschulkinder werden in Deutschland, laut einer Untersuchung des Sigmund-Freud-Instituts, regelmäßig mit Ritalin behandelt. Fast jedes dritte Kind hat heutzutage, laut Statistik, die Scheidung seiner Eltern miterlebt. Keine schöne Sache, wie ich aus eigener Erfahrung weiß.

Kein Wunder also, dass der Cannabis- und Alkoholkonsum unter Kindern derzeit boomt. »Alle elf Minuten kommt in Deutschland ein Jugendlicher zwischen 15 und 25 wegen Cannabis- oder Alkoholkonsums ins Krankenhaus«, schreibt der ›Spiegel‹. Blättere ich in der Tageszeitung, lese ich von einem Jungen, der auf dem Nachhauseweg halb tot geprügelt wurde.

Was meinst du, Lisa, übertreibe ich? Wird mein Baby ein internetsüchtiges, gemobbtes, fettleibiges, verzogenes und völlig hyperaktives Sorgenkind?

Deutschland 2020: In welche Welt wird mein Junior da bloß hineingeboren?

Liebe Caro,
bist du dir wirklich sicher, dass Spielchen mit Salzstangen in Nasen deine schlimmsten Kindheits- und Jugendausraster

waren? Hast du dich nicht auch vom Klingelmännchen zum Elternschreck entwickelt, indem du in Zeitungspapier verpackte Hundekacke brennend vor das Haus des strengen Nachbarn geworfen und dann hinter den Büschen gewartet hast, bis er das austrat? Waren wir wirklich die besseren Jugendlichen? Klar gibt es heute andere Möglichkeiten für die Kids, aber mehr Unsinn haben die doch auch nicht im Kopf. Was haben wir damals gelacht, wenn die unbeliebte Mitschülerin statt eines bunt geschmückten Maibaumes (eine Birke!) eine Tanne voller Tampons und Binden vor der Tür stehen hatte – war das nicht auch Mobbing?

Und dann erst diese ganzen Saufspielchen! Mama, ich schlaf heut bei Anne, ja? Die hatte sturmfrei und dann kam die ganze Klasse in den Partykeller. Es wurde »Mäxchen« gespielt, ein Würfelspiel, bei dem jeder eigentlich in jeder Runde den ekligen, vom Papa auf der Kirmes gewonnenen Whiskey aus der Plastikflasche saufen musste. Und da waren wir alle vielleicht gerade mal 15.

In der Grundschule ging ich einen Kilometer zu Fuß nach Hause, blondes kleines Mädchen mit rosa Scout-Ranzen. Kein Bürgersteig und keine Häuser weit und breit. Allein. Ohne Handy mit SOS-Taste! Würde ich das meiner Tochter heute auch erlauben? Nein. Ja, du hast recht, die mediale Berichterstattung ist schuld. Die Kriminalität gegen Kinder nimmt zwar stetig ab, die Zahl der Zeitungsartikel über Gräueltaten hingegen steigt. Und macht uns Angst. Insofern werden wir unseren Kindern andere Eltern sein, als unsere Eltern es uns waren. Wir müssen eben mit neuen Cyber-Herausforderungen und einer anderen Informationsdichte leben. In Ordnung. Wäre ja aber auch schlimm, wenn sich nichts verändern würde. Reicht ja, dass es einen Mister-Zeitlos-Sexy namens George Clooney gibt. Fanden den nicht auch schon unsere Mütter toll? Und ich kann mir nicht vorstellen, dass unsere Töchter den nicht auch irgendwann ... Aber Spaß beiseite.

Weißt du noch damals? Da tanzten wir zu ›Time of my Life‹ aus Dirty Dancing – in der Disko, die damals tatsächlich noch so hieß und nicht Club oder Lounge. Wir knutschten zu ›Mr. Vain‹ von Culture Beat. Wir schwärmten heimlich für AJ, Brian oder

Nick Carter von den Backstreet Boys und ich nebenbei auch für die Torwart-Legende Bodo Illgner. Wir »hingen ab«, statt zu »chillen«. Wir telefonierten mit Wählscheiben-Apparaten, die durch ein Kabel mit der Wand verbunden waren, sodass wir in der Diele sprechen mussten und Mama und Papa mithören konnten. Heute gibt es Handys mit Lautsprechern, aus denen Sidos Arschficksong tönt oder irgendein Popschrott von irgendeinem Gewinner aus irgendeiner Castingshow. Es gibt Hotels, die mit dem Slogan »Kinderfrei und ruhig« werben. Es gibt stillfreundliche Krankenhäuser und Geburten in Hypnose. Heute ist nicht alles schlechter, aber früher war eben auch nicht alles besser. Manches wendet sich zum Positiven, anderes nicht. Wie das weitergehen wird? Wer könnte das besser wissen als ein Zukunftsforscher! Ich habe Herrn Dr. Karlheinz Steinmüller von »z-punkt The Foresight Company« gebeten, uns ein fiktives Weltbild zu zeichnen, um einzuschätzen, wie unsere Kinder leben werden. Hier ist es, bestückt mit kursiven Kommentaren von mir höchstpersönlich:

Zeugung: Eine Parthenogenese (»Jungfernzeugung«) wird durch eine gezielte Behandlung möglich, aber in unserem gegenüber der Präimplantationsdiagnostik skeptischen Land verboten.
Maria und Josef in den Knast?

Schwangerschaft: Unsere Töchter werden ihre Kinder selbst austragen müssen, weil es Forschern noch lange nicht gelingt, einen künstlichen Uterus zu entwickeln, durch den eine Schwangerschaft außerhalb des Mutterleibes möglich wird.
Wäre ja auch zu schade, wenn wir durch echte Gruselerfindungen auf alle coolen Science-Fiction-Filme verzichten müssten, weil sie die Wahrheit einholt.

Lebenserwartung: Ein großer Teil der Kinder, die 2010 geboren sind, wird seinen 100. Geburtstag noch erleben.
Alter Schwede!

Bildung: Die Institution Schule wird bleiben, weil auch die besten elektronischen Medien und digitalen Lernnetzwerke sie auf absehbare Zeit nicht ersetzen können.

Dabei wäre es so praktisch, per Ipad zu lernen – am besten nachts, damit unsere Kinder morgens ausschlafen können – und wir auch ...

Gebäralter: Immer mehr Mütter werden spät schwanger, Geburten mit 55+ werden normal. Je gebildeter die Frau, desto später bekommt sie Kinder, nur in schwächeren Milieus gibt es noch junge Mütter.

Wie alt war Sarah Palins Tochter, als sie im amerikanischen Präsidentschaftswahlkampf ihrer Mutter ein Kind bekam? 19?

Geburtenrate: Frauen werden hierzulande nur etwa 1,3 bis 1,4 Kinder bekommen. Sollte unsere Gesellschaft Kinder schätzen lernen, genug Krippenplätze schaffen und dafür sorgen, dass die Mutterschaft kein Karriererisiko mehr darstellt, könnten es auch mehr Kinder pro Frau werden.

Hörst du zu, mein liebes Deutschland? Es geht um unsere Enkel.

Familien: Nichts deutet darauf hin, dass die Großfamilie wieder in Mode kommt. Dagegen nimmt die Anzahl der Alleinerziehenden und die der Patchwork-Familien zu, in denen oft Kinder aus unterschiedlichen Beziehungen zusammenleben.

Mit dem Bruder der Schwester des Schwippschwagers – in solchen Konstellationen werden unsere Kinder leben? Da haben wir wenigstens eine Entschuldigung für unsere Verwirrungen, wenn wir dement werden.

Glaube: Der Glaube wird für viele Menschen zum Konsumgut: Sie suchen sich zusammen, was ihnen gefällt, bedienen sich bei Kirchen und Sekten und mischen ein wenig Esoterik darunter.

Oooommmh und Amen!

Hochzeiten: Menschen brauchen auch weiterhin Rituale. Darum wird eine zeremonielle Bekräftigung der Partnerschaft nie überflüssig werden.

Na, hervorragend. Wo sonst könnten wir im Tatteralter noch mal richtig auf ›It's raining men‹ abtanzen!

Urlaube: Flüge werden teuer, weil es keine Alternative zum Erdöl gibt. Bis sich Wasserstoff als Treibstoff bewährt, dauert es noch. Ferien werden vermehrt in Heimatnähe verbracht.

Norderney statt Malle. Na ja, mit drei Kindern kann man sich eh nicht mehr leisten …

Klima: Die Temperaturen steigen, in Berlin kann sogar Wein angebaut werden, dafür werden die Gelegenheiten zum Rodeln rarer. Und wenn wir Pech haben, gibt es mehr Unwetter und die Malaria springt vielleicht über die Alpen.

Flitterwochen in Berlins Weinbergen? Die würde ich meinem frischvermählten Kind plus Partner sogar spendieren.

Gesundheit: Durch übertriebene Hygiene wird das Immunsystem unserer Kinder immer weiter unterfordert, sodass es sich eigentlich harmlose »Feinde« sucht – und Allergien entwickelt. Haustiere werden wichtig, weil sie das Allergierisiko verringern.

WauWau statt Seife.

Renten: 2020 wird es zu wenige Erwerbstätige und zu viele Alte geben: Das Rentensystem, wie wir es kennen, funktioniert nicht mehr. Das Arbeitsalter endet nicht mehr einheitlich bei 65 oder 67 Jahren, ab dann wird individuell entschieden, wer wann in den Ruhestand geht.

Kein Wunder, wenn die alle 100 werden …

10.
Mama, wir danken dir!
Warum wir unseren Müttern nie näher waren

Liebe Lisa,

gestern Abend stand ich wie fast jeden Tag an der S-Bahn-Haltestelle am Bahnhof Zoo. Tausend Leute drängten sich an mir und an meinem riesigen Bauch vorbei, als hätten sie Angst, nach mir nicht mehr in den Waggon zu passen, einer trat mir auf den Fuß, meine Harnröhre piekste, mein Rücken schmerzte, mir war übel und mein Herz schrie laut: Maaaamaaa!

Also schnell die gleichnamige Kurzwahltaste gedrückt, dreimal klingeln lassen und schon war sie dran: meine Mutter. Die Person, die sich momentan und schon immer am meisten dafür interessiert hat, ob mir ein Nagel gerissen, mein linkes Nasenloch verstopft, mein Auge vertränt, meine Wade oder mein kleiner Zeh verkrampft war, ich schlecht geschlafen, einen Glücksmoment, eine Krise, einen bahnbrechenden Erfolg oder einen miesen Tag hatte. Meine Nummer gegen Kummer, eskalierende Wutausbrüche, Heulsusen-Tage und Motivationstiefs oder auch für Lästerattacken, Selbstlob-Orgien und Gefühlsbestandsaufnahmen aller Art lautet mein ganzes Leben schon: 0180-MAMA! Vor meiner Mutter kann ich die Diva spielen, die Zicke, die verletzte Seele, die jähzornige Prinzessin, das gekränkte, schmollende Kätzchen, das arme verletzte Lamm im Sturm.

Auf sie ist hundert Prozent Verlass. Ich kann sie anschnauzen, ohne dass sie es mir nachträgt, ein echtes Miststück sein, ohne dass sie mir eine Standpauke hält.

Klar hatte ich auch immer mal Schmollwochen, wo sie nichts von mir hörte, oder Stress-Phasen, in denen ich mich einfach nicht meldete und sie mir hinterher telefonieren musste.

Aber jetzt, wo ich schwanger bin, hat die Mama-Hotline, so leid es mir tut, 24-Stunden-Notdienst-Bereitschaft. Ohne Feiertage.

Warum, fragst du jetzt bestimmt! Nun, die Vorteile einer echten Mama und werdenden Großmutter liegen auf der Hand.

1. Eine Mama kann das, was keine Freundin kann.

Nämlich für alles verantwortlich gemacht werden!

»Mama, du hättest mir echt mal sagen können, dass ich während der Schwangerschaft keine Cola Light darf!«

»Mama, deinetwegen habe ich mich gestern erkältet. Nur weil du zu spät gekommen bist und ich im Regen warten musste.«

»Mama, nur weil du nicht in meiner Stadt wohnst, habe ich demnächst keinen zuverlässigen Babysitter. Dein Enkel bedeutet dir wohl gar nichts!«

2. Eine Mama hat immer die richtige Antwort.

Vor allem auf Suggestivfragen.

»Mama, meinst du nicht, ich sollte mich heute lieber von Schwangerschaftsübelkeit erholen und nicht zur Arbeit gehen?«

»Denkst du nicht auch, es ist okay, mal mehr Chips zu essen? Oder meinst du, ich habe zu viel zugenommen?«

3. Eine Mama kennt keine Müdigkeit.

Vor allem, wenn man arm dran und dann auch noch schwanger ist.

»Mama, könntest du mir noch einen letzten Gefallen tun?«

»Rufe ich etwa zu früh/spät an?«

»Kannst du morgen wirklich nicht mit mir zum Arzt gehen und danach die Einkäufe machen? Mir fällt das im Moment doch alles so schwer.«

Ja, das können und ertragen nur Mamas. Und soll ich dir was sagen, Lisa? Komischerweise ist mir meine Mutter momentan sogar näher als mein Freund und Kindsvater.

Hey, ich meine, diese Frau hat es geschafft, MICH auszutragen und aufzuziehen. Wer könnte meine Babykugel also besser umsorgen?

– Mein Freund ist auf Reisen durch die USA. Eine letzte Junggesellen-Tour. Wer übernachtet bei mir und lacht mit mir abends vor dem Fernseher auf der Couch, wenn mein Bauch mittlerweile abends von links nach rechts wandert? Mama!

– Ich will nach der Arbeit nur ein paar Einkäufe machen und nicht alleine als Dickbauch Bahn fahren. Wer ist sich seiner Zeit nicht zu schade, so langweilige Dinge mit mir zu machen? Mama!

– Mir ist zum Heulen und ich brauche dringend Gesellschaft. Wer sagt spontan seine Kino-Verabredung ab? Mama!

Und nicht nur das, Lisa! Plötzlich interessiere ich mich für meine Babyfotos, meine frühe Kindheit, ihre Strapazen während der Schwangerschaft, ihre Ängste und Nöte, ihre Tipps und Tricks gegen jede Art von Wehwehchen.

Sie hat auch ab der 20. Woche Rückenschmerzen gehabt.

Bei ihr haben die Wehen ab Woche 32 angefangen.

Für sie war es auch okay, abends mal eine Weinschorle zu trinken.

Auch sie hat sich richtig viele Sorgen um mich in ihrem Bauch gemacht.

Meine Mutter ist im Moment einfach mein perfektes Gegenüber, mein größter Halt und meine Beraterin gerade für alle Themen, die mit Brüsten, Schleim, Krämpfen an den falschen Stellen oder sonstigen peinlichen Schwangerschaftstücken zu tun haben. Und das ist etwas total Schönes. Eigentlich.

Denn manchmal frage ich mich trotzdem: Ist das alles richtig und normal? Oder schließe ich meinen armen Freund etwa unbewusst aus, indem er mir nicht mehr der intimste Vertraute ist? Übertreibe ich? Oder hast du während der Schwangerschaft auch so viel mit deiner Mutter zusammengegluckt?

Erzähl mal!

Liebe Caro,
was du beschreibst, ist definitiv richtig und normal. Nur eine Frau kann wie eine Frau empfinden und am allerbesten kann's die Mama – sofern das Verhältnis zwischen den Generationen im jeweils konkreten Fall stimmt.

Weißt du, es gibt Tage, da fühle ich mich wie die schlechteste

Mutter auf Erden. Nichts will gelingen, ich motze die Kinder an, lasse das Essen verbrennen. Und dann blitzt da in meinen Gedanken immer eine Figur auf. Eine Frau, die im Rückblick scheinbar nie etwas falsch gemacht hat, nie die Nerven verloren hat und immer, immer für ihre Kinder da war, egal welch komische Ideen sie wieder mit nach Hause brachten – MEINE MAMA.

Ich rufe sie an, frage: »War das bei dir auch so?« und sie sagt: »Ja, klar. Ich hätt' mit euch auch oft die Wände hochgehen können!« Und dann ist alles wieder gut.

Früher war das ja so, dass, wenn ich krank war, ich im Bett lag und Obststückchen gebracht und Tee gekocht bekam. Heute ist das so, dass ich, wenn ich krank bin, trotzdem drei Kinder versorgen und einfach weiter funktionieren muss. Dabei würde ich in solchen Momenten so gern mal wieder die schwache Tochter sein statt die starke Mama. Letzte Woche noch rief ich meine Mutter verschnieft und heiser an: »Ich kann nicht mehr.« Normalerweise hätte sie sich sofort in den nächsten Zug gesetzt – sie ist die selbstloseste Person, die ich kenne –, aber das ging diesmal nicht, sie hatte Termine. Und zwischen Köln und Berlin liegen halt leider 600 Kilometer. Trotzdem lag am nächsten Tag etwas im Briefkasten. Ein kleines Päckchen, in dem sich ein teures kleines Rougekästchen befand. Und ein Zettel, auf dem stand: »Liebe Lisa, bitte hier wenigstens etwas Farbe! Mama«.

In der Schwangerschaft habe ich sie ausgequetscht über jedes noch so kleine Detail. Wir wunderten uns beide über diese wachsende Nähe. Das ist doch neu, dass sich Mütter und Töchter über solch intime Dinge austauschen wie eine Schwangerschaft. Einfach, weil sich früher die eigenen Lebensentwürfe in der Regel so heftig von denen der Eltern absetzten.

Mir scheint, als seien wir die erste Generation, die ihre Kinder wirklich so großziehen möchte, wie es die Vor-Generation – die eigenen Eltern – getan hat. Und da liegt die Vorbildlatte wirklich meterhoch! Natürlich gibt es auch Leute, die Großeltern werden und sagen: »Ach, Babys sehen ja alle gleich aus, da muss ich es nicht in den ersten vier Monaten sehen.« Aber es gibt auch viele andere Beispiele, wo die Eltern und Schwiegereltern selbstlose Babysitter, Umsorger, Im-Notfall-Einspringer und Erziehungsratgeber sind. Vor lauter Mitfiebern bekam meine Mutter nach der Geburt meiner Tochter zum Beispiel Brustschmerzen. Ein mitgefühlter Milcheinschuss? Unheimlich!

So nah sind sich natürlich nicht alle, trotzdem merke ich, dass auch meine Freunde ihren Eltern durch ihre Kinder näher werden. Viele beziehen sie aktiv in die Versorgung mit ein, geben die Kleinen gern auch mal ein ganzes Wochenende zu den Großeltern. Das war doch früher nicht so!

Ich frage mich oft, was ausschlaggebend gewesen sein muss, dass ich meine Kindheit als eine so glückliche in Erinnerung habe. Aber ich denke natürlich darüber nach, weil ich meinen Kindern gern ein ähnliches Glück ermöglichen möchte. Wahrscheinlich waren es 1001 Dinge zusammen. Selbstentfaltung, Selbstständigkeit und Selbstbewusstsein, das wollten uns meine Eltern ermöglichen. Und als ich in einem letzten pubertären Anfall beschloss, Leonardo Di Caprio heiraten zu müssen, da sagte mein Vater: »Na, dann fahr halt zu ihm in die USA.« Aus der Traum. Mach ihn wahr!

Wir wurden nicht in eine Richtung gedrängt, wir gaben eine eigene Richtung vor und die wurde auf ihre Machbarkeit hin überprüft. Als ich also mit 15 Jahren beschloss, für ein Jahr zum Spanischlernen in eine Gastfamilie nach Kolumbien gehen zu wollen, da riefen meine Eltern im Auswärtigen Amt an, wo man ihnen mitteilte, dass sie ja »selbst schuld« seien, wenn sie ihre Tochter in dieses Bürgerkriegsland mit der hohen Entführungsrate geben würden. Wir besprachen das, ich drückte auf die Tränendrüse und ziemlich bald danach stand ich am Flughafen. Ich weiß nicht, ob ich als Mutter ähnlich cool mit so etwas umgehen würde, und das macht das Ganze ja noch skurriler! Wenn man sich eingestehen muss, dass man selbst viel ängstlicher ist, als es die eigenen Eltern waren.

Immer haben sie uns Kindern das Gefühl gegeben, dass sie stolz auf uns sind, dass sie uns ernst nehmen, dass sie hinter uns stehen. Und nachdem ich erfahren hatte, dass ich nur anderthalb Jahre nach der Geburt meines ersten Kindes Zwillinge erwartete, da freute sich meine Mutter erst mit mir am Telefon, setzte sich dann aber schleunigst in den Zug, um nur wenige Stunden später meinen Angstschub aufzufangen: »Wie soll ich das nur alles schaffen, Mama?« Sie war da.

Auch, als ich mit Frühwehen in die Klinik fuhr. Auch, als die Babys dann kamen. Sie kümmerte sich um meine »Große« und begrüßte mich nach der Entbindung mit einer Torte zu Hause, auf der ein Foto der zwei Minis prangte, ein Bild aus weißer Schokolade.

Als plötzliche Dreifachmutter mit 26 wuchs ich mit meiner Überforderung und lernte, wirklich auch mal Hilfe anzunehmen (wobei das Ganze auch immer eine Abwägung ist zwischen »Ich brauche Hilfe« und »Ertrage ich noch eine weitere Person in meinem Haushalt?«). Von Mama und jedem sonst, der sie anbot. Aber bei wem außerhalb der eigenen Verwandtschaft hat man schon sonst das Gefühl, dass er die Kinder so bedingungslos liebt wie man selbst? Dass man sich mal entspannt zurücklehnen kann und die Verantwortung für die drei wichtigsten Minimenschen seines Lebens mal für kurze Zeit abgeben kann?

Ich weiß, dass nicht alle so ein großes Glück haben.

Aber ich habe es.

Und ich bin dankbar dafür.

Wie singt die Kölsche Band ›Brings‹ noch so schön:

Mama, wir danken dir,
Bumm Bumm macht's Herz bei mir,
du warst immer, immer für uns da,
Mama, du bist wunderbar.

11.
Frag Dr. Google!
Internetforen und ihre Auswirkungen

Liebe Lisa,

ich sag's mal offen heraus: Ich google alles. Und ja, ich gestehe, ich surfe auch in Foren. Ja, und mir ist bewusst, dass das mindestens genauso anrüchig ist wie ein Date über Flirt-Portale zu suchen, auf YouPorn zu stöbern oder ein Monatsgehalt bei E-Bay für kitschige Porzellanelefanten auszugeben.

Das Dumme nur an diesen Dingen: Sie machen süchtig. Eine langweilige Minute im Büro, ein kleines Kreativitätsloch (und davon gibt es jeden Tag viele!) reichen und ich beobachte meine Finger, wie sie zum Beispiel Schwangerschaft und Hautjucken eingeben. Schwangerschaft und Zahnschmerzen. Schwangerschaft und frühzeitiger Blasensprung. Schwangerschaft und Rückenschmerzen. Und Klick – da sind sie dann: Hunderte Foren-Einträge verzweifelter Frauen wie mir, die schnell mal einen Rat brauchen. GoFeminin, Babyclub, Eltern.de, Rund-ums-Baby, urbia – die Liste der beliebten Foren ist ellenlang. Die Liste der Fragen noch länger: »Wie kann ich mir als Schwangere noch eine ordentliche Intimfrisur rasieren, wenn der Bauch im Weg ist?«, fragt Benutzerin Mandy09792.

Charlottemartha ist hingegen richtig verzweifelt: »Ich bin nun in der 24. Woche schwanger, wir haben lange an dem Kind gebastelt, mir geht es gut und eigentlich müsste alles toll sein! Seit aber mein Bauch sichtlich wächst, kommt mein Freund irgendwie überhaupt nicht mehr an mich ran.«

Da kann Kittikatz beruhigen: » Bei uns war es auch so. Ich muss allerdings sagen, dass ich auch nicht mehr so Bock hatte, weil mir mein Bauch ständig im Weg war und wehtat.«

Sunshine kennt das Problem offenbar auch: »Wir sind fast nur noch am Kuscheln und sobald ich mehr will, weist er mich ab, haben momentan so alle 4–5 Wochen Sex.« Und ich google weiter. Da erzählt Benutzerin witch74 doch tatsächlich, dass sie seit ihrer 20. Woche immer Orgasmen im Schlaf hat. Ich auch. Ich auch, will ich schreiben, trau mich aber nicht.

Und du bist plötzlich mittendrin. Zwischen den Mandys und Clarissas, Sarah-Mausis und Sunny-Lindas. Und alle haben anscheinend die gleichen Nöte und Ängste wie du. Klar, dass die gegenseitige Panikmache leider auch nicht ausbleibt: »Wenn du rohen Lachs gegessen hast, würde ich mich an deiner Stelle lieber sofort übergeben gehen – wegen der Listeriose-Gefahr«, beschwört Mello die verzweifelte Leah85. »Ich habe solche Angst vor Keimen und dass dem Baby was passiert«, heult diese einen Beitrag später zurück.

Doch es geht noch schlimmer: Da erzählt doch Bluehorizon78, als ich »Blasenentzündung und Schwangerschaft« google: »Ich hatte eine Fehlgeburt in der 20. Woche. Mein Arzt sagt, es sei, weil sich die Bakterien rund um meine Fruchtblase nach einer Blasenentzündung angesammelt hätten.«

Sofort schlägt sich die Angst wie Klauen in mein Herz. Eine Blasenentzündung während der Schwangerschaft hatte ich ja bereits hinter mir. Nun mache ich mir Sorgen, ob erneut eine im Anmarsch ist und sich eventuell dann auch zu viele Bakterien ansammeln, die mein Baby ... o nein!

»Hey Caro, Feindiagnostik kannst du später machen«, blafft mein Chef mich halb im Scherz in diesem Moment von hinten an. Ich schrecke auf, doch ich höre ihm längst nicht mehr zu. Halb in Tränen fahre ich sofort nach Feierabend ins Krankenhaus zur Schwangerenberatung. »Ich glaube, ich habe einen Blasenriss«, lüge ich bei der Anmeldung. Ich kann ja schlecht sagen, dass ich »Blasenentzündung« gegoogelt habe. Durch Zufall komme ich als Kassenpatientin zum Oberarzt in die Behandlung, der vermutlich gerade Bereitschaft hat. »Es ist alles okay«, sagt der große Mann, der aussieht wie Dr. House, lächelnd, als ich mich nach dem Ultraschall wieder anziehe. »Gehen Sie nach Hause, entspannen Sie sich und lesen Sie nicht zu viel.« Ich lächele gequält. Traue mich dann aber doch. Schließlich ist jetzt meine große Chance, das Halbwissen meines wochenlangen Medizinstudi-

ums an der Google-Uni zu testen. »Was ist eigentlich mit Nabel-
schnurknoten? Können Sie die auf dem Ultraschall sehen?«, frage
ich leise. »Frau Rosales, es ist wahrscheinlicher, dass Sie vor ein
Auto laufen«, antwortet dieser routiniert, während er blasiert
in die Leere blickt. Ich weiß, was er jetzt denkt: »Das ist so eine
Hysterikerin, die zu viele Foren liest.« Aber das lasse ich nicht auf
mir sitzen: »Wissen Sie, es ist mein erstes Kind ...« Der Oberarzt
unterbricht mich: »Aber das wird nie besser. Frauen sorgen sich
immer. Auch wenn es das sechste Kind ist.« Ich schaue resigniert
auf den Boden. Vermutlich hat er recht. Es ist alles in Ordnung,
ich bin hysterisch, aber er ist dafür frustriert. Frustriert von den
vielen Frauen, die Dr. Google jeden Tag seit Anbeginn der Inter-
net-Ära mit diffusen Selbstdiagnosen zu ihm treibt.

Das Phänomen heißt übrigens Cyberchonder. Laut Untersuchungen des Branchenverbandes Bitkom suchen bereits
28 Millionen Bundesbürger (und nicht nur Schwangere!) Erste
Hilfe im Internet, indem sie ihre Symptome ins Suchfeld eingeben. Rund 60 Prozent aller Internetnutzer erkundigen sich im
Netz nach Krankheiten, Verletzungen und gesunder Ernährung.
Wie weit Pharmakonzerne, die ihre Medikamente an die Mami
bringen wollen, in Foren mitschreiben, kann man allerdings nur
vermuten. Klar, man muss nicht alles für bare Münze nehmen,
was im Internet steht. Aber mal ehrlich, Lisa: Hundert Tipps sind
besser als einer. Ein paar Google-Klicks sind bestimmt ergiebiger
als diese rosa Schwangerschaftsratgeber, in denen steht, dass alles gut wird, obwohl du dich halbtot vor Unterleibsschmerzen
auf der Couch krampfst. Oder übertreibe ich da? Wie soll man's
denn jetzt nun halten?

Liebe Caro,
ganz ehrlich: Ich halte wenig von Internetdiagnosen. Wenig bis
gar nichts. Kauf dir einen Ratgeber, wenn dich das alles so interessiert, oder such dir *eine* gute Website, die unabhängig informiert. Die dir Infos gibt, statt Angst zu machen. Solche gibt's!
Aber diese ständige Abhängerei in Internetforen voller hyste-
rischer Schwangerer ohne auch nur den Anschein jeglicher Pro-

fessionalität, die macht dich doch noch ganz krank. Wenn schon nicht im Bauch, dann zumindest im Kopf. Aber ich will ja nicht so sein, hab für dich ein bisschen recherchiert und bin auf erstaunliche Dinge gestoßen.

Zunächst einmal gebe ich »Schwangerschaft« in die Facebook-Suchfunktion ein. Da erscheint dann auch tatsächlich eine Seite, deren Einordnung mich dann aber doch stutzen lässt: Die Seite läuft unter der Rubrik »Krankheiten«. Das sagt für mich schon alles. Ich suche weiter und da, tatsächlich, entdecke ich, dass der Dammriss eine eigene Facebook-Seite hat! Und damit nicht genug. Er hat auch noch acht »Fans«. Dammriss – I like! Oder was? I DON'T LIKE. Es gibt Facebook-Seiten zu Schwangerschafts-abbruch, -test, -diabetes, -dauer, -beratung und -erbrechen. Die Facebook-Seite zum Babybauchsingen wurde 152 Mal mit »Gefällt mir« angeklickt, das Schwangerschaftserbrechen bringt es immerhin auf 16 »Fans«. Die Seite »Uterus Schleimpfropf« hat hingegen keine Fans, dafür aber eine wundervolle rosafarbene Stofftier-Gebärmutter mit Gesicht als Profilbild. Es ist unfassbar, Caro. Lass die Finger davon.

Für dich hab ich mir dann auch noch die Startseite von Wikipedia.de angeschaut. Nichts ahnend. Normalerweise suche ich Informationen zu einem bestimmten Thema. Google liefert einen Link und schon bin ich drin im Wikipedia-Artikel. Nun war ich also zum ersten Mal auf der Startseite und ich bekam fast Augenkrebs. Der Artikel des Tages zeigte mir einen tiefen, nein, einen zu tiefen Einblick in eine Vagina. Irgendwie war es mein PIP, persönlicher Internet-Pechtag. Ja, nach zwei Schwangerschaften bin ich eigentlich schon relativ abgestumpft, ich musste mich bei Streuselkuchen neben meinem Mann von der Hebamme nach »meinen Erfahrungen mit Hämorrhoiden« fragen lassen, ich wurde vorgewarnt, dass Schwangere oft während der Geburt Stuhlgang haben, weil »das Köpfchen den Darm frei presst«. Ja, und da bei mir dann immer ein Kopfkino beginnt mit all den unschönen Bildern voller Geburtsbadewannen mit Fäkalzusatz, dachte ich eigentlich, mich könnte nichts mehr schocken. Nun ja. Die Wikipedia-Scheide schockte mich dann doch. Vielleicht, weil ich auf einer Enzyklopädie solche Einblicke nicht erwartete, vielleicht aber auch, weil ich die Schamfreiphase der Schwangerschaft schon längst hinter mir gelassen hatte. Mein natürlicher Instinkt funktionierte wohl wieder und sagte mir: Das möchte ich so detailliert definitiv nicht sehen!

Du merkst: Ich habe arge Vorbehalte gegen Doktorspielchen im Internet. Nicht mein Ding. Da schaue ich nach geschwollenen Lymphknoten beim Kind und schon läuten meine Alarmglocken, klingeling: Das muss Leukämie sein! Geht gar nicht anders. Mein armes, todgeweihtes Kind. Nee, lass bloß die Finger von solchen Home-Diagnosen. Nimm lieber dein Kind auf den Arm, schau, ob es sich in irgendeiner Weise verändert. Ob es Fleckchen am Körper bekommt, ob es apathisch wird, ob es Popo-Ausschlag hat, und dann reagierst du instinktiv. Ich mache es so: Gibt es Anzeichen, die ich einschätzen kann, gibt's Hausapotheke. Sehe ich Dinge, die ich noch nie gesehen habe, rufe ich eine befreundete Mutter an. Und wenn mein Kind über 40 Grad Fieber ohne erkennbaren Grund hat und eindeutig kränkelt, dann suche ich doch mal den Kinderarzt auf.

Ich denke, was Krankheiten angeht, solltest du dir als Mutter wirklich ein bisschen Natürlichkeit bewahren, Bauchgefühl eben. Vielleicht war es mein Glück, dass mein erstes Kind vor der Geburt von Facebook zur Welt kam ... Ich musste meine Luxusprobleme nicht ständig online mit den Wehwehchen anderer Schwangerer vergleichen – weder, was Schwangerschaftsorgasmen in der Nacht anging, noch was die Ferndiagnose eines Fiebers spekulieren ließ. Ich war eine glückliche und unbesorgte Schwangere. Es war: Genuss statt Recherche.

Ungewöhnliche Gynäkologennamen:

Dr. Siegfried Loch, Gynäkologe, Bonn
Christian Ferckel, Gynäkologe, spätes 19. Jahrhundert
Dr. Gisela von Hinten, Frauenärztin und Sexualberaterin, Ravensburg

Dr. Eckhard Eichel, Frauenarzt, Quickborn
Dr. Gerlinde Pfotenhauer, Gynäkologin, Jena
Dr. med. Werner Unverdorben, Gynäkologe, Erding
Dr. Rudolf Fäustle, Gynäkologe, München

12.

»Mein Gemüse verträgt kein Kopfsteinpflaster!« – Werde ich auch so eine Mutti?

Liebe Lisa,
als ich neulich im Café bei schönstem Sonnenschein und einem schwangerschaftsfreundlichen Schoko-Milchshake statt Cappuccino auf dich gewartet habe, wurde ich Zeugin einer gruseligen Alltagsszenerie.

Am Tisch direkt vor mir.

Saßen sie.

Bei Kirschstreusel, Putenbrust-Ananas-Salat, koffeinfreiem Milchkaffee und Apfelschorle. Wie die Vorboten einer mir drohenden Apokalypse. Drei Frauen bei 25 Grad in Funktionswindjacken zum bunten Zopfgummiband. Drei Muttis frustriert von der Erkenntnis, dass Stillen doch keine Dickärsche schrumpfen lässt und gegen Augenringe noch keine Dior-Creme gewachsen ist. Sie sprachen – drei Mal darfst du raten – über den Inhalt ihrer Kinderwagen, die sie mit monotoner Langeweile mit einer Hand hin und her schoben, während sie mit der anderen den Schaum aus ihrem Milchkaffee löffelten. »Die Drei-Monats-Koliken von unserem kleinen Fröschle machen mich fertig«, ist das Nächste, was ich als Gesprächsfetzen mitschneide. »Also, bei meiner Schnullerprinzessin wirkt der Fliegergriff Wunder«, kontert die andere mit dem fettigen Haaransatz zur Prada-Brille. »Aröö heißt mittlerweile so viel wie Mama«, sagt die Dritte im Trenchcoat und erntet das bestätigende Kichern der zwei anderen.

Ich lausche wie gebannt. Und so sehr ich auch versuche, mich auf Milchshake und den Lokalpolitikteil der Zeitung zu konzentrieren – es klappt nicht. Stattdessen sehe ich mich in einer – wenn auch wesentlich engeren – Wind-und-Wetter-Jacke in wenigen Monaten auch dort sitzen, wie ich mein großes Baby-Kotz-Wickel-Mitteilungsbedürfnis vor meinen neuen »Freundinnen« auslebe und gar nicht mehr merke, dass sich meine früheren Freundinnen komischerweise irgendwie nicht mehr bei mir melden.

»Ach, die verstehen mich halt nicht mehr. Die wissen ja gar nicht, was ihnen ohne ein Baby entgeht«, werde ich dann denken, bevor ich mir stolz im vollgespuckten T-Shirt das zweite natürlich laktosefreie Stück Käsekuchen vor dem Abendessen einverleibe.

Halt, Stopp!

Soweit darf es natürlich nie kommen. Aber werde ich mich überhaupt gegen die schleichende Mama-Metamorphose zur Wehr setzen können?

Ich meine, im Job bin ich die totale Perfektionistin. Lieber alles doppelt checken. Lieber einmal mehr mit einer Frage nerven, als hinterher das Nachsehen zu haben. Und immer schön skeptisch bleiben. Hat der Interviewpartner das so gesagt? Ist das nicht ein Widerspruch? Stimmt die Zahl? Oder steckt irgendein Querulant dahinter, der mit einer Statistik irgendetwas beweisen will? Als Journalistin ist Hartnäckigkeit eine Primärtugend, als Vollzeit-Mami allerdings eine Steilvorlage, seiner Umwelt gehörig auf die Nüsse zu gehen. Schmeckt der Blumenkohl auch wirklich bio? Ist das Lamm-Cashmere-Jäckchen auch wirklich warm genug bei 15 Grad? Gibt es da nicht eine Studie, die giftiges Arsen in Baby-Federkernmatratzen nachgewiesen hat? Und gehören diese deshalb nicht vom Markt? Will ich, dass ein Penner, pardon, ein Obdachloser, auf der Spielplatzbank eine Flasche Bier öffnet? Nein! Werde ich zulassen, dass mein Kind nicht auf die beste empfohlene Schule geht? Auf keinen Fall! Werde ich prüfen, ob jedes Spielzeug TÜV-geprüft ist? Jawohl!

Zugegeben, ich habe einige Ansätze zur übervorsichtigen Super-Zicken-Mutter in mir. Und das ist gefährlich! Ehe ich mich versehe, latsche ich täglich mit dem Kinderwagen zur PEKiP-Nacktspiel-Gruppe, tratsche mit meinen Stirnband-Öko-Filzjacken-Freundinnen über die neueste Naturkosmetik und futtere Kekse, während mein Kerl Überstunden in der Kneipe schiebt und seine Sekretärin mit dem Fick-mich-Röckchen nagelt. Niemals!

»Also irgendwann muss man auch wieder das Babe sein«, protestierte meine Freundin Nela neulich, nachdem ich ihr erzählte, dass ich mittlerweile fingerdicke Binden gegen Schwangerschaftsausfluss trage. Sie hat recht. Vermutlich genauso wie Annika.

Annika Line Trost ist eine Hälfte des berühmt-berüchtigten Elektro-Punk-Duos Cobra Killer, das sich auf der Bühne mit Rotwein überschüttet. »Die echten Freaks«, meinte sie in einem ruhigen Moment zu mir, »triffst du nicht bei Party-Orgien backstage, sondern auf dem Spielplatz.«

Also, Lisa, was meinst du? Babe bleiben? Freak oder Fettarsch werden? Wie kann ich verhindern, dass ich mich in eine asexuelle, überbesorgte Babyflüsterin in Funktionskleidung verwandele? Und: Geht das überhaupt?

Liebe Caro,
anscheinend hast du ein Problem mit fetten Ärschen. Das ist aber sicherlich behandelbar, andere haben halt Angst vor Spinnen. Der Zusammenhang zwischen Müttern und dicken Hinterteilen erschließt sich mir also nicht so ganz – zumal gerade in Mitte und Prenzlauer Berg, also dort, wo wir wohnen, die Mütter ja so angefeindet werden, weil sie eben schon wieder gertenschlank sind, wenn sie den Kreißsaal verlassen, und sich dann stylen, als wollten sie den nächsten Spielplatzpapi vernaschen. Wo ich hinschaue, wenn ich mich auf den Balkon stelle – überall Babes. Trotzdem gibt es sie natürlich, die hypersensiblen Muttertiere. Neulich kam eines an mir vorbeigefahren. Auf dem Gehweg mit dem Fahrrad – fast hätte sie eins meiner drei Kinder zu Matsch

gefahren. Und als ich böse hinter ihr herschaute, drehte sie sich mit einer sportlichen Bewegung um, zeigte auf die kleine Kiste mit dem frischen Broccoli, dem Lauch und der Gurke auf ihrem Gepäckträger und sagte: »Mein Gemüse kann eben nicht so gut Kopfsteinpflaster vertragen.« Ehrlich gesagt: Dem habe ich nichts hinzugefügt. Wenn es mit dieser Frau schon so weit gekommen ist, dann ist sie gestraft genug. Manche Mütter werden so! Denen ist das Biogemüse, das sie gleich unter dem Pürierstab für ihr Engelchen schreddern, wichtiger als das Wohl andererleuts Kinder.

Die sitzen dann da in ihren Babykursen und die ganze Welt dreht sich um sie und ihre kleinen Schnuffipuuhs. Und um ihren dicken Arsch, der einfach nicht schmaler werden will. Du sagst dann nicht: Na, vielleicht sitzt du dann einfach nicht den ganzen Tag keksfressend auf Isomatten in Babykurs-Räumen rum und bewegst dich mal. Du sagst dann: Ja, stimmt, bei mir ist der Bauch auch noch nicht ganz weg. Wie oft schreien denn eure Babys so in der Nacht?

Nein, sagst du dir jetzt, so etwas werde ich nicht fragen. Doch, meine Liebe, das wirst du. Denn nichts in der Welt ist nach der Geburt wichtiger als der Austausch mit ebenfalls Betroffenen. Das heißt natürlich noch lange nicht, dass das deine besten Freunde werden müssen. Nein. Nennen wir sie lieber: Lebensabschnittsbegleiter. Und ob du öko einkaufst oder nicht, das ist deinem Kind so was von schnurzpiepegal, das entscheidest allein du. Genauso hält es sich mit wetterfester Kleidung, Tupperware und Fahrradanhängern. Du kaufst nur das, was für dich infrage kommt. Aber vielleicht verkrampfst du dich nicht zu stark darauf, dich auf keinen Fall verändern zu wollen und niemals in all die Klischees zu fallen, die du gerade aufgezählt hast. Irgendwann gelangst auch du an den Punkt, an dem du für dich eine Überlebensstrategie entwickeln musst. Was kann mir den Alltag erleichtern, wenn sowieso schon mein ganzes Leben durch den neuen, ungewohnten Tagesablauf durcheinander ist? Und dann kommst du sehr schnell auf die Idee, dir für die endlosen Kinderwagenrunden um den Block eine Wind-und-Wetter-Jacke anzuschaffen und vielleicht sogar flache Schuhe, damit du wenigstens warm und gemütlich gehst, wenn du schon den ganzen Tag unterwegs bist, weil dein Kind verdammt noch mal nicht einschlafen will. Und ich sage dir noch etwas voraus: Der Kauf dieser Funktionskleidung wird dir nicht einmal schwerfallen. Und zwar nicht nur, weil du dich auf praktische Kleidung freust, sondern weil sich deine Prioritäten verschieben. Weg von dir, hin zum Kind. Lauf' ich halt in No-Go-Klamotten rum! Pah. Hauptsache, meinem Kind geht's gut. Das wirst du denken. Ob du dich aber von den Haarwurzeln bis zu den Zehenspitzen veränderst, hast immer noch du selbst in der Hand. Na ja gut, nicht ganz, denn gegen die Verliebtheitsgefühle, die du deinem Baby entgegenbringen wirst, kannst du wohl kaum etwas ausrichten und damit schleicht sich die Veränderung ja bereits in dein Leben ... aber wenn du dich schon jetzt mit dem Thema auseinandersetzt, dann bist du auf einem guten Weg. Dann wirst du dir vor den Telefonaten mit kinderlosen Freunden auf die Zunge beißen und über die letzte Topmodels-Staffel lästern statt über die sagenhaften Furzkünste deines Babys.

Und dann wirst du deine Freunde überraschen, indem du ihnen zeigst, was Mütter alles leisten können – gerade noch Kinderkacke unter den Fingernägeln, 20 Minuten später in Stilettos auf der Vernissage. Das geht irgendwann wieder, wenn die erste Säuglingsphase überstanden ist! Ab und zu kannst du dann wieder »Ja!« sagen zum Babe in dir! Klar wird das anstrengend. Dich gegen die Junge-Mutter-Müdigkeit zu wehren, um mit Freunden auszugehen und dann auch noch zu smalltalken, obwohl du eigentlich nur noch Dutsi-duuuu gewohnt bist. Aber hey, sieh das als Herausforderung an! Dann stört dich auch der frisch getrocknete Kotzefleck auf deinem Jack-Wolfskin- – ah, Prada-Jackett nicht mehr, den du deinen Freunden strahlend präsentierst. Schau dir die junge Mutter an, werden sie über dich sagen, wie die blüht ...

13.

Presslufthammer vor der Haustür –
Wie geht Sex mit Babybauch?

Liebe Lisa,

als wir beschlossen haben, dieses Buch zu schreiben, habe ich versprochen, dich alles zu fragen, was mir auf der Seele brennt, auch wenn's peinlich wird – und dabei bleibe ich.

Sprich: Lass uns über Sex reden!

Also, gleich zur Sache, Schätzchen: Mein Freund und ich kannten uns gerade mal ein Jahr, als ich schwanger wurde. Ich trage also genau in der Zeit mein Kind aus, in der die allermeisten Paare im Bett alle anfänglichen Schüchternheiten und Blümchen-Sex-Hemmungen abgelegt haben und es in den Kissen richtig krachen lassen.

Anders jetzt bei uns: Statt uns einen Berg von Sex-Toys und Kamasutra- oder Tantrabücher zu kaufen, habe ich für ein ganz spezielles Accessoire gesorgt, dass uns schlaflose Nächte (dank meiner Pinkel-Rekorde) garantiert: meinen Babybauch!

Womit wir schon bei den verschiedenen sexuellen Vorlieben sind, die ein Paar so entzweien können. Denn anstatt meinen Bauch wie eine Wunderkugel zu streicheln und irgendwas Sinnlich-Erotisches zu sagen wie: »Für mich bist du so schön und so weiblich wie noch nie«, scheint mein Lover mit meinem neuen Körperumfang mehr und mehr zu fremdeln.

Klar kriege ich da das Kotzen, wenn Angelina Jolie, die blöde Kuh, in irgendwelchen Illustrierten schwärmt, dass sie ausgerechnet auch noch mit Brad Pitt während ihrer Schwangerschaft den Sex ihres Lebens hatte.

Kann ich mir sogar vorstellen, denn rein körperlich habe ich, seitdem ich schwanger bin, mehr Lust auf Sex als in meinem ganzen Leben zuvor. Dumm nur, wenn dein Kerl sich verhält wie, laut Umfragen, zwei Drittel aller Männer und lieber abends stundenlang sein E-Mail-Fach aufräumt, als zu dir ins Bett zu kommen.

Und das in einer Zeit, in der sich deine sexuelle Energie offenbar potenziert hat.

Kein Quatsch, ich wache nachts auf, weil ich schlafend im Traum einen ECHTEN Orgasmus hatte! Und wie ich in vielen Internet-Foren lese, geht es offenbar vielen Frauen wie mir. Jede fünfte Frau erlebt ihren ersten Orgasmus in der Schwangerschaft, lese ich bei GoFeminin.

Wie krass ist das denn bitteschön?!?

Und wie frustrierend zugleich. Googelt man nämlich etwas weiter, da klagt zum Beispiel Nutzerin Icecream31, dass sie während ihrer Schwangerschaft höchstens fünf Mal Sex mit ihrem Mann hatte. Nulpe1974 hat dasselbe Problem. Sie schreibt:

Großartig Sex haben wir auch nicht mehr, da mein Mann auch so eine Mimose ist. Habe mich aber mal mit ihm ganz in Ruhe unterhalten und festgestellt, dass es für den Mann einfach nur nicht mehr schön ist. Er sagte, dass erstens der dicke Bauch stört, zweitens hat man Angst, an das Kind ranzukommen, und drittens meinte er, egal, in welcher Stellung wir es machen, sieht es für eine Frau immer total anstrengend aus (wegen der Luft) und nicht mehr spaßig.

Ooooh, wie frustrierend! Da fühlt man sich ja wie in die 50er-Jahre versetzt, als Beate Uhse mit kleinen Heftchen das Volk aufklärte. Heute müsste es dann heißen: »Liebe Männer, ihr könnt ganz normal Sex haben, auch wenn das Bienchen und das Blümchen sich getroffen haben und eure Partnerin einen ganz dicken Bauch hat. Das ist eine ganz natürliche Sache.«

Gut, ein bisschen kann ich meinen Kerl auch verstehen. Es würde sich im Moment auch komisch anfühlen, sich in Dessous aufs Bett zu werfen und auf versautes Miststück zu machen. Und danach, meinen Bauch in den Laken hin und her zu wälzen, ist mir auch nicht gerade. Ich meine, wie war das denn bei dir? Mache ich irgendetwas falsch? Und viel wichtiger: Renkt sich das mit dem Sex nach der Schwangerschaft wieder ein? Jetzt sei mal ganz offen! Für mich und all die anderen frustrierten Frauen da draußen!

Liebe Caro,

zunächst einmal gratuliere ich dir, dass du es bis hierhin geschafft hast. Dein Kerl ist noch bei dir und anscheinend hat das im Bett zumindest in der Vergangenheit mal ganz gut funktioniert – immerhin bist du ja irgendwie von ihm schwanger geworden. Das sind doch gute Voraussetzungen für die Beziehung! Was eure Basis angeht, weiß ich nicht, auf was eure Verbindung bislang beruhte, es soll ja Paare geben, die aus einer reinen Poppbekanntschaft heraus entstanden sind ... und wenn sie nun wegen ihrer Schwangerschaft nicht mehr im Pelz mit nichts drunter vor seiner Haustür den Mantel lüften kann, um schließlich über ihn herzufallen, stattdessen nur noch die Hände schützend vor ihren Bauch hält und von Lust und Sex nichts mehr hören will: Dann ist das schon eine enorme Umstellung für ihn. Das muss er erst mal verkraften!

Aber verlassen wir mal die Klischees des schwangeren Never-again-Sex-Walfischs. Ich habe auch von Frauen gehört, die in der Schwangerschaft permanent von wilden Orgien träumten, die mehr Lust hatten als je zuvor. Du scheinst ja eines von diesen Exemplaren zu sein. Meine Freundin Kathi gehört wohl ebenfalls zu dieser Ich-bin-schwanger-und-hab-trotzdem-Bock-Spezies und sendete mir neulich ein SOS per SMS:

»Lisa, wenn du 'nen Trick weißt, den Mann noch im achten Monat dazu zu bekommen ... immer her damit.« Ich rief natürlich sofort an und ließ mir alles haarklein erklären. Es sei schwierig im Bett, sagte sie, weil sie mitten im Geschehen Dinge sagen muss wie diese hier:

»Nein, Schatz, das fühlt sich für den Kleinen jetzt nicht an, als sei ein Presslufthammer vor seiner Haustür!«

»Nein, der hat jetzt nicht deinen Penis im Auge.«

Eine traurige Zeit, findet Kathi. Da gäbe es nur eins: Funtoys. Sie sagt das ganz ernst, während ich schmunzeln muss, weil ich mir diese Dildos mit den Pinguinköpfen vorstelle ... Kuckuck! Da hat der Kleine dann auch gleich was zum Spiel... nein. Stopp jetzt, Lisa. Scheibenwischer an, schmutzige Fantasien weggewischt. Kathi jedenfalls findet das alles ungerecht. Da will man mal und darf nicht, beklagt sie sich und hat alles Recht der Welt dazu, denn es gibt einen biologischen Grund für die aufflammende weibliche Lust in der Schwangerschaft: Niemals vorher floss so viel Blut durch den Körper wie in der Schwangerschaft. Und Blut erhitzt ja nun bekanntlich die Schwellkörper – auch bei Frauen. Wenn die harmlose Kuschelsexlerin nun aber zum Bett-Vamp wird, ist das für den Mann natürlich nicht so leicht. Manche reagieren vielleicht generell irritiert auf Veränderungen und fürchten sich, wenn Frau Dickbauch plötzlich permanent an ihnen herumfummeln will. Stell dir den ratlos dreinblickenden Kerl mal vor seiner Vom-Mütterchen-zur-Mieze-Mutation vor, mit so 'ner Comic-Sprechblase über dem Kopf: »WTF grmpfl boing«, steht dann da drin, mit fliegenden Würfeln und Fragezeichen und Totenkopf.

Ob es meinem Mann auch so ging?

Auch ich habe mich in meinen Schwangerschaften verändert. In der ersten zur Mieze, in der zweiten zum Vamp. Nee, ich will nur angeben. In der ersten ging es mir ähnlich wie dir. Immer gut drauf, verliebt wie nie, alles bombig. In der zweiten aber musste mein Kerl die Finger von mir lassen. Husch, husch ins Häuschen, geh mir bloß weg. Ich mein, ich hatte ja schon zwei Kerle in mir drin durch die Zwillingsschwangerschaft. Noch einer? No way.

Also notiere: Jede Schwangerschaft ist anders. Bei der einen hätte ich in Kaffee baden können, bei der anderen musste ich schon bei dem Geruch von Kaffee die Kotztüte zücken. Und genauso lief das eben auch im Schlafzimmer.

Ob das meinen Mann traumatisiert hat, weiß ich nicht. Haben wir noch nie drüber gesprochen. Und ist das dann nicht eigentlich ein gutes Zeichen? Manche Leute können ja gut über Sex reden. Andere nicht. Im Handbuch für den modernen Beischlaf, das meine frühere Kollegin Birgit Querengässer unter dem Titel ›Die feine Art des Vögelns‹ geschrieben hat, steht: »Über Geschlechtsverkehr zu sprechen ist den meisten Menschen unangenehm – vor allem mit dem Menschen, mit dem man ihn praktiziert.«

Stimmt irgendwie. Und eigentlich ist es ja auch nicht nötig, groß rumzudiskutieren, denn eine Schwangerschaft endet ja auch irgendwann wieder. Und dann wird alles wieder wie früher. Oder? Hmm, meine Freundin Kathi macht da erst mal keine großen Hoffnungen: »Vorher muss man drum betteln, und wenn man nach der Geburt völlig zerschrottet ist, kommen sie schon nach fünf Tagen an ...« Ob das bei allen so ist? Eine Blitzumfrage in meinem Mütterfreundeskreis ergab: Es gibt alles. Es gibt die Leute, die schon zehn Tage nach der Geburt wieder loslegen im Bett (Kaiserschnitt!), und solche, deren Beziehung vor der Schwangerschaft eigentlich ausschließlich aus Sex bestand, die aber die gesamte Stillzeit nicht mehr wollen (Natürliche Geburt + Stillen = Hormonelle Trockenheit).

Manche fühlten sich beim ersten Mal nach der Geburt wie beim allerersten Mal überhaupt. Aua. Andere fanden nur schlecht aus der Beschützerrolle raus oder hatten beim Sex das Gefühl, ihrem Baby fremdzugehen. Alle hatten so ihre Problemchen. Und trotzdem kann ich dich beruhigen. Alle, wirklich alle haben sich irgendwann erholt und zu sich zurückgefunden. Und das kann ich sogar beweisen: Denn alle haben mittlerweile noch weitere Kinder in die Welt gesetzt.

ZWEITE PHASE:
ZEIT DES WOHLBEFINDENS. VON WEGEN

14.
Geschlechtergleichheit in der Beziehung?
Eine verrückte Idee

Liebe Lisa,
also, um's mal gleich vorneweg zu sagen: Ich kann mich eigentlich nicht beklagen und jammere vielleicht auf viel zu hohem Niveau. Denn mein Freund ist ein cooler Typ, der sich alle Mühe gibt und sich sogar echt hart ins Zeug legt, alles richtig anzupacken und einen auf glücklichen, stolzen, werdenden Vater zu machen.

Mehr als das: Er schlägt sich eisenhart und tapfer. Er erträgt meine Panik- und Schreiattacken mit buddhistischer Gelassenheit. Holt abends unaufgefordert Kekse vom Spätkauf für mich. Macht um neun Uhr abends das Licht im Bett aus, obwohl ER noch lesen, aber ICH schwangerschafts-müdigkeits-trunken schlafen will.

Er war in den letzten drei Monaten sage und schreibe schon acht Mal mit mir beim Gynäkologen und mustert mit mir jedes Mal angestrengt das Schneegestöber auf dem Monitor des Ultraschalls.

Er leidet mit mir und meinem schwangeren Bauch. Erst letzte Woche hat er mir ein riesiges rosa Stillkissen gekauft!

Gut, er nutzt es jetzt gerade mehr, weil sich sein Hexenschuss darauf so wunderbar entspannt und man darauf so toll Playstation zocken kann, ohne die Arme zu sehr zu belasten – aber das ist nur ein Detail.

Meinetwegen stellt er sich mittlerweile – anfangs mit großem Widerwillen – auch bei strömendem Regen zum Rauchen auf den Balkon. Kurzum: Wir haben eine dieser tollen, emanzipierten, gleichberechtigten Beziehungen, in denen die Frau trotzdem ein bisschen mehr zu sagen hat und von denen jedes Single-Mädchen träumt.

Als ich im Februar – wir reisten gerade durch das frühlingswarme China – plötzlich feststellte, dass da ein roter Balken zu viel auf meinem Schwangerschaftstest war und auszuflippen drohte, blieb er cool für zwei.

Tage später bekamen wir dann das erste Ultraschallbild in einer chinesischen Geburtsklinik. Ihm standen die Tränen in den Augen, während ich noch mit der chinesischen Ärztin auf gebrochenem Chinesisch ausdiskutierte, ob ein Irrtum ausgeschlossen sei.

Das ist jetzt schon ein bisschen her. Mittlerweile bin ich in der 18. Woche und schiebe eine respektable Babykugel vor mir her. Ein Bauch, der optisch nach Wochen endlich komplett ausschließt, dass es sich um eine kürzlich angefressene Kantinen-Wampe handelt und alle hämischen Kolleginnen mundtot gemacht hat.

Aber das Wichtigste: Wir sind beide glücklich und das verliebte Paar geblieben, das wir waren.

Wie schon gesagt: Michael gibt sich alle Mühe, die ganze Schwangerschaftsgeschichte gemeinsam mit mir durchzustehen, aber manchmal habe ich meine Zweifel, ob das noch lange so bleibt.

Denn während ich aus vielleicht übertriebener Vernunft am Wochenende abends die Couch hüte und mir lieber einen Kitschfilm reinziehe, als durch die Bars zu ziehen, ist Monsieur so aktiv wie nie zuvor.

Abends zischt er erst sein Bierchen vor dem Fernseher, stürzt dann mit unseren gemeinsamen Freunden wie gewohnt in den gängigen Mitte-Kneipen ab und raucht seine anderthalb Päckchen Marlboro Lights täglich, als gäbe es kein Morgen.

Ich meine, es kostet mich schon einiges an Nerven, zuzusehen, wie er sich vor mir beim Italiener um die Ecke blutige Rindersteaks (für Schwangere tabu, weil Toxoplasmosegefahr!), den passenden Wein und als Absacker noch einen Averna reinzieht. Schenkt der Kellner mir dann aus Versehen ebenfalls Wein ein, sagt er auf süffisante Macho-Art: »Nein, sie darf nicht.« Weil der Kellner dann natürlich meinen Babybauch unter dem Tisch nicht gleich erblickt, entschuldigt der sich nur und denkt, ich sei gefangen in einer restriktiven Zwangsehe. Fazit: Restaurantbesuche werden so immer mehr zu einer Demütigung für mich. Oder als wir neulich im Kurzurlaub waren:

Ich hielt es persönlich nicht für so eine super Idee, als Schwangere die Todesrutsche im Wasserparadies-Schwimmbad zu testen. Michael blieb dagegen geschlagene fünf Stunden im Wasser, während ich mein Buch auf der Liege las. Mir dämmerte damals schon langsam, dass egal, wie cool und verständnisvoll der werdende Papa ist – so ganz fair kann das alles irgendwie doch nie laufen. Ganz früher in prähistorischen Zeiten mag das ja mit der körperlichen Überlegenheit des Mannes während der Schwangerschaft der Frau noch Sinn gemacht haben.

Sprich: Der Mann ging jagen, besorgte die Nahrung, während sich die Frau in der Höhle erholte – aber heute, in Zeiten, in denen Männer die gewonnene frauenlose Freizeit zum Rauchen, Saufen, Spaßhaben und Selber-wieder-Kind-Sein missbrauchen ...

Ich weiß nicht.

Für mich steht jedenfalls fest, dass ich mein Kind zu zweit und gleichberechtigt großziehen und kein Hausmütterchen werden will, das wie viele Mütter oft Abende lang darauf wartet, dass sich der Vater aus den Bars oder dem Probekeller bequemt und zu allem Frust aus Sanftmut noch darüber schweigt.

Um das hier mal klarzustellen: Ich werde nicht zulassen – wie viele weniger emanzipierte Müttergenerationen vor mir –, dass sich mein Typ nach der Geburt zum Chauvi-Macho-Macker gehen lässt, nur weil ich eine arme, schutzbedürftige Mami bin, die denkt, dass Alleinerziehen eine schwere Krankheit ist.

Also, Lisa, jetzt mal Tacheles! Wie hältst du es mit drei kleinen Kindern und einem voll berufstätigen Mann mit der Gleichberechtigung? Geht das überhaupt?

Liebe Caro,
am besten, du streichst die verrückte Idee der männlichen und weiblichen Gleichheit aus deinem Hirn, denn: Es gibt sie nicht! Muss *er* permanent aufs Klo oder du, weil dir da ein fremder Körper in deinem Leib auf die Blase drückt? Ein Mann kann eben

nicht schwanger sein, er hat keine Angst vor blau-roten Rissen in der Haut seines fitnessstudiogestählten Sixpacks, er braucht seine Brüste nicht vor lauter Hormonen explodieren zu sehen und nach der Geburt wird er, während du wahrscheinlich gerade noch mit der Nachgeburt beschäftigt bist, seine Freunde anrufen und sagen: »Hey, ich bin Papa, lief alles super, lasst uns heut' Abend ein Bierchen trinken gehen!«

Ja, so wird es sein. Frauen und Männer sind eben unterschiedlich. Du siehst es auch an deinem Freund und dir. Er wird durch die Schwangerschaft umso wilder, du immer stiller. Er zockt auf deinem Stillkissen Playstation, du wirst dein Baby damit an die Milchbar locken. Das also zur Ungleichheit der Geschlechter. Bei der *Gleichberechtigung* ist es etwas anderes.

Ich möchte jetzt kein Fass aufmachen, weil mich das zu wütend stimmt und weil ich dir das in der Schwangerschaft eigentlich noch ersparen will. Nur so viel: Es hat sich zum Glück etwas getan im Rollenverständnis der Frau und Mutter. Wir dürfen theoretisch alles: zu Hause bleiben bei den Kindern oder arbeiten gehen oder beides kombinieren, heiraten oder nicht, homo sein oder patchwork. Leider hapert es dabei in der Praxis. Denn das Rollenbild hat sich zwar geändert, nicht aber die gesellschaftlichen Rahmenbedingungen. Da gibt es einen gravierenden Widerspruch, der leider weder mit Herdprämien noch mit staatlich subventionierten Putzhilfen zu lösen ist, liebes Deutschland.

Glaub also nicht, dass das mit der Ungleichheit besser wird, wenn du mit deinem Baby erst einmal aus der Entbindungsklinik entlassen bist. In den meisten Familien ist es nämlich immer noch so: Der Mann geht morgens strahlend aus dem Haus, gibt Frau und Kind ein Küsschen auf die Stirn und ruft: »Bis später, ihr Süßen.« Einfach so. Flöt, flöt. Das habt Ihr doch auch so geplant, oder, Caro? Und wenn du dich dann erst einmal an dein Baby gewöhnt hast und dann wieder arbeiten gehst, dann glaub nicht, dass du genauso einfach »Tschüss, Ihr Süßen« sagen wirst. Meine Muttergefühle jedenfalls haben mir spätestens dann immer einen Strich durch die Rechnung gemacht. Denn, was du jetzt noch nicht weißt, aber sicherlich schon ahnst: Du wirst dieses Kind lieben wie nichts zuvor und es wird dir körperliche Schmerzen bereiten, dich auch nur für kurze Zeit diesem wohlhonigriechenden glucksenden Wesen zu entziehen. Vielleicht schaffst du es bis zum nächsten H&M, spätestens dort bekommst du Schweißausbrüche und willst nichts anderes als SOFORT nach Hause. Taaaaaaaaxi! Dies ist ein N-O-T-F-A-L-L.

Die schwedische Autorin Maria Sveland beschreibt diese Gefühle in ihrem Bestseller ›Bitterfotze‹ sehr treffend: »Es ist traurig, aber das Mutterwerden scheint das schwierigste Gleichstellungsprojekt überhaupt zu sein.« In ihrer Verzweiflung plant die Ich-Erzählerin einen fünftägigen Trip nach Paris. Mit ihrer Freundin. Ihr Sohn Sigge ist gerade mal fünf Monate alt. Sie lässt ihn bei seinem Vater Johan. »Paris sollte das Symbol dafür werden, dass mich die Mutterschaft nicht verändert hat. [...] Was ich nicht erwartet hatte, waren die ungeheure Sehnsucht und die Schuldgefühle, die Besitz von mir ergriffen, kaum dass das Flugzeug abgehoben hatte. [...] Es gab ganz offensichtlich Unterschiede zwischen mir und Johan, und ich denke viel über die Gründe nach. Ich weiß, dass Johan Sigge über alles liebt, aber irgendwie darf er mit weniger Schuldgefühlen als ich lieben. [...] Das macht mich neidisch, ich will auch lieben können, ohne mich schuldig zu fühlen, genau wie die Männer. Ja, ich möchte den Kuchen behalten und ihn gleichzeitig aufessen. Ich möchte arbeiten können, reisen, hin und wieder allein und Mutter eines geliebten Kindes sein.«

Damit beschreibt Sveland die Muttermisere des 21. Jahrhunderts. Wir wollen alles. Gleichzeitig. Und dabei allen Ansprüchen gerecht werden. Das GEHT nicht! Erstens, weil wir nicht hundert Dinge gleichzeitig perfekt machen können. Und zweitens, weil es hierfür bei uns noch an der Infrastruktur fehlt, an flexiblen Arbeitszeitmodellen, an Krippenplätzen und vielem mehr.

Ich bin für Fairness in der Partnerschaft, für akzeptable und logische Aufteilungen. Es bringt mir nichts, wenn mein Mann nachts mit aufsteht, nur weil ich stillen muss. Dafür darf er mir morgens aber gern das Frühstück machen und schon mal den Windeltwister leeren. In anderen Gebieten lässt es sich besser gleichberechtigen. Die Hamburger Autorin Rike Drust beschreibt in ihrem Blog »infemme unterstellt« ihr beeindruckendes Modell: »Ich wollte eine finanzielle Entschädigung für die Zeit, in der ich mich exklusiv ums Kind kümmere und in der ich kein Geld verdienen kann. Nicht für das Paar super Stiefel, das ich gerade in meinem Lieblingsladen gesehen habe, sondern für später. Wenn ich mal Rentnerin bin. [...] Also haben wir unser ›Vermögen‹ gerecht geteilt.«

Gleiches wünschte ich mir, wenn der Mann zu Hause bleibt und eben die Frau verdient. Denn Gleichberechtigung muss für Frauen und Männer gleichermaßen gelten. Finde ich.

Finden andere aber nicht.

Im niedersächsischen Goslar wurde im Mai 2011 die Gleichstellungsbeauftragte Monika Ebeling abgewählt. Sie fand, dass auch Männer ein Recht auf Unterstützung hätten – und verlor dadurch ihren Job. Das ist Deutschland. Das ist die politische Ebene. Dazu kommen die Wirren der Rollenkonflikte, die nach der Geburt in uns Eltern toben. Du bist ab dann nicht nur noch Arbeitnehmerin, Freundin und leidenschaftliche Geliebte – sondern auch Mutter. Für deine Umgebung gilt dasselbe. Deine Mutter ist nicht mehr nur noch deine Mutter, sondern auch noch die Oma deines Kindes. Und der Bruder deines Freundes wird plötzlich Onkel deines Kindes. Es ist verrückt, aber du schlidderst mit einer Schwangerschaft in ein komplett neues Rollenmodell, an das sich alle Beteiligten erst einmal gewöhnen müssen. Auch dein Freund! Denn für ihn bist du nicht mehr bloß der heiße Feger, sondern Mutter seines Kindes.

Stell dir all diese neuen Konstellationen einfach mal als Wollknäuel vor. Du hast es wohl sortiert als ordentliches Bündel in deiner Lieblingsfarbe gekauft (das Verlieben), in die Ecke gestellt (die Schwangerschaft), kurz nicht aufgepasst (die Geburt) und schließlich wurde es von deiner Katze komplett durchgespielt und zerzaust (die erste Zeit mit Baby). Du hebst die Wollfetzen auf und versuchst, erst einmal wieder eine gerade Linie daraus zu machen.

So machst du das nach der Geburt auch, erst einmal das Knäuel sortieren, dann entfädeln – nicht umgekehrt! Natürlich wirst du neidisch sein, wenn dein Mann morgens zu seinen Kollegen darf und du wieder nur an den Wickeltisch. Er kann nachts schlafen, du stillst das Kind. Nur, dann müssen wir auch ihn mal ganz Monika-Ebeling-mäßig fragen, wie es *ihm* denn damit überhaupt geht! Vielleicht ist er ja genauso neidisch, weil du Zeit mit eurem Kind verbringen darfst, während er das Geld ranschafft? Wer sagt denn, ob es ihn nicht sogar kränkt, dass du das Kind füttern kannst und er nicht, was ihm bis dahin ungeahnte Gefühle der Hilflosigkeit beschert? Alle Seiten lernen nach einer Geburt neue Gefühle kennen, positive wie negative. Das Wollknäuel von meinem Mann und mir war nach den Geburten auch ordentlich verknotet. Aber in langer und geduldiger Kleinstarbeit haben wir es geschafft. Manche Knoten rausgeschnitten und mit neuem Garn ersetzt und wieder zusammengeknotet. Es hat gedauert, bis wir unseren neuen Rhythmus gefunden und unsere Aufgaben so verteilt haben, dass wir alle damit zufrieden sein konnten. Und weißt du was? Das Knäuel sieht zwar jetzt ganz anders aus als vorher. Aber irgendwie trotzdem cool!

15.
Laien-Experten – Wie du auf oberschlaue Freunde und Fremde reagierst

Hey Lisa,
ich wusste gar nicht, wie fürsorglich die Leute um einen herum auf einmal werden, sobald man schwanger ist. Vor allem die Klugscheißer.

Ach, was sage ich: Nicht nur die, sondern einfach jeder! Es scheint nämlich irgendwo ein ungeschriebenes Gesetz zu geben, dass man eine schwangere Frau ungefragt mit Tipps und eigenen Erfahrungsberichten von Geburt bis Kindererziehung versorgen darf. Beim Thema Schwangerschaft und Kinder ist es wie damals mit dem 11. September. Jeder Depp hat sich in seiner

Bauernschläue eine eigene Theorie zurechtgelegt und kann mitreden.

Wie aus dem Nichts pirschen sich plötzlich entfernte Bekannte, Kollegen, verschollene Familienmitglieder und blöderweise auch Freunde an dich heran und belehren dich mit allgemeingültigen Sätzen wie:

»Du musst deine eigenen Fehler machen.«

»In ein paar Monaten denkst du anders darüber.«

»Ja, ja, warte erst einmal, bis das Baby da ist.«

»Es wird dein Leben verändern.«

Dabei lassen sich die Weisen des Alltags wissenschaftlich genau in drei Gruppen einteilen.

1. Die Fremden auf der Straße, in Geschäften und öffentlichen Verkehrsmitteln

- Mustern dich von oben bis unten, als wollten sie checken, ob du auch warm genug angezogen bist, anstatt dich vorbeizulassen oder dir einen Sitzplatz anzubieten.
- Schauen fassungslos, wenn du an der Supermarktkasse eine Packung Zigaretten oder eine Flasche Bier (wohlgemerkt für deinen Freund!) bezahlst.
- Lächeln mitleidig, wenn du dich mit riesigem Bauch auf deinen Fahrradsattel wuchtest, und kommentieren: »Junge Frau, und das in Ihrem Zustand. Nehmen Sie doch lieber ein Taxi.«

2. Kollegen und Bekannte

- Erklären dir ungefragt die Schwangeren-Welt. Mit Sätzen wie:
- »Also, als ich mit meinem Tommi schwanger war, habe ich mir auch mal ein Glas Wein oder ein Leberwurstbrot gegönnt. Aber das muss ja jeder selber wissen.«
- »Echt, du willst in der 30. Woche noch fliegen? Krass! Ich mein ja nur.«
- »Er trinkt vor dir? Also, das dürfte mein Freund sich nicht erlauben. Aber das entscheidet jedes Paar halt für sich.«

3. Die engsten Freundinnen (leider auch die!)

- Beginnen ihre Sätze neuerdings mit Formulierungen wie:
  »Wenn ich mal Mutter bin ...«
  »Bei meinen Kindern würde ich ...«
  »Eine Freundin von mir hat immer ...«
- Bringen zu jedem Besuch plötzlich eine Flasche Multivitamin-Saft, Kräuter-Limonade oder alkfreien Sekt mit. Mit dem Kommentar: »Ist gut für euch beide.« Ja, sind wir denn beim Kindergeburtstag?
- Spielen auf einmal Hobby-Mediziner mit Diagnosen wie:
  »Wenn du dir immer so viel Stress machst, wirkt sich das auch auf dein Kind aus.«

Ja, Lisa, jetzt lachst du bestimmt oder verdrehst die Augen. Aber muss ich mir das wirklich noch zehn bis zwölf Wochen von allen Seiten anhören und gefallen lassen? Oder gibt es nicht vielleicht doch einen Trick, sich die Laienexperten vom Leib zu halten? Was waren denn deine Nahkampftaktiken während deiner zwei Schwangerschaften?

Liebe Caro,

nur mal ganz kurz: den alkoholfreien Sekt hab *ich* dir mitgebracht und es war eine Geste des Mitgefühls. Wenn schon alle anderen trinken, dann sollst du wenigstens das Gefühl haben, dazuzugehören, statt dich mit einem Mineralwasser in die andere Ecke des Raumes zu verkriechen. Sorry dafür, kam wohl nicht so gut an. Ich will hier jetzt auch gar nicht die beleidigte Leberwurst spielen. Ich weise dich nur fröhlich darauf hin, dass es zum Teil auch ganz gut sein kann, wenn Leute dir Fragen beantworten. Nichts anderes tun wir beiden hier! Oder? Trotzdem kann ich dich natürlich verstehen: Die ganze Welt signalisiert dir plötzlich, dass sie es eh besser weiß. Dass du 'ne Anfängernulpe bist und so was von keine Ahnung von Tuten und Blasen hast. Supernervig! Aber leider wird das so bleiben, auch wenn dein Kind auf der Welt ist, es wird sogar noch schlimmer! Plötzlich erzählen dir Wildfremde von ihren Dammrissen und blutigen Milchstaus und geben dir auf der Straße Erziehungstipps. »Da müssen Sie jetzt aber auch mal konsequent sein.« – »Tja, da müssen Sie jetzt durch, mein Sohn hat bis zu seinem 18. Geburtstag so geschrien.« Ach nee! Ist ja sauspannend, erzählen Sie doch mal …

In der Schwangerschaft sind das genau die, die dich mit sämtlichen Ammenmärchen des Kinderkriegens versorgen. Ist es ein Apfelbauch, wird es ein Mädchen, ist es ein Birnenbauch wird es ein Junge. (Ja, will ich denn Helmut Kohl zum Kind haben?) Was, du hast Sodbrennen? Dann wird dein Kind mit vielen Haaren auf die Welt kommen. (Stimmt nicht, hab ich ausprobiert!) Und so weiter. Jeder will halt irgendwas sagen zum Thema. Merkwürdig! Dazu sollte man mal einen Psychologen befragen, also wirklich. Selbst wildfremde Autoren wollen bei dir im Kinderzimmer mitreden und erklären deine Kinder zu Tyrannen. Die kennen die doch gar nicht!

Meine Kinder sind das jedenfalls nicht, sie sind ganz nette Menschen. Meistens. Und sie teilen gern. Sie kennen es nicht anders, sie haben schließlich Geschwister. Sie machen da auch keine Ausnahme bei Fremden. Teilen ihre Gummibären (immerhin die gesunden aus der Apotheke) auch mit dahergelaufenen Unbekannten. Da lernst du dann aber schnell 'ne Menge Mütter kennen! »Mein Bela-Alexander mag so was nicht«, schießt es dann aus ihnen heraus, während der kleine Piepmatz mit schmachtenden Augen auf das Plastiktütchen meiner Kinder stiert. »Gummibärchen sind gaaaanz, gaaaanz ungesund, mein Bärchenmann. Ich weiß auch nicht, warum diese Mutter ihren Kindern so was Igittiges gibt, komm hier, schau mal in die Tupperdose, wir haben lecker laktosefreie Dinkelstangen.«

Klischee, sagst du jetzt. Dachte ich ja auch. Bis zu diesem echten Erlebnis auf dem Vorplatz meiner zweiten Heimat, dem Kindercafé Kiezkind am Helmholtzplatz. Was soll ich dir also raten, Caro? Ohren auf Durchzug schalten vielleicht, zumindest bei den Leuten, auf deren Meinung du eh keinen Wert legst. Und wenn du mal Zeit hast, dann denkst du dir ein paar schlagfertige Sätze für diese Momente aus. Als mir damals zum zweihundertachtundfünfzigsten Mal die Frage gestellt wurde, ob diese zwei gleich aussehenden Babys in meiner Doppelkutsche Zwillinge seien, hab ich irgendwann geantwortet: »Nein, sind Drillinge.

Aber der Vater ist mit dem Dritten durchgebrannt.« Dann hast du Ruhe. Und kannst dir allein und guten Gewissens 'ne Flasche alkfreien Sekt hinter die Binde kippen. Und wenn dir dann eine Schwangere über den Weg laufen sollte, Kippe rechts, Bierchen links, dann wirst du deinen Finger erheben und zu einem Vortrag ansetzen. Weil du es nämlich besser weißt als sie. Genau wie all die Leute, die dir so auf den Zeiger gehen.

16.

Deutsche Rabenmutter – Warum plagt mich ständig das schlechte Gewissen?

Hach Lisa,
ich habe es so satt! Da reicht es nicht, dass man als Schwangere (mittlerweile in der 20. Woche!) eh schon den ganzen Gemischt-warenladen der Beschwerden und Wehwehchen hat – nein, man geht zusätzlich auch noch sich selbst gehörig auf den Keks! Denn plötzlich ist nichts mehr, was man macht, für einen selbst (und manchmal auch für andere!) gut genug.

Da steh ich zum Beispiel neulich mit den Kolleginnen in der Tuschelecke neben der Kaffeemaschine und erzähle so nebenbei, dass mein Freund und ich während der Elternzeit mit Baby einen Japan-Trip geplant haben, als ich merke, wie den werten Anwe-senden die Augen übergehen.

Was? Habe ich etwa was Falsches gesagt? Eine traut sich dann und fragt neugierig:

»Ach, darf man denn mit so kleinen Babys schon fliegen?«

Und ich stutze kurz und antworte dann: »Nun ja, in manchen Flughäfen verleihen sie sogar Buggys, damit man sie von einem Gate zum anderen schieben kann. Habe ich gehört.«

Gut gebrüllt, Löwe, denke ich dann, doch es nützt alles nichts mehr.

Denn schon ist es mal wieder da: Mein schlechtes Gewissen!

Ist es vielleicht doch total egoistisch von meinem Freund und mir, unsere Fernreisen nicht verschieben zu wollen?

Stresst so ein Langstreckenflug einen Säugling nicht doch enorm? Vielleicht wird er am Ende sogar krank davon?

Und schrecklicher noch: Werde ich etwa eine schlechte Mutter sein?

Echt Lisa, es ist zum Verrücktwerden! Ständig mache ich mir Vorwürfe! Und das wird von Woche zu Woche schlimmer.

Mich plagt mein schlechtes Gewissen:

- Wenn ich mir morgens ausnahmsweise mal einen Kaffee MIT Koffein bestelle, weil ich die halbe Nacht wach lag (wie böse!)
- Wenn ich zwei Grad heißer als die empfohlenen 38 Grad gebadet habe (Verbrühungsgefahr?)
- Wenn ich gerannt bin, um den Bus noch zu erwischen (ich hätte ja stürzen können!)
- Wenn ich drei Liter Milch trage (es könnte ja zu schwer sein!)
- Wenn ich um 1 Uhr morgens noch aus bin (ich könnte mich ja überanstrengen!)
- Wenn ich das leere Schrankfach sehe, das längst mit Baby-Erstausstattung gefüllt sein müsste (wo bleibt mein Versorgerinstinkt?)
- Wenn ich drei Stückchen Brokkoli weniger gegessen habe als sonst oder mal 'ne Woche nicht den empfohlenen Fisch gegessen habe (Hilfe, das Baby könnte unterversorgt sein!)
- Wenn ich für nächstes Jahr Karrierepläne schmiede (welche Mutter tut so etwas?)
- Wenn ich neidisch auf meine Freundinnen blicke, die ausgehen, Sekt trinken und neue Leute kennenlernen (warum bin ich bloß so undankbar?)

Und das sind nur ein paar Beispiele für die kleinen Momente des Alltags, in denen das schlechte Gewissen für Minuten wie ein Lüftchen durch meine Gedankenwelt rauscht.

Richtig übel wird es erst, wenn ein echter Konflikt wie ein Orkan in meinem Kopf aufzieht und mich den halben Tag und dann noch die Nacht völlig vernebelt zurücklässt.

Wie kann ich es zum Beispiel verantworten, nach drei Monaten wieder arbeiten zu gehen? Das wären ja fünfmal acht Stunden, macht 40 Stunden die Woche, in denen ich nicht für meinen Junior da sein werde.

Wird mein Baby dann überhaupt noch zuordnen können, wer seine Mutter ist? Oder wird er denken, die Erzieherin in der Krippe ist Mama?

Wäre ich dann nicht eine Rabenmutter, Lisa?

Ich meine, ich bin in Frankreich aufgewachsen. Dort ist es völlig normal, dass Mütter nach drei Monaten wieder voll arbeiten. Kann ich meinem Kind dann überhaupt eine gute Mutter sein? Sind Französinnen alle Rabenmütter?

Oder was ist mit unseren Eltern, die sich alle paar Tage mal zu einem Popo-Klaps haben hinreißen lassen?

Waren die Rabeneltern?

Und was ist erst mit dem Punkt Ernährung? Klar will ich nur das Beste für mein Baby. Aber ich sehe mich nicht wie die perfekte Hausfrau täglich vier Stunden in der Küche stehen, um selbst Babybreie aus frischem Bio-Gemüse zu kochen. Dafür gibt es doch schließlich die Gläschen im Supermarkt.

Oder sind die etwa alle für Rabenmütter?

Und was ist eigentlich mit dem Thema Windeln?

Da gibt es doch neuerdings eine Gruppe von Querulanten und bestimmt sehr versierten Wissenschaftlern, die auf das Konzept »Windelfrei« setzen. Angeblich sei es gesünder für das Baby und besser für die so wertvolle Mutter-Kind-Beziehung, wenn man ganz auf Windeln verzichtet. Stattdessen soll Mami die Signale ihres kleinen Stinkers deuten können und wann immer er das Gesicht verzieht, sofort in einen Busch oder zur Kloschüssel laufen. Meine Hebamme hat mir erzählt, dass zwei der Frauen, die sie betreut, drauf schwören und zu diesem Zweck überall Schüsseln in der Wohnung verteilt hätten.

Also, was nun, Lisa? Bin ich jetzt eine Rabenmutter, wenn ich Pampers benutze und mich weigere, mit meinem Baby bei jeder kleinen Stuhlgangregung durchs Haus zu hetzen auf das Risiko hin, mich die nächsten Jahre von ihm ansch***** zu lassen?

Rabenmutter! Was ist das überhaupt für ein Wort? Ist das für die Mütter reserviert, die heutzutage kein Baby-Yoga machen, keine Natur-Baumwollstrampler für 60 Euro kaufen, sich kein Familienbett wünschen und nach sechs Monaten abstillen?

Oder fängt das schon damit an, dass man die Schwangerschaft nicht ausreichend durch Bauch-Gipsabdrücke, Baby-Moon-Urlaube mit dem Bald-Papa und Rosenblatt-Milch-Vollbäder bei Kerzenschein würdigt?

Wie hast du denn deine goldene Mitte gefunden? Und was kann ich verdammt noch mal dagegen tun, dass ich mir ständig Vorwürfe mache?

Liebe Caro,

die Werbung erwartet von uns, dass wir den ganzen Tag glücklich sind als Schwangere oder Mutter. Der Staat erwartet, dass wir trotz Kind noch arbeiten gehen, die Gesellschaft erwartet, dass wir alles unter einen Hut kriegen und trotzdem noch gute Laune haben. Die Schwiegereltern erwarten, dass wir zu Hause beim Kind bleiben, der Arbeitgeber, dass wir schon bald zurück ins Büro kommen, die eigenen Eltern, dass wir selbst schon am besten wissen, wie wir glücklich werden (wissen wir's?), unsere Freunde erwarten, dass wir nicht nur noch über Kinder reden, und unsere Kerle verlangen, dass wir die Alten bleiben, witzig und charmant und noch viel, viel mehr. Da soll man nicht durchdrehen als Frau?

Also entweder ist jede Mutter eine Rabenmutter. Oder keine.

Klar gibt es sie, diese Mütter, die jeden Tag eine aufwendige Schnitzeljagd für ihre Kinder organisieren, pädagogisch wertvoll basteln, Geduld haben bis zum Abwinken und nie nie nie schreien. Aber die existieren nur eine Stunde am Tag, meine Liebe. Den Rest der Zeit verbringen sie wie alle anderen mit Befehlen, Genervtsein und menschlichem Versagen. Glaub mir. Blöd nur, dass es in Deutschland eine Kategorisierung dafür gibt, in anderen Ländern gibt es das Wort Rabenmutter nämlich gar nicht. Das Negative haben sich die Deutschen mal wieder reserviert. Wir glänzen ja auch sonst nicht in Sachen Optimismus und vielleicht liegt hier der Kern des Ganzen. Die Politik? Korrupt. Die Finanzmärkte? Zum Crashen verurteilt. Die Welt? Kurz vor dem Untergang, mindestens. In Sachen Lebensfreude und Zukunftslust tanzen uns andere Länder auf der langen Nase herum. Genau, in Frankreich ist es nicht ungewöhnlich, dass Frauen nach drei Monaten wieder arbeiten gehen. Dort ist nicht nur die Geburtenrate höher als bei uns – dort gibt es auch einfach den Begriff der Rabeneltern nicht. Ob ich mal ein Referendum im Bundestag einbringen sollte, zur Abschaffung dieses Wortes? Meinst du, es würde die Geburtenrate steigern? Wohl kaum. Ich wundere mich eh, welch dummer Kopf sich diese Begrifflichkeit wohl mal ausgedacht hat, die für das Schlechte in uns Familienoberhäuptern steht!

Raben sind nämlich sehr gute Eltern, also die Vögel jetzt. Sie sind in der Aufzucht ihrer Nachkommen besonders liebevoll, die Küken sind nackt, hungrig und – da sind sie uns Menschen wieder ähnlich – ohne die große Fürsorge ihrer Eltern nicht überlebensfähig. Warum der Begriff der Rabeneltern trotzdem so negativ besetzt ist, ließe sich also nur kulturhistorisch erörtern, was wir an dieser Stelle mal sein lassen wollen, um uns auf das Wesentliche zu konzentrieren: das schlechte Gewissen einer (werdenden) Mutter.

Tödlich ist der Vergleich mit anderen.

Leider ist es in Zeiten von Social Media, Newsflut und Klatschmagazinen nicht sonderlich leicht, sich von diesen Vergleichen freizumachen. Es gibt massenhaft Beiträge, die uns eintrichtern: Ihr seid nicht gut genug!

Bei ›Spiegel Online‹ lese ich, dass Mutterliebe Kinderhirne wachsen lässt (ich muss mehr lieben!), bei ›Welt Online‹ lese ich, dass zu frühe Krippenbetreuung zu Haut- und Herzerkrankungen führen kann (Gesundheit geht vor!). In der ›Tagesschau‹ geht es tagelang um die CSU-Herdprämie (sorry: Betreuungsgeld), die für Mütter gezahlt wird, die ihr Kind möglichst nicht extern betreuen lassen (unglaublich, Geld für etwas zu bekommen, das man NICHT tut).

Was also, wenn mein Bauchgefühl trotzdem sagt, dass ich nach anderthalb Jahren mit dem Kind mal wieder arbeiten gehen möchte?

Dann lese ich einfach all die anderen Artikel, die eher zu mir passen. Denn: Die mütterliche Schlechte-Gewissen-Bewegung hat ja noch eine andere Seite, zu der hin ich sie ausfransen kann. Die, die sagt, dass Mütter auch egoistisch sein dürfen (Yes!). In der Zeitschrift ›Nido‹ lese ich von einer Studie, dass Eltern kleiner Kinder hierzulande die unglücklichsten Menschen sind, nach Singles und Kinderlosen. Das war doch früher nicht so! Was also macht die Eltern von heute so unglücklich? Es muss die grenzenlose Freiheit sein, die uns durch unsere Jugend begleitet und uns durchs Kinderkriegen beschnitten wird. Der Unterschied zwischen dem Leben vor und nach dem Kind ist wahrscheinlich so groß wie nie. Die Emanzipation der Frau macht aus ihr ein Geschöpf, das selbstbestimmt handelt – bis sie ein Kind bekommt. Ein tiefer Einschnitt, der mit einer ordentlichen Kinderbetreuungslandschaft wie in Frankreich aufgefangen werden kann. Die es hierzulande noch nicht gibt und die uns zudem auch noch schlechtgeredet wird.. In dem Internet-Blog »fuckermothers« machen sich die Autoren lustig über die im oben erwähnten ›Welt‹-Artikel besprochene, angebliche Gefahr, die von Kinderkrippen ausgeht:

Kurz: Krippen scheinen gefährlicher als Zigaretten und Gewalt-Computerspiele zusammen. Die armen Kinder! Die arme Gesellschaft! Und die bösen Eltern (bzw. Mütter, um die es im Artikel vor allem geht), die ihnen das antun, nur weil sie arbeiten wollen – oder es gar müssen.

Ich scrolle mich weiter durchs Netz. Bei ›Zeit Online‹ beruhigt mich ein Beitrag von Jana Hensel:

Irgendwie fühlen wir Vater und Mutter von heute uns ständig unzulänglich. Studien belegen: Noch nie haben Eltern so viel Zeit mit ihren Kindern verbracht wie heute. Und trotzdem haben 85 Prozent der Eltern ein schlechtes Gewissen, weil sie glauben, sie müssten noch mehr Zeit mit ihrem Nachwuchs teilen, als sie es ohnehin schon tun.

Puh, denke ich, Glück gehabt, und stoße bei ›Taz Online‹ auf eine Kolumne von Susanne Klingner. Sie schreibt:

Noch drei Wochen, dann ist meine Elternzeit um. Endlich. Und: Leider. Es waren sieben tolle Monate mit dem Kind. Es waren aber auch sieben anstrengende und langweilige Monate, so immer nur mit dem Kind. Das zuzugeben ist nicht so einfach.

Hier spielen Autorinnen bewusst mit dem Phänomen Rabeneltern. Im Netz finden sich Blogs, Foren und Bücher mit Titeln in Anlehnung an das Raben-Reizthema und ich lese das gern. Weil es das Unperfektsein feiert, ob in der Schwangerschaft oder danach.

Es nimmt mir für einen kurzen Moment den Druck. Es hält dem Alltag aber leider nicht lange stand. Mit jeder Dosensuppe, die ich öffne, jedem Kinder-Shirt, das ich nicht wasche, jedem Befehl, den ich zu laut erteile, sticht mir mein Gewissen einen Schaschlik-Spieß in die Stirn.

Und ach, wenn du dann meinst, eine gute Lösung für dich und dein Kind gefunden zu haben, dann bringst du es zur Krippe. Es weint dann beim Abschied. Und du denkst: Ach du Scheiße! Und dann weinst du, bis du es abholst und erfährst: Dein Kind hatte sich – im Gegensatz zu dir – nach fünf Minuten beruhigt. Und will jetzt komischerweise gar nicht mit dir nach Hause, weil es sich nämlich wohlfühlt in der Krippe. Und dann gehst du mit ihm zum Spielplatz. Und gönnst ihm zum ersten Mal ein Eis vor lauter schlechtem Gewissen. Und wie es da so fröhlich rumleckt, stellt sich ein anderes Kind davor, Sabber in den Mundwinkeln. Und schon greift von links hinten ein Arm nach ihm und sagt: »Xaver, Eis macht dick, dumm und hässlich. Hier hast du Räuchertofu.« Und dann denkst du: Gott sei Dank bin ich eine Rabenmutter. Und nicht so eine.

17.
Sexy Mama – Was zieh ich bloß an?

Liebe Lisa,
ich kann mir schon vorstellen, dass du das (mittlerweile) ein bisschen anders siehst als ich. Aber ich muss es mir jetzt einfach
von der Seele heulen. Ich bin einfach ein Fan von Klamotten, ein
Fashion-Victim, eine Schuhsammlerin, eine leidenschaftliche
Einkäuferin.

Und das hat rein gar nichts, da werden mir viele Frauen zustimmen, mit Hohlbratzentum, Oberflächlichkeit oder übertrie-
benem Beautywahn zu tun. Nennen wir es einfach freundlich:
ein Hobby, eine Möglichkeit, sich für einige Stunden aus dem
tristen Alltag zu verlieren.

Seitdem ich 16 Jahre alt bin, gebe ich mindestens ein Drittel
meines hart verdienten Geldes als Kellnerin, Auszubildende, Stu-
dentin und irgendwann Redakteurin dafür aus, mich wöchentlich in neue Kleider zu hüllen. Nicht jedes Mal eine Rundum-Er-
neuerung, aber es läppert sich. Da ist zum Beispiel das spontan
in der Mittagspause gekaufte H&M-Shirt, weil man nach Feierabend noch ein Date hat und eine Motivationsstütze braucht, das
Sneakerspaar am Samstagnachmittag, weil ich eh neue brauchte, oder der sauteure Cashmere-Pullover aus der kleinen Bou-
tique bei mir nebenan, weil er gerade zu meiner Laune gepasst
hat. Dazu kommt natürlich das Online-Shopping: Stylebob, Con-
leys, Colette, Zalando oder auch nicht zu unterschätzen: E-Bay. Ja,
E-Bay. Da habe ich übrigens auch das Paar Cowboystiefel gekauft,
das ich einst in Neukölln bei einer Tussi, die die Treter verkauft
hat, persönlich abgeholt habe.

Nein, Lisa, das ist natürlich nicht alles. Aber: Es war vielleicht
der kleinste wichtigste Teil meiner Selbstentfaltung, die ein kleiner Fötus in meinem Bauch ausgelöscht hat.

Denn nun lies, was mir in den letzten Monaten an Elend und

Zurückweisung widerfahren ist. Fangen wir mal bei meinen Schuhen an. Sie stehen stolz aufgereiht (immerhin 30 Paare!) in einer eigenen Riesenschublade zu Hause bei mir im weißen Ikea-Schrank. In den vergangenen sechs Monaten sind sie, sagen wir, zu einem Relikt aus einer vergangenen Zeit, einem Museums-stück, einer Antiquität ohne Wert verkommen. Ich kann sie an-sehen, aber nicht tragen.

Und ich habe es versucht, verdammt!

Meine schicken Pariser Repetto-Ballerinas in Größe 38 waren früher meine unverwüstlichen Alltagsbegleiter. Umso fassungs-loser war ich an dem Tag (so ab dem 5. Monat), als ich meine morgens schon angeschwollenen Füße versuchte, unter Schmer-zen hineinzudrücken. Ich dachte: Das kann doch nicht wahr sein. Man kann doch nicht 38 tragen und sich eine Woche später im Schuhgeschäft 39,5 bringen lassen. Mittlerweile weiß ich: Schwangere können das.

»Du brauchst bequeme Schuhe«, meinte mein Freund dann, der mein ständiges Genörgel über Fuß- und Rückenschmerzen langsam satt hatte und erkannte, dass Blutrot keine natürliche Hautfarbe für Füße ist.

Widerwillig trottete ich ihm also in den Turnschuhladen hin-terher. Das Shopping-Ergebnis: ein hellblaues Paar Nike-Air-Turnschuhe, das mich aussehen lässt (vor allem, wenn ich es zum Blazer trage) wie eine fette Amerikanerin aus Kentucky, die sich zum Betriebsfest in ihrer Dunkin-Donuts-Filiale extra schick machen wollte.

Schlimmer ist es nur bei den Hosen. An meiner Ansage, keine Schwangerenhosen zu tragen, hielt ich die ersten fünf Monate fest. Bis zu dem Tag, als ein pochendes Gefühl meine Beine heim-suchte und sich bis in den Oberbauch zog. Natürlich im Büro. We-hen? Das wäre doch etwas früh. Das konnte nicht sein. Mir wurde ganz heiß im Gesicht. Um mich herum meine nichtsahnenden Kollegen, die mit müden Augen neben mir an den Nachbarsch-reibtischen arbeiteten. Ich nahm einen Schluck Wasser aus der Flasche, lehnte mich im Bürostuhl zurück, versuchte durchzuat-men, als plötzlich ein stechender Schmerz meinen Magen hoch-schoss. Ein Gefühl von Panik machte sich in mir breit. Wehen?

Eine Sturzgeburt am Arbeitsplatz? Der Krankenwagen braucht statistisch gesehen sieben Minuten. Nein, das durfte nicht sein!

Ich hatte keine Wahl, als zum Äußersten zu greifen: Ich riss mir vor versammelter Mannschaft die Knöpfe meiner Jeans auf und atmete das erste Mal an diesem Tag wieder frei.

Glücklicherweise war das Ganze so peinlich, dass sich selbst die schlagfertigsten Kollegen (wohl aus Fremdscham) keinen Kommentar erlaubten und einfach wegguckten.

Das Erlebnis, am Abend zum ersten Mal in meine neu gekaufte Schwangeren-Jeans zu schlüpfen, war sicherlich einer der besten Momente der letzten Monate.

Weiche Elasthanbaumwolle schmiegte sich um meinen Hintern und meinen Bauch. Ich schwang die Hüfte von links nach rechts und tanzte schließlich meine alten Ballettschritte durchs Zimmer. Kein Ziepen, kein Kneifen – ein kleines Wunder, so eine Schwangi-Hose. Und dazu noch das eingenähte Bauchband, das ich mir bis zum BH ziehen konnte. So warm und weich. Toll! Der beste (Neben-)Effekt: Die Hose macht mir bis heute einen winzig-kleinen Po.

So weit, so gut, könnte man meinen. Nur, dass DIESE Hose und quasi die gleiche in Schwarz alles sind, was ich seit Monaten trage und tragen kann – wenn man die durchgewetzten Trainingshosen von meinem Freund für die Couch mal außer Acht lässt. Dazu die berüchtigten Turnschuhe und ein Langarm-T-Shirt für Schwangere, das H&M leider nur in den sehr ansprechenden Farben Weiß (komplett durchsichtig, daher nicht alltagstauglich!), Grau und Schwarz vertreibt. Ich habe mittlerweile zehn Stück davon.

Natürlich könnte ich mich auch für die schicke Bluse mit dem gruseligen Oma-Blumendruck am Ständer nebenan entscheiden oder für eine Tunika mit Stickereien (schön spießig, schön teuer!) von der Schwangeren-Designermarke Bellybutton.

Klar! Aber das kann es ja wohl nicht sein. Das Einzige, was ich bei Bellybutton kaufen kann, ist ein großer Cremetopf mit dem gefühlvollen Namen »Streifenlos«, der leider völlig asexuell nach Kerzenwachs riecht, 20 Teuros kostet, aber dafür besser cremt als jedes andere Öl.

Aber zurück zum Elend mit den Klamotten: Ich meine, es kann doch nicht sein, dass in Deutschland nur H&M, Versandhäuser und Mini-Labels schwangeren Frauen die Stange halten. Während es in England und Holland Extra-Labels wie Queen Mum, Noppies oder Mama Licious gibt, klafft im Jahre 2011 in Deutschland eine riesige Marktlücke.

Leider gehöre ich auch zu denen, die einen Vollzeitjob haben und ihre ungebändigte Kreativität dummerweise nicht Tag für Tag an der Nähmaschine oder über einem Haufen Wollknäueln und Strickzeug ausleben können.

Also, Lisa, Tacheles:

Wo warst du shoppen, ohne bei den Übergrößen oder im Schrank deines Mannes zu stöbern?

Was hast du gemacht, als du die Knöpfe deiner Winterjacke nicht mehr schließen konntest?

Hol ich mir von Miniröcken eine Blasenentzündung – mal ganz abgesehen davon, dass ich damit irgendwann aussehe, als wäre mein Bauchband nach unten gerutscht? Ich möchte einfach nicht rumlaufen wie ein Schlabber-Jutebeutel. Was meinst du, wie das hinzukriegen ist?

Liebe Caro,

mal ganz ernsthaft gefragt: Was meinst du, warum es Umstandsmode heißt? Richtig, weil es u-m-s-t-ä-n-d-l-i-c-h ist, vernünftige zu finden! So unsexy, wie du über sie redest (ich bitte dich: Schwangi-Hose!), ist es doch kein Wunder, wenn sich die schönen Sachen im Kleiderregal vor dir verstecken. Überhaupt – was ist das für ein Komplex, der dich erst bei Sprengung deiner Hosenknöpfe mal an Umstandsmode denken lässt? Da war ich anders. Ich schlich mich schon im zweiten Monat heimlich in die Schwangerschaftsabteilung diverser Modehäuser und versteckte mich in Applikationszelten, um schon mal ein bisschen Zukunftsluft zu schnuppern. Ich weiß auch noch genau, wie ich – noch bauchlos – zum ersten Mal bei »Sexy Mama« in Prenzlauer Berg shoppen war. Ich brauchte ein Kleid für eine Hochzeit, zu der mein Bauch dann wohl größer sein würde. Zack, zauberte die Verkäuferin einen Stoffbauch hinter der Ladentheke hervor.

Könnte ich immer tragen, dachte ich: ich fand's echt schön mit Bauch! Und glücklicherweise hatte ich auch nie das Problem, die Winterjacke vor lauter Baby nicht mehr schließen zu können, da ich meine Hochschwangerphasen immer im Sommer hatte. Dann schon eher der Minirock, der mir im Übrigen nie eine Blasenentzündung einbrachte. Ich weiß ja nicht, was du für Röcke trägst ... Na, jedenfalls scheint es dir recht gut zu gehen in deiner Schwangerschaft, sonst hättest du gar nicht so viel Zeit, über Mode nachzudenken. Wenn ich da an mich zurückdenke ... zweimal am Tag cremte ich mir den Bauch, weil er so juckte. Und nein, dafür benutzte ich ein stinknormales Öl, keines mit dem Namen »Storch« und der dämlichen Beschreibung »Für eine sinnliche Partnermassage, die zu dritt enden darf«. Ich sah aus wie ein Marzipanschweinchen – mit roten, angeschwollenen Bäckchen, auch wenn alle behaupteten, ich habe »ja echt nur am Bauch zugelegt« (Fotos beweisen das Gegenteil). Ich konnte mich nur schlecht konzentrieren, dauernd strampelte mein Baby, es fühlte sich an, als würde jemand mit einer Mini-Malerrolle gegen den Bauch stupsen und sie dann kurz abrollen. Ich brach in Tränen aus, wenn im Radio ›The Circle of Life‹ lief, weil ich dachte, ich sei ja jetzt auch irgendwie ein Teil dieses Circles. Ich war so schreckhaft, dass ich hysterisch aufschrie, wenn ein Auto hupte. Ich bekam Oberschenkelkrämpfe beim Treppensteigen und abends hatte ich dicke Füße. Mein Zahnfleisch war so weich, dass mich ein neuer Zahnarzt fragte, ob in meiner Familie eine Veranlagung für das grundlose Ausfallen von Zähnen bestehe. Ich hatte schon ohne Bauch so schlimme Kreuz-Darmbein-Schmerzen, dass ich regelmäßig zur Physiotherapie musste. Wollte ich mich aus dem Bett rauswuchten, kam ich mir vor wie ein Zementlaster. Und wenn mir dann jemand einen Platz in der Straßenbahn anbot, lehnte ich dankend ab vor lauter Verdutztheit, dass ich nun wohl so hilfsbedürftig aussah – dabei hätte mir der Sitzplatz in dem Moment so gut getan!

An Mode dachte ich in dieser Zeit wenig. Trotzdem blieb ich an jedem Schaufenster stehen. Nicht, um die schönen Produkte zu bestaunen. Sondern um mich und meinen Vorbau zu bewundern.

Klar, ich lese schon auch mal ein Modemagazin (woohoo!), aber irgendwie regen mich die Texte dann immer zu sehr auf. »Starke Farben, toller Look«, steht dann da. »Schlichte Ästhetik«, gähn. Gilt das nicht für quasi jedes Teil von C&A oder Zara? Diese nichtssagende Sprache aus Blasen, die sofort nach dem Lesen wieder platzen. Wie ein Bauch, der sich neun Monate aufbläst und dann wieder in sich zusammenfällt ... genauso kurzlebig. Aber wir möchten natürlich auch in dieser kurzen Phase des Lebens schön sein. Wir möchten unsere Würde bewahren. Manche Firmen spielen mit diesem Wunsch, und zwar nicht nur solche aus der Bekleidungsbranche:

»Mini-Pille, Schwangerschaft oder Stress ... es gibt viele Ursachen für Scheidentrockenheit«, lese ich in einem Frauenmagazin. Dazu ein kleiner Coupon zum Selberausschneiden. Sieht aus wie die kleinen Ecken, die wir früher in Poesie-Alben knickten, um dann »Erst in 100 Jahren lesen« drauf zu schreiben (drin stand dann: »Hast ja doch geguckt«). Auf dem Coupon steht dann also – weil, ähäm, man über so was ja nicht so gern spricht, räusper – da steht also:

»Bitte 1x Vagisan Feuchtcreme. Intimer Kauf ohne Worte. Ihre Apotheke erwartet Sie gern mit diesem Coupon. Apotheker und Apothekerinnen wissen dann, was Sie kaufen möchten.«

Ich frage mich ja, was peinlicher ist, einfach hingehen und bestellen oder so bankräubermäßig ein Zettelchen über den Tisch schieben. Aber es geht ja um die Würde, gell? Nun denn. Kann ja jede machen, wie sie denkt. Ob sie sich dabei schön fühlt, ist eine andere Frage. Denn den Druck, dem immer grinsenden Bild der Vorzeigeschwangeren zu entsprechen, den viele Promis, die ihren Bauch in die Kameras halten, aufbauen, dem muss man auch erst mal standhalten. Schaffst du ja auch nicht so richtig, oder? Du fühlst dich auf einer Sexyness-Skala wahrscheinlich eher bei Rainer Calmund als bei Demi Moore. Und das, obwohl Schwangersein doch angeblich so schön macht!

Wir werden alle schöngeredet, Caro, egal, wie hübsch wir sind oder welch hässliche Applikationsbluse wir tragen. Das ist ein

Schwangerschaftsphänomen. Es soll uns schützen. Auch dich. Halt durch! Bis die Blase irgendwann platzt. Die modische genau wie die biologische.

18.
Drei sind einer zu viel –
Wie lange macht mein Kerl das mit und woran erkenne ich den ultimativen Super-Daddy?

Liebe Lisa,
heute will ich mal nicht von mir erzählen, sondern von deinem Mann! So, bevor du jetzt einen Schreck kriegst, schreibe ich lieber schnell weiter.

Ihr wart neulich mit euren Kids bei uns zu Besuch. Nachdem eure drei blonden Engel Kakaopulver, Milch und Malstifte auf dem Küchentisch zu einem Kunstwerk verteilt hatten, war es Zeit, wieder nach Hause zu gehen. Und während wir beide noch quatschten, schnappte sich dein Mann einen eurer kleinen Jungs, balancierte ihn in der Hocke gekonnt auf seinem Knie, während er ihm mit beiden Händen gleichzeitig je einen Gummistiefel überzog.

Du hast es wahrscheinlich nicht einmal mitbekommen, Lisa, für dich ist das ja Alltag. Aber ich habe echt gestaunt.

Wow, was für ein Typ!

Ein echter Superdaddy, der lässig und routiniert mal eben seinen Sohn anzieht – und gleichzeitig wahrscheinlich noch mit einem Ohr telefonieren und ein Geschäft abschließen könnte. Einfach wow!

Und jetzt frage ich mich natürlich als mittlerweile Hochschwangere: Kriegt mein Freund das auch irgendwann so hin?

Ich meine, woher wusstest du das eigentlich, Lisa? Wann bist du morgens neben dem Kerl aufgewacht und hast gedacht: O

Mann, der Typ ist so cool, mit dem gründe ich jetzt eine glückliche Großfamilie!

Woher wusstest du, dass der Typ dir die Stange halten und nicht gleich bei der ersten Mittelohrentzündung oder Baby-Kolik die Mietanzeigen im Internet studieren würde?

Es gibt da diesen echt großartigen Film des französischen Regisseurs François Ozon, ›5 x 2‹, der die unglückliche Liebesgeschichte eines Paares erzählt. Bei der Geburt ihres ersten gemeinsamen Kindes kratzt der Hauptdarsteller einfach die Kurve, weil ihn das alles überfordert, und die arme Frau bringt das Kind im Krankenhaus allein zur Welt.

Oder noch besser: Mein Freund erzählte mir, dass ein Kollege von ihm sich gerade von seiner Freundin getrennt habe, mit der er zehn Jahre zusammen war. Der Grund, warum er seine große Jugendliebe verließ, war ihr gemeinsames drei Monate altes Kind. »Er meinte, er hat das alles irgendwie nicht mehr ausgehalten«, erzählte mir mein Freund neulich schulterzuckend.

Das wäre natürlich der Extremfall, aber so weit muss es ja gar nicht kommen. Mir persönlich würde es schon reichen, irgendwann festzustellen, dass der werte Papa immer mehr berufliche Termine und private Verpflichtungen erfindet, um vor Frau und Kind zu fliehen. Nein, das muss bei mir, stolzer Neo-Feministin, anders laufen.

Ich will einen Papa, der Sandburgen baut, der nach Feierabend Geschichten vorliest und Pyjamas anzieht, der am Wochenende auf den Spielplatz statt ins Fußball-Stadion geht, der ab und zu von der Arbeit Gummibärchen für Mini und Parfüm für Mami mitbringt, der sich am Wochenende demonstrativ vor den Herd stellt und sagt: »Hier übernehme ich jetzt«, der Rotznasen abwischt und mal den Tag über zu Hause bleibt, der Windeln wechselt, der Vogelhäuser bauen kann, der Schwimmlehrer, Fahrrad-Trainer, Teddybären-Doktor und schließlich Mamas bester Freund und Superlover in einem ist!

Zu viel verlangt? Ich finde nicht! Aber wahrscheinlich muss man sich, was das hingebungsvolle Papa-Sein angeht, von seinem Liebsten immer ein wenig überraschen lassen. Oder etwa nicht? Gibt es – ganz im Gegenteil – sogar sichere Anzeichen während der Schwangerschaft, die erkennen lassen, wie viel Super-Daddy in unseren Traummännern steckt beziehungsweise wie viel von ihm – sagen wir ein Jahr nach der Geburt – noch übrig ist? Also, wenn es die gibt, Lisa, dann bitte raus mit der Sprache! Ich bin gespannt!

Liebe Caro,
es gibt ja Männer wie den Torhüter Olli Kahn, über die gesagt wird, sie hätten ihre Frau noch im neunten Monat betrogen, deine Frage ist also vollkommen berechtigt. Und wenn man zum Beispiel bei der New Yorker Autorin Judith Newman liest: »Wo Kinder sind, da ist weder Frieden noch Genuss«, dann kriegt die ein oder andere vielleicht schon mal kalte Füße. Ich möchte dich hier nicht verunsichern, ich möchte nur sagen: Durch ein Kind verändert sich deine Beziehung. Vor dem ersten Kind arbeiten noch 55 Prozent der Frauen in Vollzeit, nach dem zweiten nur noch klägliche sechs Prozent. Viele Beziehungen bleiben nach der Geburt nicht mehr so gleichberechtigt, wie sie einmal waren ...
Neben diesen äußeren Faktoren wie Job und Gleichberechtigung verändert sich aber auch ein innerlicher Faktor – die Liebe nämlich. Bei den meisten. Die Kinder rutschen an die erste Stelle. Der Mann rangiert dann nur noch auf einem Ehrenplatz, so wird es zumindest von der öffentlichen Meinung vorgesehen. Äußert sich dann mal jemand gegenteilig, entfacht sich ein Entrüstungssturm. Als die Schriftstellerin Ayelet Waldman in einem Interview mit der ›New York Times‹ vor einigen Jahren sagte, sie liebe ihren Mann mehr als ihre Kinder, erhielt sie sogar Morddrohungen.
   Nun, so weit muss es nicht kommen. Du wirst deinen Mann weiterlieben und er dich, wenn du dich denn nicht gleich nach der Entbindung zum Gregor Samsa entwickelst.

Als Gregor Samsa eines Morgens aus einem unruhigen Traum erwachte, fand er sich in seinem Bett zu einem ungeheuren Ungeziefer verwandelt. (Franz Kafka, ›Die Verwandlung‹)

Ja, es gibt Frauen, die sich plötzlich um 180 Grad drehen nach der Geburt, ihre Einstellungen ändern, von der Sexbombe zur Nonne werden, vom Vamp zum Muttertier. Falls dir das auch passieren sollte, kann ich also nicht garantieren, dass dein Kerl wirklich bei dir bleibt. Aber wenn du so etwas vorher weißt, dann kannst du dem ja auch ein bisschen entgegenwirken, gell? Dein Liebster wird sich dann fein in der Generation der »neuen Väter« etablieren, am Feierabend Geschichten vorlesen, wie du es dir wünschst, sein Kind ab und zu mal ins Tragetuch packen und der Öffentlichkeit zeigen, was für ein toller Hecht er ist.

Ach, was wird der moderne Vater gelobt in den Medien, seit 2007 das von der Leyensche Elterngeld eingeführt wurde!

Und es ist ja auch fantastisch, dass es das gibt. Nur: Die meisten nehmen eben nur zwei Monate Auszeit und die dann auch möglichst mit ihrer Frau zusammen. Wenn das für dich okay ist – wunderbar. Wenn nicht, kannst du eigentlich schon jetzt beginnen, zu kämpfen.

Eine Studie des Bundesinstituts für Bevölkerungsfragen von 2011 belegt, dass Väter die am meisten arbeitende Bevölkerungsgruppe sind! Sie sind sogar noch länger im Büro als andere Männer. Zudem gaben in einer Allensbach-Studie 2010 drei Viertel der Mütter an, die Hausarbeit ganz alleine oder zum größten Teil zu machen.

Ich weiß, ich drifte schon wieder arg in Richtung Gleichberechtigung und Job ab, aber diese beiden Themen sind eben die essentielle Herausforderung, um aus unseren Männern gute Väter zu machen. Denn wer nicht da ist, kann auch kein guter Vater sein. Ganz einfach. Auch du hast natürlich deine Aufgabe in diesem Spiel. Neulich sagtest du: »Ich denke immer: Mein Kind. Nicht: Unser Kind.« Diesen Slogan solltest du spätestens mit der Geburt echt austauschen. Denn ein Vater baut sicher lieber Sandburgen mit *eurem* Kind. Und nicht mit deinem.

Aber kommen wir mal zu meinem Mann. Er war in der Schwangerschaft jetzt nicht der Typ, der ständig meinen Bauch umarmen wollte, mit dem Ungeborenen Monologe führte oder mich mit Rosenöl einrieb. Er konnte auch gut mal vergessen, dass ich schwanger war (»Bringst du noch 'nen Kasten Wasser mit?«).

Tja, und jetzt beschreibst du ihn als Super-Daddy. Die wahre Größe entfalten die Väter also, wenn die Kinder da sind. Da kannst du also beruhigt sein!

Trotzdem: Er geht halt Vollzeit arbeiten. Ich jongliere mich mit Job, Studium und Kids durchs Leben und kläre trotzdem noch die Babysitterfrage für den gemeinsamen Restaurantbesuch, denke an die Elternabende, an die abendlichen Nasentropfen und schneide 80 Finger- und Fußnägel wöchentlich, meine eigenen inbegriffen. Selbst schuld! Reiß ich an mich. Muss ich nicht. Mach ich trotzdem. Aber meckern wird ja wohl trotzdem erlaubt sein. Und um meine Wut auch wissenschaftlich rechtfertigen zu können, besuche ich eine Podiumsdiskussion, die zu meiner Laune passt. Titel: »Vater Morgana«. Es geht um engagierte Männer wie meinen, die aber leider zu wenig Zeit für ihre Kinder haben. Carsten Schneider, haushaltspolitischer Sprecher der SPD-Fraktion im Bundestag, sagt, er habe keine Elternzeit genommen, weil das eben schwierig sei im Politikbetrieb. »Das ist Tatsache und Ausrede zugleich.« Aber ist es nicht immer schwierig?

Bei einer Forsa-Umfrage unter 1000 Männern zwischen 20 und 55 Jahren offenbarten 45 Prozent ihre Furcht vorm Karriereknick: Sie rechneten mit »sehr oder eher negativen« Konsequenzen, falls sie in Elternzeit gehen sollten. Sorge unbegründet, erklärt Sonja Pfahl, die die Studie ›Das neue Elterngeld. Erfahrungen und Nutzungsbedingungen von Vätern‹ verfasst hat. Viele Väter, die sich trauten, machten gute Erfahrungen mit den Arbeitgebern, sagt sie.

Woran fehlt es also? »An öffentlichen Vorbildern«, finden die Väter. Der Wunsch: ein Spitzenpolitiker in Elternzeit. Oder ein Profifußballer.

Sorry, ich kann am Samstag nicht gegen Real Madrid antreten, ich bin in Elternzeit.

Das wär's doch! Und dann würden sie losgehen, die öffentlichen Debatten:

Die ›Taz‹ wird die Einführung des Wortes »Vaterinstinkt« als gleichberechtigtes Gegenüber zum »Mutterinstinkt« einfordern. Die ›Bild‹ wird exklusiv enthüllen: »Bundesliga verrückt! Philipp Lahm und Jogi Löw nehmen Elternzeit für gemeinsam

Adoptivsohn.« Der ›Spiegel‹ widmet dem Thema gar eine eigene Titelseite: »Die Revolution der neuen Väter – ein Abgesang auf Cowboys und Machomänner.«

Aber können nicht auch Cowboys gute Väter sein? Die Elternzeit meines Mannes verbrachten wir mit unserer Tochter in Afrika. Ich hatte einen befristeten Job in Namibia – für den Papa eine Elternzeit unter erschwerten Bedingungen. Mit Vollzeit arbeitender Frau. Ohne Spielplätze. Ohne Kita. Es war Vatersein pur mit all seinen Freuden und Leiden. Und es hat dafür gesorgt, dass er vieles aus meinem Leben besser nachvollziehen kann. Dass er seinen eigenen Job noch mehr schätzt. Seine Tochter aber auch!

Und ich? Ich habe die Arbeit sehr genossen. Ich habe aber auch mein Kind vermisst. Und ich glaube, dass das vielen Frauen so geht. Ich glaube, es gibt einige Mütter, die sich gern in ihre Elternzeit zurückziehen, um sich dem schwindelerregenden Karriere-Karussell zu entziehen. Denn was in der öffentlichen Debatte immer untergeht, ist ja, dass manche Frauen vielleicht sogar Spaß daran haben, bei ihren Kindern zu sein!

Wir müssen gemeinsam Verantwortung übernehmen, Mütter wie Väter. Jeder muss da sein eigenes Modell finden (privat) und die Chance bekommen, das dann auch so zu leben, wie er es wünscht (Politik). Ob ein Kind zwei Mütter hat, in der Großfamilie aufwächst oder allein beim Papa, darf dabei keine Rolle spielen. Was meinst du, wie leicht es dann für dich wird, eine Super-Muddi zu werden. Mit einem Super-Daddy an deiner Seite.

11-Punkte-Katalog für den ultimativen Papa-Check:

1. Er kauft dir alkoholfreien Sekt zur Grillparty.
2. Er begleitet dich tatsächlich und fast freiwillig zum Hechelkurs (großer Liebesbeweis!).
3. Er gibt dir die Fernbedienung, wenn du statt des Babymords im Tatort lieber Traumschiff schauen möchtest (noch größerer Liebesbeweis!).

4. Er verzichtet auf die neue Version von ›World of Warcraft‹ und kauft stattdessen ein Hebammen-Hörrohr, um die Herztöne des Babys jederzeit hören zu können.

5. Er lässt sich von dir beschimpfen und bezieht es nicht auf sich, sondern auf deine Hormone.

6. Er bestellt den Kinderwagen im Internet in sand-braun und akzeptiert, dass du ihn sofort zurück-schickst, weil dir die Farbe nicht gefällt.

7. Er beginnt seine SMS mit »Hallo, meine beiden«.

8. Er stöhnt beim Sex nur deinen Namen, nicht den eures ungeborenen Kindes (zu weit darf die Liebe schließlich auch nicht gehen!).

9. Er klebt keinen Button »Die gehören mir« auf deine Brüste, weil er schon jetzt kapiert hat, dass sie nur noch eurem Baby gehören.

10. Er fährt mit dir noch einmal nach Paris und nicht in ein Familienhotel in den Taunus, um »schon mal zu üben« (immer schön locker bleiben!).

11. Er sagt dir, du bist schön – trotz Wasser in den Beinen und einem Gang, der schlimmer aussieht als der einer 80-Jährigen.

19.

Finger weg von meinem Bauch!
Und von meinem Baby!

Liebe Lisa,

wie hast du das eigentlich mit deinem Bauch gehandhabt? Ich meine abgesehen davon, dass er mittlerweile die ganze Zeit im Weg steht, scheint er auch für die Umwelt zunehmend interessanter zu werden.

Da sind zuallererst die Freundinnen, die ganz schüchtern fragen: »Oh, darf ich mal anfassen?« Und du antwortest großzügig und gelassen: »Klar!«

Dann sind da die Arbeitskollegen, mit denen du zwischen Bürotür und Schreibtisch einen Plausch hältst. Und die trauen sich dann auch zu fragen: »Könnte ich vielleicht mal fühlen?« Und du bist dann geteilter Meinung.

Da war zum Beispiel mein jüngerer Mitte-zwanzig-Kollege mit dem angedeuteten Six-Pack und ich dachte nur: »Logo, Baby, darfst du anfassen. Warum hast du nur nicht schon früher gefragt, als ich noch nicht schwanger war?«

Und auch bei meinem Vorgesetzten und Selber-Papa war das kein Ding. Er griff gleich fröhlich mit beiden Händen zu und sagte lachend: »Hach, das kenn ich doch.« Und ich lachte mit und fand: »Mensch, der traut sich aber was.«

So weit, so gut. Aber dann sind da leider auch die entfernten Verwandten und flüchtigen Bekannten – verallgemeinert gesprochen: die Idioten.

Die fragen dann, während sie schon ihre Wurstfinger gen Babybauch ausstrecken: »O krass, Caro, der ist ja schon total groß. Werden das Zwillinge?«

Und du denkst dir nur in feinstem Ghetto-Deutsch: »Verpiss dich, Alter. Sonst klebe ich dir eine.« Aber weil du als stets nette Schwangere die Situation nicht sprengen willst, lächelst du einfach schief und denkst dir deinen Teil. Das Hauptproblem an aufdringlichen Bekannten ist nämlich, dass du gar nicht so schnell reagieren kannst, wie sie schon mit ihren ungepflegten Händen an deinem Bauch kleben.

Ja, bin ich denn jetzt öffentliches Eigentum? Oder etwa eine Grapschfläche für emotional Verwirrte oder Leute ohne Benehmen? Ich meine, was würden die denn umgekehrt sagen, wenn ich ihnen an ihre kleinen Speckröllchen fassen würde, abgesehen davon, dass mir das im Traum nie einfallen würde, allein schon aus Angst, zu tief oder daneben zu greifen.

Furchtbare Vorstellung! Und zudem leider auch eine Vorstellung, die meine blühende Schwangeren-Fantasie anregt. Bekommt mein Baby vielleicht etwas von den negativen Schwingungen dieser Armleuchter mit? Oder noch schlimmer: Was wird denn erst, wenn mein Baby auf der Welt ist? Was soll ich denn tun, wenn irgendwelche tollpatschigen, Kinder-unerfahrenen Deppen meinen zarten Säugling in den Arm nehmen wollen?

Vor meinem geistigen Auge sehe ich es bereits, wie sie ungelenk da herumhantieren. Mit so lustigen Sprüchen wie: »Haha, ich hab das zwar noch nie gemacht, aber ich versuch das jetzt einfach mal.« Kettenraucher, Pickelgesichter, Typen, die sich nach dem Pinkeln nicht die Hände waschen. Ahhh, Lisa, ich kriege Angst!

Ich meine, du kannst ja nicht ständig deine Augen überall haben. Oder zu einem paranoiden, pingeligen, übervorsichtigen, hysterischen Muttertier werden.

Andererseits ist es aber als Mutter doch auch deine verdammte Pflicht, diesen Idioten Einhalt zu gebieten – oder?

Ich meine, wie hast du das denn gemacht? Bist du mit einer Mini-Flasche Sagrotan in der Handtasche rumgelaufen und hast sie jedem potenziellen Baby-Antatscher vor dem Angriff präventiv in die Schweißhand gedrückt? Oder hast du Büros, Restaurants und öffentliche Plätze im ersten Lebensjahr deines Juniors systematisch gemieden? Oder einfacher: Wie schafft man es, durch bestimmtes Auftreten jeden ungebetenen Baby-Narren in die Schranken zu weisen? Jetzt pack mal deine Tricks aus!

Liebe Caro,

zunächst mal, ja, von Babybäuchen geht eine magnetische Faszination aus, die kaum erklärlich ist und nur von einer einzigen Sache auf der Welt in den Schatten gestellt werden kann: nämlich vom Magnetismus deines Babys, wenn es erst mal da ist. Was den Bauch angeht: Mir ist das auch neulich passiert. Bei meiner Cousine Nina. Sie trägt ihr zweites Kind unter dem Herzen und ich saß im Auto neben diesem Wunderballon von Bauch und patsch!, langte meine Hand mitten in die fremde Bauchnabelregion. Mein Hirn schaltete erst danach wieder ein. Ja, ich gebe zu, ich liebe Schwangerbäuche. Ich empfinde sogar Bauchneid gegenüber Schwangeren, das ist kein Witz. Neulich sagte ein Freund von mir: »Boah, ich hätt so gern auch Busen, ich hätt den ganzen Tag die Finger drauf.« So ähnlich fühlte ich mich, als ich zum ersten Mal einen Schwangerbauch hatte. Ich liebte meinen Bauch und dass ich ihn im Sommer im Bikini endlich mal nicht einziehen musste. Da schwabbelte nichts, nur ab und an, da bewegte er sich, weil sich das Töchterchen drehte oder gegen unbekannte Kung-Fu-Gegner ankämpfen musste. Manchmal hatte ich Angst, sie würde das Fruchtwasser zu Butter quirlen. In der Zwillingsschwangerschaft bewegte sich der Bauch am Ende so augenscheinlich, dass sich die Leute um mich herum schon gruselten. Da wollte dann keiner mehr fühlen. Natürlicher Schutz sozusagen.

Und es gibt Zeiten, in denen du dir wünschst, dein Gegenüber würde nur **auf** deinen Bauch patschen. Beim ersten Ultraschall in der zehnten Woche zum Beispiel. Da zieht dann der Gynäkologe eine Art Riesendildo hervor, stülpt ein Kondom drüber, matscht durchsichtige Paste drauf und führt das in dich ein! So war das aber in der TV-Werbung nicht angekündigt worden, denkst du dann und hoffst, dass dieses Gerät nicht auch beim nächsten Mal wieder zum Einsatz kommt – dann nämlich, wenn dein Kerl mit gucken kommt ... (Zur Beruhigung: Schon beim zweiten Mal wird durch den Bauch geschallt.) Geschockt vom Arzttermin läufst du dann ins Büro und wunderst dich, dass die Kollegen dir beim »Guten Morgen« nur auf den Schritt – ähm – Bauch schauen. Das ist schon ein neues Gefühl. Wenn dann auch noch Fremde draufpatschen wollen, wird's grenzwertig. Da teile ich deine Meinung. Versuch, dem Ganzen trotzdem etwas Positives abzugewinnen! Zum Beispiel, indem du dir vornimmst, die Aufmerksamkeit rund um deinen Bauch zu genießen. Nach der Geburt sieht's damit nämlich eher schlecht aus, weil sich alle und alles nur noch um dein Baby dreht und nicht mehr um dich.

Wer bekommt die Geschenke zur Geburt? Das Baby. Wer bekommt am Feierabend den ersten Kuss vom Papa? Das Baby. Und seine Pausbäckchen sind vielleicht auch süßer als deine Falten, aber du hast ja trotzdem noch eine Würde. Hallo, mich gibt's auch noch, schreit es aus dir. Und deswegen nutzt du die Babyfans aus. Gibst ihnen dein Kind, damit du endlich mal wieder duschen kannst (oder Falten wegschminken!). Super Idee? Vielleicht! Aber viele Mütter können das nicht. Ihr Kind abgeben. Manche geraten sogar schon in Panik, wenn nur die Schwiegermutter es kurz schuckelt. Schweißausbrüche, kalte Hände, alles Folgen vom Nicht-hergeben-Wollen. Da hilft der Gedanke nicht, dass die Dame schließlich auch deinen Kerl groß gekriegt hat. Da hilft nur: grapschen. Nach deinem eigenen Baby. Her damit, sonst kommt die Polizei! Manche sind wirklich so. Ich eher nicht. Glaub ich. Ich war in meiner Erinnerung froh, wenn ich mal kurz die Hände frei hatte und mein Baby auf einem anderen Arm, aus der Ferne betrachten konnte. Dann konnte ich ins Schwärmen geraten. Wie süß es da auf dem Arm hängt, wie es mich anschaut, hach. An Sagrotan aber hab ich in keinem dieser Momente gedacht. Für mich stinken diese Bakterienkiller immer nach Zahnarztpraxis und damit will ich nichts zu tun haben. Diese übertriebene Ich-koch-jeden-Schnuller-ab-weil-er-an-einem-Staubkorn-vorbeigeschliddert-ist-Mentalität war und ist echt nicht meine.

Trotzdem hatte ich nach der Geburt immer eine unhygienische Panikvorstellung und die ging so: Ein Verkäufer einer Obdachlosenzeitung beugt sich auf einmal über mein keimfreies Baby im Kinderwagen und spuckt ihm ins Gesicht. Ich könnte heute noch ausrasten bei der Vorstellung. Mir ist nie so etwas passiert, aber es ist für mich der Inbegriff des Horrors. Womit ich klarstellen möchte: Jede Mutter hat halt ihren Spleen.

Nimm doch das Angefasstwerden einfach als positive Anteilnahme. Ich denke, wir Menschen sind in dem Punkt ganz archaisch: Wir freuen uns, dass die Sippe – oder die Menschheit als Ganzes – Nachwuchs bekommt und wohl zumindest nicht direkt aussterben wird. Wir sind also schuld an der Freude der anderen. Ist doch super!

20.

Hilfe, wo ist die Notbremse? Sag mir, dass Muttersein auch schöne Seiten hat!

Lisa!

hilf' mir. Heute Nacht hatte ich einen verrückten Traum. Einen dieser völlig verstrahlten, durchsexualisierten, rosaroten, in denen man mit komischen Arbeitskollegen Sex hat und die einen den ganzen Tag etwas irritiert zurücklassen.

Ich war irgendwo als Reisereporterin auf einer Südsee-Insel, hatte einen bananengelben Cocktail mit Schirmchen in der Hand, meine Füße tanzten im warmen Sand zu Karibik-Bongo-Getrommel und plötzlich – Wow! – berührt ein Typ, der aussieht wie mein Schreibtischnachbar auf Arbeit, mit seinen Lippen meine Schulter und wir verschwinden in eine Art Jurte-Zelt, wo wir anfangen, wild rumzuschmusen und ...

Okay, okay, genug davon und zum Punkt. Sigmund Freud würde jetzt wahrscheinlich deuten: »Dieser Traum steht sinnbildlich für die Möglichkeit der Flucht aus einer starren Sinneskrise, die durch die Überhöhung der Mutterrolle herbeigeführt wurde, und ist eine Allegorie für unterdrückte weibliche Bedürfnisse und die Sehnsucht nach geistiger und sexueller Befreiung.«

So oder so ähnlich würde er das wahrscheinlich deuten, der alte Freud.

Ich wiederum sehe das so:

Jetzt ballere ich dich schon seit Wochen aus Unsicherheit mit bangen Schwangeren-Fragen zu und du bist – ganz wie du es mir am Anfang versprochen hast – total ehrlich! Du hast die Geschlechtergleichheit für tot erklärt, große Teile meines bisherigen Privatlebens auseinandergenommen, mich in die Welt der schrägen Mamas eingeführt und mir zu verstehen gegeben, dass ich total cool bleiben soll, obwohl meine ganze Welt in den nächsten Jahren auf links gedreht sein wird.

Und weißt du was, Lisa? Jetzt habe ich ehrlich gesagt echt Angst.

Oder besser gesagt: Ich bin nun im 6. Monat und so manchmal beschleicht mich ein mulmiges, unsicheres Gefühl, das ganz tief aus meiner Magengruppe kommt und kein Babytritt ist.

Ich meine, schwanger werden war ja ganz easy, aber was ist, wenn ich mir doch ein bisschen zu viel vorgenommen habe?

Was, wenn dieses ganze Mutti-Ding doch nicht so meins ist?

Was, wenn ich das Mama-Sein gar nicht mögen werde und es bereue, mein wildes Leben ohne Verantwortung aufgegeben zu haben?

Du wolltest immer ehrlich zu mir sein und jetzt möchte ich dich auch ganz ehrlich mal fragen.

Du hast drei Kinder und du bist noch nicht einmal 30 Jahre alt. Das ist für die heutige Zeit echt mal eine Ansage und das weißt du auch.

Du hast mir selbst erzählt, wie hart und schlaflos die letzten drei Jahre mit den Zwillingen und deiner damals noch kleinen Tochter waren und dass du deine Selbstverwirklichung erst einmal unter einem Haufen Pampers begraben konntest.

Und jetzt verrate mir bitte: Wann gibt es sie, diese Momente in deinem Alltag, in denen du denkst und fühlst: »Ich habe alles richtig gemacht und so würde ich es immer wieder bis an mein Lebensende wollen?«. Es gibt sie doch, oder?

Wann sind sie, diese Mamaglück-Augenblicke, für die man Karriere, Fernreise und Abenteuer gerne aus dem Fenster wirft?

Und jetzt los, heitere mich mal ein bisschen auf! Ich brauch das jetzt!

Lehn dich zurück, Caro,

denn du kannst dir gar nicht vorstellen, wie intensiv und wie oft du diese Momente erlebst! Kleine Alltagsmomente werden zu den Ereignissen deines Lebens. Ich verspreche es dir. Stell dir vor, dein Kind erwacht aus einem tiefen Schlaf. Es ruft nach dir, du nimmst es hoch, der kleine Körper ist noch ganz warm, jedes Glied noch schwach und ohne muskuläre Tätigkeit. Aus dem Mündchen wabert gegorener Milchgeruch, vom Kopf der Babyschweiß, der deine Naseninnenwände sanft bedeckt wie Salbe den Babypopo. Schutzsuchend schmiegt sich dein Kind warm und weich an deinen Oberkörper, es legt die Arme um dich und den Kopf auf dein knöchernes Schlüsselbein. Seine Augen sind noch halb geschlossen und der Moment der Innigkeit wird nur ganz allmählich aufgelöst, in Zeitlupe. Nach und nach kehrt das Leben zurück in die kindlichen Gliedmaßen, es fließt mit demselben Strom zu ihm, der auch deinen Mutterkörper wieder wohlig kribbeln lässt. Das Leben schwappt über.

Das klingt alles kitschig, ich weiß, aber dein Leben *wird* jetzt kitschig. Sobald du dein Baby zum ersten Mal in deinen Armen hältst, wirst du wissen, was ich meine.

Du betrittst ein neues Leben, das hast du aber bereits jetzt in deiner Schwangerschaft gemerkt. Das Drumherum, dein Auto, dein Mann, deine Wohnung, das bleibt im Prinzip gleich, mal abgesehen vom Babybett, das schon rumsteht und dem Autositz und der Wickelkommode ... Aber das Innere verändert sich – oder warum weinst du plötzlich, wenn ein Rehkitz am Sonntagabend im ›Tatort‹ überfahren wird? Weinst, wenn das Kabel des Staubsaugers aus der Steckdose rutscht, weinst, weil nur noch Prickelwasser und kein stilles mehr im Haus ist?

Das sind nicht nur die Hormone. Da spielt auch deine neue große Verantwortung für ein Menschenleben mit rein. Und dieses riesige Fragezeichen namens Zukunft. Bin ich all dem gewachsen? Werde ich merken, wenn es meinem Baby schlecht geht? Wo bleibe ich selbst? Kann ich je wieder arbeiten gehen? Wie verändert sich meine Partnerschaft? Ein Fragengewitter tobt da in deinem Schwangerenkopf. Sei dir gewiss: Das geht nicht nur dir so. Das ging auch mir so und vielen Freundinnen, die Mutter wurden.

Mit einer Bauchlandung schlidderte ich ins Mama-Business hinein. Ich war auf diese emotionalen Extremsituationen nicht vorbereitet, die immer zwischen himmelhochjauchzend (»Mein Baby hat gerülpst!«) bis zu Tode betrübt (»Ich kann doch jetzt nicht jede Nacht acht Mal aufstehen!«) waren. Plötzlich war der Normalzustand aus meinem Leben verschwunden. Sechs Wochen vor der Geburt hatte ich als Reporterin noch Robbie Williams interviewt, acht Wochen nach der Entbindung stand ich mit Elefantenrüssel in der Prenzlauer Berger »Popelbühne« und mimte beim Baby-Feldenkrais einen dicken Dickhäuter für mein Kind. Hoffend, dass niemand aus meinem alten Leben mich in diesem Raum mitten im Kiez sehen würde. Das kostete Überwindung. Aber meinem Baby gefiel's und darum ging es mir gut. Auch, weil ich andere Mütter kennenlernte, die nachvollziehen konnten, wie es mir grad ging mit einem acht Wochen alten Baby. Das können Nicht-Mütter nicht. Diese Gefühlsachterbahnen und Veränderungen kann niemand nachvollziehen, der es nicht selbst erlebt hat. Babykurse kann ich also nur wärmstens empfehlen, dann erledigt sich auch die Frage nach der Langeweile. Die du nicht haben wirst. Vor der aber alle Schwangeren Angst haben. Ich kann dich beruhigen. Du wirst vor deinem Baby sitzen und es anstarren, du wirst jedes Glucksen als Beginn seines Wortschatzes interpretieren und selbst wenn es schläft, nicht abschalten können, weil es da so süß und perfekt modelliert liegt. Alles dran: Nase, Öhrchen, Augen. Und dann atmet es auch noch! Zum Heulen schön!

Manchmal wird Lisa auch richtig sensibel, dann schreibt sie Sachen wie diese:

- Weißt du, was es sein muss, wenn blonde Löckchen nach süßlichem Babyschweiß duften?
- Was es sein muss, wenn beim Vorlesen am Abend sechs nackte Kinderfüßchen deine eigenen Füße unter der Decke berühren?

- Wenn ein müdes Köpfchen sich an deine Schulter schmiegt und dir warm wird, als sei deine Haut aus Pergamentpapier?
- Wenn deine Kinder winkend am Fenster stehen, drei Köpfchen wie eine olympische Medaillenvergabe, weil du kurz fort musst?
- Wenn dir der Lausbub unter ihnen mit Joghurt das Gesicht besprenkelt und sich die anderen vor Lachen kringeln?
- Wenn sich die Kleinen in den Arm nehmen und »Warum weinst du?« fragen?
- Wenn sie zu dritt mit ihrer Laufrad-/Fahrradgang die Großstadt-Bürgersteige entlangfegen?
- Wenn deine Tochter weiß, dass der Wolf nicht ertrank, sondern »jämmerlich ersoff«, nachdem die Geißlein in seinem Bauch durch Wackersteine ersetzt wurden?
- Wenn sie dich nach einem Streit drücken und »Lieblingsmama« sagen?
- Wenn sie die gerade bemalten Ostereier kaputtpellen und schließlich selbst ein Kehrblech holen?
- Wenn sie mit ihren Schlabberschlafanzügen morgens an dein Bett tapsen und »Duten Moagän, die Sonne seint« säuseln?
- Ich glaub, dann muss es wohl Liebe sein.
- Mutterliebe.

21.

Ein Freund, ein guter Freund ...
Bleibt doch ein guter Freund, oder?

Liebe Lisa,

heute an diesem schönen sonnigen Samstagnachmittag um
17.20 Uhr ist es offiziell: Ich habe keine Freunde mehr! Ich mei-
ne, es gibt eine Regel, die seit der Oberstufenzeit kurz vor dem
Abi gilt und lautet: Hast du bis Samstagnachmittag 16 Uhr, kein
Date, keine Verabredung für den Abend, dann bist du ein Loser.
Dismissed. Ein MOF (Mensch ohne Freund).

Dass Sommerferien, Herbst- oder Weihnachtsferien sind und
viele der lieben Freunde und Bekannten ohnehin im Urlaub oder
auf einem Wochenendtrip weilen, zählt nicht im Geringsten zu
deinen Gunsten. Und gerade in einer Stadt wie Berlin nicht, wo
sogar jeder Zugezogene einen Zweit- und Dritt-Bekanntenkreis
hat.

Schande, Schande, Schande.

Dabei kann ich es keiner meiner lustigen, hauptsächlich Sin-
gle-Freundinnen und keinem meiner Party-Kumpels verübeln,
dass sie mich im Moment hängenlassen. Schließlich wurden sie
in den letzten Wochen Zeuge, wie sich ihre immer gut gelaunte,
vielleicht sogar etwas exzentrische Freundin von einer gut ver-
netzten, feierlustigen Uschi, die immer noch zwei Karten für die
Fashion Week übrig und Zeit für einen letzten Mai Tai hatte, in
eine Apfelschorlen-trinkende, sich selbst beklagende Schwangere verwandelte, die sich dank der geschmackvollen Auswahl an
Schwangerschaftsmode anzieht wie ein Clown.

Ganz ehrlich, Lisa: Ich würde im Moment auch nicht mit mir
selbst ausgehen. Ein Beispiel: Am Wochenende haben meine
Nachbarn eine riesige Einweihungsparty in ihrer neuen Mitte-
Wohnung mit 80 Leuten geschmissen. Wir wohnen direkt ne-

benan und so habe ich den ganzen Tag die mehr als aufwen-
digen Planungen mitbekommen. Das ganze Ballett: Palina von
MTV wurde als Djane engagiert, eine Gipsy-Band als Mitter-
nachtseinlage, zudem war die ganze Fete von einem bekannten
Wodka-Hersteller gesponsert und ein hippes Italo-Restaurant
hat gecatert. Meine Chance also, mal wieder in wilder Runde
das Leben zu genießen – und das auch noch ohne weiten Heim-
weg, falls mich doch die Schwangerschaftsmüdigkeit einholt.
Um halb zehn stand ich dann neben meinem frisch gestylten
Freund auf der Matte. Ich trug meine schwarzen Lack-Repetto-
Ballerinas, hatte mir die Haare hochgesteckt und den Lippenstift
von Lady Gaga in limitierter Version als Geschenk für die Gast-
geberin dabei.

Mein Freund schoss noch während der Begrüßung zum Kühl-
schrank, öffnete ein Bier und verschwand für die nächsten Stunden auf den Raucherbalkon, während mir, die wenig später an
einer Maracuja-Schorle nippte, immer mehr weibliche Partygäs-
te ein Gespräch über meinen Bauch aufdrängten.

Sicher, es ist schon okay, wenn ich die Standard-Antworten
durchleiern muss: 27. Woche, es wird ein Junge, ein absolutes
Wunschkind, und ich plane, nach sechs Monaten wieder arbeiten zu gehen. Aber es kommt meist noch dicker. Da sind zum
einen die Gleichaltrigen, die alles darüber wissen wollen, wie
du schwanger geworden bist, ob sich eine Fertilitätsbehandlung
lohnt und welche Pille ich vorher genommen habe.

Und zum anderen gibt es die Enddreißiger-Ladys, die den Beginn ihrer Menopause fürchten und mir eindringlich erklären –
als müssten sie ausgerechnet die Schwangere überzeugen –, warum ein Kind nicht die Erfüllung des Lebens ist und warum sie
mit ihrem Mann, der ja ihre große Liebe ist, trotzdem nicht auf
Biegen und Brechen ein Kind haben müssten. Aha. Wieder was
gelernt.

Also, die Art von Gesprächen, die man normalerweise mit drei
Gläsern Weißwein gut überstanden hätte, die man aber stock-
nüchtern wie das Grauen einer schlecht gespielten amerikanischen Komödie einfach über sich ergehen lassen muss. Die
nächste Stunde verbringe ich also damit, darauf zu warten, dass

das Buffet eröffnet wird. Ich verkrümele mich schließlich mit einer Schale Hackfleischbällchen-Suppe auf den Sessel in der hintersten Ecke des Wohnzimmers, wo meine Füße Erholung vom Stehen in engen Lack-Ballerinas finden. Für dein Kopfkino: Eine Schwangere sitzt in einem Sessel alleine im Hintergrund der Party und isst. Komisch auch, dass sich keiner zu ihr gesellt.

Fazit: Es ist fast Mitternacht, ich bin müde, habe mich bei dem kurzen Gang über den Balkon soeben wohl verkühlt, kriege morgen wahrscheinlich mal wieder eine Blasenentzündung, Seitenziehen und die Pest gleich mit und will ins Bett, das Gott sei Dank ja nicht weit ist.

Um es kurz zu fassen: Die Party war ganz allgemein nicht der Brüller, aber ich war auch nicht die Spaßkanone, die mir selbst und den anderen die Laune gerettet hätte.

Im Gegenteil: Ich bin rund wie eine Kugel, phlegmatisch und langweilig. »Du findest mich doch zurzeit total langweilig«, heule ich am nächsten Morgen Rotz und Wasser im Bett neben meinem noch schlafenden Freund, der sehr wahrscheinlich noch sehr restalkoholisiert gar nicht weiß, wie ihm geschieht. Glücklicherweise beherrscht er die Trösterrolle bei Schwangeren-Blues mittlerweile perfekt, sodass ich bald darauf voller Tatendrang aufstehen kann, um ins nächste, noch schlimmere Szenario reinzustürzen.

Sonntagvormittag. Ich treffe meine Freundin Alex, die zufällig zwei weitere Freundinnen (beide schwanger!) im Café am Neuen See erblickt hat. Wir setzen uns also kurz zusammen und plaudern. Und eins kann ich dir sagen, Lisa: Der Blick in einen imaginären Spiegel tut nicht gut. Das sitzen sie, die zwei Schwangeren, beide kugelrund, in Blusen, die selbst bei Kik aus Geschmacksgründen aus dem Sortiment genommen worden wären, essen Bagels mit Nutella und unterhalten sich über Müdigkeit, Kinderkleidung und ihren mächtigen Appetit. Als die eine dann fast zu heulen beginnt, als sie hört, dass ich während der Schwangerschaft Antibiotika genommen habe, stelle ich fest, dass der schlimmste Feind, Panikmacher und Frustbringer der Schwangeren die Schwangere ist.

Also Strich drunter: Meine alten Freunde haben keine übertriebene Lust, mit einer jammernden, nüchternen Zicke die Nächte zu verbringen. Schwangere und Singles, die nur über das Schwangerwerden philosophieren, gehen mir auf den Geist, so wie ich wohl derzeit jungen Mamis mit all meinen Fragen zum natürlichen Geburtsvorgang auf den Geist gehe. Da ich aber dennoch nicht vorhabe, bis zur Geburt und danach abends zuhause DVDs zu schauen, musst du mir helfen.

Also, erklär's mir, Lisa. Wie hat sich das bei dir wieder eingerenkt? Hat es doch, oder? Wer kommt heute für dich als Freund und Freundin infrage? Erzähl mir alles!

Liebe Caro,

bevor ich schwanger wurde, habe ich mir um das Thema Freundschaften nie Gedanken gemacht. Ich stand mitten im Leben, hatte etliche Bekanntschaften und einige wirklich echte wahre Freunde. Genau wie du. Wir haben zusammen gefeiert, um Männer geweint, uns gegenseitig Botschaften geschrieben, sind vor Kummer fast eingegangen, wenn einer mal in eine andere Stadt zog. Tränen flossen bei einigen auch, als sie hörten, dass ich schwanger bin. Freudentränen. Doch wir haben alle nicht damit gerechnet, welche Veränderungen das mit sich bringen kann. Meine Tochter ist mittlerweile sechs, die Zwillinge vier und so seit anderthalb Jahren stabilisiert sich alles wieder ein bisschen. Aber zunächst wird man schon ziemlich unzart rausgerissen aus der alten Welt. Deine Freunde fragen sich: Warum? Kriegt? Die? Ein? Kind? Oder sie fragen sich das nicht, interessieren sich aber eben auch nicht sonderlich für schwangerschaftsbedingtes Sodbrennen und 125 Zentimeter umfassende Bauchumfänge. Ist ihnen ja auch nicht übel zu nehmen. Nur: Du MUSST ja mit irgendwem über deine aktuelle Lage sprechen können! Ich gehörte immer zu denen, die gedacht haben: Bloß nicht meine Freunde mit zu vielen Schwangerschaftsthemen belästigen. Aber was, wenn einem eben irgendwann NICHTS anderes mehr durch den Kopf geht als die Wahl der Entbindungsklinik und der Sex mit fettem Bauch, in dem das Baby gerade aktiv ist? Auch in dem Bestseller ›Kinderkacke‹ wird das Thema angesprochen. Thomas schreibt:

›Ich wollte endlich mal wieder neue Leute kennenlernen – also hab ich halt welche gezeugt.‹ Das sage ich manchmal, wenn Bekannte mich fragen, ob die Kinder gewollt waren und warum denn bloß. Meistens haben sie dann erst eine Weile an dem Satz zu knabbern und lassen mich in Ruhe. Aber ehrlich gesagt, bin ich selbst mit meiner Umstellung noch lange nicht fertig. Neue Leute da, alte Leute weg.«

Mit so einem Satz versucht Thomas seinen Kumpels natürlich zu zeigen, dass er der Alte geblieben ist. Ist er aber nicht! Und das merken die natürlich auch. Darum stimmt leider der abgelutschte Satz: Durch Kinder kommen neue Freunde hinzu, viele alte bleiben dafür auf der Strecke. Die wirklich wahren Freunde, die bleiben natürlich, mach dir da mal keine Sorgen, aber sie werden eben eine Zeit lang eher zu so einer Art Bildschirmschoner in deinem Leben. Immer wenn das Kind grad mal schläft und du in den Ruhemodus schaltest, flackern die alten Gesichter und Geschichten über deinen Bildschirm.

Für eine bessere Einschätzung deines postnatalen Freundeskreises teile ich die Freunde – alte wie neue – einmal in drei verschiedene Kategorien:

Freunde, die (noch) keine Kinder haben
Freunde, die keine Kinder haben, haben oft besonders genaue Vorstellungen von der Erziehung ihrer eigenen Kinder. »Also wenn ich mal Kinder habe ...«, höre ich sie sagen, »dann dürfen die aber nur englischsprachige DVDs gucken, wegen der Bildung«. Was soll ich dazu sagen? Ich hatte mir das auch alles anders vorgestellt. In der Schwangerschaft mit meinem ersten Kind dachte ich, alles bleibe beim Alten, außer dass da noch so eine kleine Grinsebacke neben mir liegt und mich anstrahlt. Als ich dann im Alter von zarten 24 Jahren ein kleines Mädchen zur Welt brachte, wollte das aber einfach nicht grinsen. Nicht immer jedenfalls. Von 18 Uhr bis 0 Uhr war bei uns Gebrüll. Das ist eine Bewährungsprobe für eine Freundschaft, wenn beim Telefonieren permanentes Background-Gebrüll deine Frontfrau-Stimme übertönt!

Dazu kam, dass die da draußen alle weiterlebten, während ich mit meinem Baby in der Bude saß und nichts anderes erlebte außer Schuckeln, Stillen, Bäuerchen, Wickeln und dann wieder von vorne. Doch dann lächelte mein Rotgesicht irgendwann! Und was war schon eine Party, von der mir meine Freundin Jenny erzählte, wenn ich doch von einem Baby angelächelt worden war. Von meinem Baby! Zwischen Jenny und mir fehlten die gemeinsamen Erlebnisse. Immer mehr erzählten wir von der Vergangenheit, von unserer gemeinsamen Vergangenheit und wie sich doch alles verändert hatte. Ich gab mir Mühe, nicht zu viel von meinem Baby zu erzählen, aber ich erlebte ja nichts anderes! Das war anstrengend und ich merkte: Ich brauche neben meinen alten Freunden auch noch Leute, die sich für das Nichtdurchschlafen meines Kindes in der Nacht interessieren! Die nachvollziehen können, was ich gerade erlebe – die unbeschreiblichen Gefühle in alle Richtungen, von Verzweiflung bis Glückseligkeit. Ich machte mir also Mut: Ich ging zu Babykursen, um Mütter kennenzulernen. Ich vergaß meine Freundschaften nicht, ich legte sie nur kurz zur Ruhe. Denn ich wusste: Wenn meine Freundinnen selbst mal Mutter werden sollten, dann würde alles wieder gut werden. Oder?

Freunde, die schon Kinder haben und dadurch irgendwie merkwürdig werden
Wenn meine Freundinnen selbst mal Mutter werden sollten, dann würde alles wieder gut werden. Dachte ich. Genauso wie ich dachte, dass es Menschen-Mutationen nur in Soaps auf RTL 2 gibt, also Menschen, die sich plötzlich von Grund auf verändern. Und dann wird die rockigste Braut aus deinem Freundeskreis das spießigste Huhn auf dem Planeten. Hatten wir damals noch interne Mottopartys veranstaltet (z.B. zum Thema: Heute Nacht bleibe ich so lang, bis ich einen Kerl aufgegabelt habe), so rannte ebenjene Freundin mit der Geburt ihres ersten Kindes plötzlich sonntags in die Kirche, kaufte sich ein völlig überteuertes Townhouse in der Stadt mit Garten in Handtuchgröße, einen Hund dazu, und im Yogakurs lernte sie dann noch, dass die Welt gut ist und wir uns alle immer total lieb haben sollten. Da wünscht man sich eine Star-Trek-Zeitmaschine her, die einem die alte Freundin wiederherstellt. Natürlich ist das ein Extrem-

fall und mit vielen meiner alten Freundinnen, die mittlerweile Mutter geworden sind, klappt es hervorragend.

Wobei sich die Freundschaft natürlich verändert, denn nicht mehr du als Freundin bist die Nummer eins, sondern zunächst einmal das jeweils eigene Kind. Und dann gibt es ja meistens auch noch einen Partner dazu! Das Freundessprüchlein »Ich bin immer für dich da« bekommt eine neue Bedeutung, wenn erst mal Kinder im Spiel sind. Denn wenn sich das Kind grad mit Blähungen quält und dein Kerl Ärger mit dem Vorgesetzten hat und du nur zwischen ca. 3 und 5 Uhr nachts Zeit für dich hast und in ebenjenem Moment deine Freundin mit Liebeskummer anruft, tja, dann musst du ganz schön die Zähne zusammenbeißen, um dein Versprechen zu halten. Freundschaften verändern sich also. Manche werden durch die Mutterschaft enger, andere lösen sich auf, neue kommen hinzu.

Meine Freunde mussten sich mit mir wirklich arg umstellen nach der Geburt des ersten Kindes. Am besten verstehe ich mich mit denen, die am weitesten weg wohnen und die dadurch meinen Wandel nicht allzu arg mitbekommen haben. Da kann ich mal telefonieren mit ihnen und alles scheint gut. Wer allerdings in der Nachbarschaft wohnt und mit mir früher kästenweise Reissdorf Kölsch geleert hat, der ist natürlich jetzt überfordert, wenn ich statt Bier selbst gebackene Kekse serviere, »weil die Kleinen die so gern essen«, und dann permanent aufspringe, weil entweder jemand in die Windel gekackt oder die Steckdose als Spielzeug entdeckt hat. Ich kann Freunde verstehen, die darauf keinen Bock haben. Trotzdem brauchen wir Mütter unsere alten Buddies. Ruft also einfach mal ab und zu an, ihr Lieben.

Freunde, die für dich durchaus infrage kommen – die aber leider doofe Kinder haben

Ich mag ja Kinder, die sich vor Wut auf dem Boden wälzen. Ich finde solche Anfälle Zeichen von großem Ehrgeiz. Meine Tochter schaffte es sogar, sich in Ohnmacht zu schreien, wenn sie ihren Willen nicht bekam. Ich bin also wütende Polterkinder gewöhnt, die zwar anstrengend, aber dafür sehr selbstbewusst sind. Das sind nicht alle. Diese »O-bist-du-gefallen-du-das-tut-jetzt-sichertotal-weh«-Mütter, deren Kinder dann auch tatsächlich beim kleinsten Mückenstich weinen ... die sind eben anders. Die verkriechen sich dann auch mal gern hinter Mamas Taille, bis der Gast wieder nach Hause gegangen ist.

Macht ja auch nichts. Problematisch für mich wird es erst, wenn die dann sagen: »Mama, ich hab Angst vor den anderen Kindern.« Die anderen Kinder, das sind meine. Die Mutter wird sich also zweimal überlegen, ob sie mich mit meiner wild gewordenen Horde noch mal einlädt. Ich kann das verstehen. Ich kenne auch Exemplare, die mir unsympathisch sind. Die 24 Stunden am Tag Extrawünsche haben. Und diese auch noch erfüllt bekommen! Denen nichts recht ist und die damit das Leben der Mutter so stark einschränken, dass sie am Ende nur noch als Befehligte ihres Kindes durch die Wohnung huscht, um ja nichts falsch zu machen.

Wenn man dann aber jemanden gefunden hat, beim PEKiP, bei der Rückbildungsgymnastik oder auf dem Spielplatz, den man halbwegs sympathisch findet und der auch noch – Glücksfall – ein Kind etwa im Alter eines deiner Kinder hat, dann kann man sich glücklich schätzen. Man unterhält sich über fluoreszierende Schnuller und Dammnähte, über Windelinhalte und Kerle. Die Kinder sind ja bis zu ihrem ersten Geburtstag noch zu klein, um dazwischenzufunken. Ab dann kann man Glück haben: man versteht sich weiter und die Kinder auch. Oder eben nicht. Denn wenn dein Kind den Tag im Sandkasten verbringen will und die Kleine deiner Freundin aber schon beim Anblick von Sand »Iiih baah« ruft, dann ist das schwierig. Ich hatte so eine Freundin, mit der zu Beginn alles ganz toll klappte. Und dann fingen wir irgendwann an, uns immer mehr zu bemitleiden. Sie zu mir: »Was? Du brauchst zwei Stunden fürs Ins-Bett-Bringen? Du Arme!« Ich zu ihr: »Deine Tochter kann noch nicht laufen und will mit anderthalb immer noch getragen werden? Dein armer Rücken.« Natürlich würden solche Dinge einer echten Freundschaft nichts anhaben. Aber mit echten Freundschaften ist es in einer solchen wahnsinnig neuen Lebenssituation so eine Sache. Annette würde ich nicht als echte Busenfreundin bezeichnen, eher als Lebensabschnittsgefährtin. Und der Abschnitt ist mittlerweile vorbei. Meinen vierjährigen Söhnen kann ich noch Freunde vorsetzen, wenn ich deren Mütter nett finde. Meine Tochter mit ihren bereits sechs Jahren auf dem Buckel sucht sich ihre Freunde nur noch selbst aus. Und so darf ich den ein oder anderen Nachmittag in Wohnzimmern von Menschen verbringen, die ich vor meinen Schwangerschaften nicht einmal mit der linken Pobacke angeschaut hätte. Man wird toleranter durch Kinder. Durchaus. Aber der Geschmack meiner Tochter wird auch immer besser. Und so sitze ich jetzt auch immer öfter bei wirklich netten Menschen herum. Oder die bei mir. Neue Freundschaften entstehen. Echte Freundschaften. Mütterfreundschaften. Und dann kommt das Töchterchen um die Ecke, Hand in Hand mit ihrem Freund Jonathan, und sagt: »Wir wollen heiraten.« Und seine Mutter und ich schauen uns an, sehen uns schon in kitschiger Großmutterstola auf der Hochzeit unserer Kinder sitzen und essen die selbst gebackenen Kekse zum Latte Macchiato, denken ans vollwertige Abendessen und an unsere Freunde aus der Vor-Kinderzeit. Wir sollten dringend mal wieder feiern gehen. Vielleicht alle zusammen?!

22.

Vom Weltenbummler zum Weichei – Neun Monate zwischen Vorfreude und Panik

Liebe Lisa,
um das gleich mal klarzustellen: Ich leide nicht gerade unter einem ausgeprägten Helfersyndrom, klebe keine dämlichen Sprüche-Sticker oder Schweinchen-Postkarten an meinen Laptop, gehe nie in den Zoo und habe meinen Kollegen in der Redaktion nie, wirklich noch nie selbst gebackenen Kuchen in Tupperdosen mitgebracht ... Du siehst, meine Fürsorge gegenüber meinen Mitmenschen oder mein Mitteilungsbedürfnis über meine Gefühle

hielten sich bis jetzt stark in Grenzen. Im Gegenteil: Ich bin eigentlich immer ein Freigeist gewesen, der alle paar Monate alles hinter sich gelassen hat, um mit einem Rucksack die Welt zu erkunden. Wagemutig und meistens alleine. In Indien bin ich in einen Brunnen gefallen, die Narbe zieht sich bis heute über mein rechtes Schienbein. In China habe ich illegal mit Kormoranen (großen Schwimmvögeln) gefischt. In Tadschikistan hätte mich eine böse Virusinfektion dank verdorbenem Salat und dreckigem Trinkwasser fast das Leben gekostet. Ich war eine unverwüstliche Abenteurerin, eine unverwundbare Actionheldin. Was ich damit eigentlich sagen will, ist, dass es eine Zeit gab, gar nicht so lange her, in der mir nichts und niemand Angst machen, geschweige denn mich zum Heulen bringen konnte.

Diese Zeit endete ziemlich abrupt mit dem fünften Monat meiner Schwangerschaft. Es fing an mit meiner fiesen Blasenentzündung, ging weiter mit Leistenziehen und einer ziemlich ätzenden Zahnwurzelbehandlung im sechsten Monat und machte mich im siebten Monat dank einer Sinusitis (eine fiese Kieferhöhlenentzündung – ich kannte das Wort vorher auch nicht!) zu dem, was ich heute bin: eine hypochondrische, schnell gereizte Heulsuse, die ohne Wollsocken, Halstuch und meterlangen Schwangerschaftskissenrolle nicht mehr zu Bett geht. Vor einem Jahr habe ich noch die Welt erobert, bin mit einem angebrochenen Zeh acht Wochen mit dem Rucksack durch Indien gereist und habe mich nicht um die Schmerzen geschert. Heute rufe ich bei der Gift-Hotline an, weil mir beim Fußnagellackieren Nagellackentferner in eine winzig aufgerissene Hautstelle gespritzt ist. Warum werde ich plötzlich zum Hypochonder? Zur Veranschaulichung hier ein typischer Tagesverlauf in meinem neuen Leben, der Beweis, dass ich mit meiner Selbstbeobachtung nicht übertreibe:

Jeden Morgen öffne ich meine Augen und mache den Senioren-Stresstest. Wie fühle ich mich? Was tut mir denn heute weh? Dabei zählen ein Krampf in der Wade, ein tränendes Auge, eine verstopfte Nase oder ein zerrungsähnlicher Schmerz noch zu den Toll-dann-kann-ich-ja-aufspringen-und-arbeiten-gehen-Beschwerden.

Richtig ernst wird es erst, wenn ich mich mit meinem riesigen

Kugelbauch aus dem Bett gerollt habe und zum Duschen bereit im Bad stehe. Da! Ein fieser Schmerz im Rücken! Warum brennt es beim Wasserlassen? Und was machen die fünf schmerzhaften Pickel auf meiner sonst pfirsichzarten Haut? Mein Zahnfleisch schmerzt und im Bauch zieht es. Ich habe Kopfweh? Ist das nicht ein sicheres Anzeichen für eine Schwangerschaftsvergiftung?

Also, los geht's mit dem Wellness-Programm! Bis ich 30 Minuten später die Wohnung verlasse, werde ich meine Zähne mit Myrrhe-Zahnpasta geputzt, dreimal mit Minze gegurgelt, meinen Bauch dreimal mit Öl und mich mit Lavendelcreme zur Beruhigung eingerieben haben. Dann kommt mein Pillenfrühstück, das selbst einem erfahrenen Altenpfleger auf einer Intensivstation Angst machen dürfte. Ich nehme zweimal Schwangerschaftsvitamine mit Folsäure, Jod und Vitamin B12, zweimal Magnesium, eine Cranberry-Kapsel zur Prävention von Harnwegserkrankungen, einmal Eisen und eine von diesen lustigen bunten Multivitamin-Tabletten – damit die Sinusitis nicht wiederkommt. Damit schaffe ich es sorgenfrei bis zur Arbeit. Bis zur nächsten großen Hürde des Tages: Frühstücken und Mittagessen. Belegte Brötchen beim Bäcker: Wer sagt mir, dass die Brötchenverkäuferin ihre Wurstfinger gewaschen hat und ich und das Baby nicht die Pest kriegen! Salat zu Mittag: viel zu riskant wegen der ständigen Toxoplasmose-Gefahr. Äpfel, Nektarinen, Erdbeeren: dasselbe Problem. Frischkäse, Lachssandwich, Nudelsalate: schon mal was von Listeriose gehört? Also esse ich auf Nummer Sicher wie Ringo Starr, der sich, als er in den Siebzigern mit den Beatles nach Indien zog, drei Monate lang ausschließlich von Konserven ernährte. Selbst geschmierte Käsebrötchen, Suppen und Nudelgerichte. Bundeswehrnahrung.

Abends dann haben sich meine Beschäftigungsmöglichkeiten auf Null reduziert. In die Kneipe? Bloß nicht, wegen der Passivrauchgefahr! Und die ist angeblich nicht ohne. So haben kanadische Wissenschaftler herausgefunden, dass selbst eine geringe Nikotinbelastung des heranwachsenden Kindes in der Gebärmutter dazu führen kann, dass die Reaktionsfähigkeit des Säuglings auf Sauerstoffmangel erheblich beeinträchtigt wird.

Alkohol und Kippen sind ohnehin tabu. Laute Musik? Besser nicht. Erhöht nur Babys Herzschlag. Dass all diese Entsagungen nicht gerade dazu beitragen, meine Laune zu heben, erklärt sich von selbst.

Und gestern Abend war es dann mal wieder so weit. Die schwangere Heulsuse verdrückt an der Supermarktkasse fast eine Träne, weil sie, verdammte Schwangerschaftsdemenz sei Dank, ihre EC-Karte vergessen hat und ihre Schokosahne-Desserts nicht bezahlen kann. Mein Freund? Nicht da. Muss länger arbeiten. Endlich ein echter Grund loszuheulen. Als er später nach Hause kommt, sitze ich in Wollsocken auf der Couch und schaue einen Kitschfilm. »Es sind die Hormone«, sage ich zu ihm mit großen tränengefüllten Bambi-Augen. »Das ist ganz normal«, antwortet er – ohne zu ahnen, dass sein Mitgefühl eine Steilvorlage für meine nächste Heulattacke wird. Und so geht es noch eine ganze Weile, bis sein ganzes T-Shirt nass geheult, voller Wimpertusche ist und ich schon fast wieder über mich selbst lachen muss. Aber jetzt mal ehrlich: Was mache ich bloß falsch? Oder warst du genauso? Wie kann denn aus einer Weltenbummlerin innerhalb weniger Wochen so eine Waschlappen-Tussi werden? Wie kommt es, dass ich die Stadt nicht mehr verlasse, weil ich mich nicht mehr als fünf Kilometer von der Frauenarzt-, HNO- und Zahnarztpraxis meines Vertrauens befinden möchte? Und das Wichtigste: Wann werde ich meine Superfraukräfte endlich zurückbekommen? Werde ich doch, oder? Ein bisschen Mitgefühl jetzt bitte!

Liebe Caro,
ich habe mich damals in der Schwangerschaft gefragt: Was soll sich nach der Geburt ändern? Meine Wohnung bleibt die Gleiche, mein Mann bleibt der Gleiche, mein Auto auch. Aber: das ist nicht so.

Nach kurzer Zeit wird dein Auto nach gegorener Milchkotze stinken, dein Mann kriegt graue Haare vor lauter Schlafmangel, eure Gespräche drehen sich nicht mehr um interessante Filme oder berufliche Erlebnisse, sondern um Windelinhalte (Vorsicht

Klischee!), und deine Wohnung liegt voller süßrosa und hellblauer Plüschdecken – manchmal, wenn die PEKiP-Gruppe zum Tee vorbeikommt, sogar voller nackter Babys.

Weit weg sind dann die Fernreisen deiner Vergangenheit. Und plötzlich kommt da dieses mulmige Gefühl: Werd ich so was jemals wieder machen können? Die Antwort ist: Ja! Dein Kind diktiert dir nicht die Welt, du hast immer noch die Macht, Prioritäten zu setzen, lass dir da mal nichts einreden. Trotzdem ist es natürlich eine Herausforderung, mit Kind zu reisen.

Urlaub bedeutet dann nicht mehr Strandliegen, sondern: Verlagerung des Arbeitsplatzes an einen anderen (hoffentlich schöneren) Ort. Was du in deiner Frage beschreibst, das sind schon alles Vorboten für das, was dich erwartet, wenn dein Baby erst auf der Welt ist. Nimm deine Sorgen ruhig ernst, erhöhte Achtsamkeit ist gut! Vor allem, solange du noch in einer großen Stadt wohnst, in der auf den Spielplätzen Glasscherben, Spritzenreste und Kippen in den Mund deines Kindes wandern, weil es doch so spannend ist, wie sich das alles so anfühlt auf der Mundschleimhaut. Du wirst dir wünschen, es hätte nur Nagellackentferner-Spritzer abbekommen, wenn du irgendwann die Windel öffnest und zwischen frisch verdautem Pastinakenbrei ganze Zeitungsstücke findest, die dein Kind beim Frühstück offenbar verköstigt hat. Dann wirst du merken: Wow, mein Kind überlebt so was! Lecker Druckerschwärze! Genieß deinen erhöhten Adrenalinspiegel, statt dich über ihn zu ärgern. Er sorgt nicht nur dafür, dass du dein Kind vor Gefahren schützt. Er verbrennt auch Kalorien! Schlank und ängstlich, das ist doch viel besser als fett und gleichgültig.

Aber zu den ernsten Themen: den Superfraukräften zum Beispiel. Ich meine: Du baust da grade ein Kind in dir! Dein Körper hat es fertiggebracht, Knochen herzustellen. Und Augen! Und ein schlagendes Herz, ein funktionierendes, in sich schlüssiges Ökosystem! Wieso soll man da nicht mal müde sein, du stehst doch damit quasi über allem. Du gehst ja zudem noch Vollzeit arbeiten! Und schreibst ein Buch! Was davon bitteschön ist nicht superheldenhaft? Und deine Angst und das Heulen: mei ja, die Hormone. Die werden dich auch noch durch die Stillzeit begleiten und danach wirst du sie vermissen, ich sag's dir. Dieses permanente Sich-auf-Drogen-Fühlen. Diese völlig neuen Dimensionen von Gefühlen. Dieses Keine-Periode-Bekommen – auch ganz schön übrigens, dieses lästige Monatsbluten mal los zu sein. Du siehst: Deine Schwangerschaft hat auch wahnsinnig positive Effekte. Und wenn du dich waschlappenmäßig fühlst, dann schalt halt einen Gang zurück. Setz dich nicht unter Druck, dauernd in Kneipen rumhängen zu müssen oder auf ach so wichtigen Events. Setz dich auf die Couch und heul. Tut doch gut. Dann liest du noch Vicky Iovines Buch ›Beim ersten Kind gibt's tausend Fragen‹. Darin steht zum Beispiel:

Die Verdauungsprozesse einer schwangeren Frau werden durch die Schwangerschaftshormone stark verlangsamt. Die Natur möchte damit sicherstellen, dass auch das letzte Vitamin und Mineral aus jedem Bissen, den du je zu dir genommen hast, herausgeholt wird, und belässt daher die Nahrung länger als sonst in deinem Darm. Was das bedeutet, kann auf zwei Worte reduziert werden: rülpsen und furzen. Du wirst es vielleicht nicht gerne zugeben, aber wenn man eine Umfrage unter den Männern der Schwangeren startet, sind diese einstimmig über die Menge an verfügbaren Gasen erstaunt.

Schluck' also dann deine Tränen runter und lach' mal laut. Rülps' und furz' von mir aus auch, jedem das seine. Hauptsache, dir geht's danach besser. Dann machst du dir auch noch einen Termin bei einer Schwangerschaftsmassage, beim Friseur oder wo sonst du dich wohlfühlst und du wirst merken: Nicht nur deine ganzen Zipperlein gehen weg – nein, du fühlst dich auch wieder frischer, hast bessere Ausstrahlung, die Leute lächeln dich an und alles ist wieder in Butter. Und apropos Butter: Was deine Essensphobien angeht, also die Angst vor Krankheiten und all solch bösen Sachen: das mit der Rohmilchgefahr war mir gar nicht bewusst. Ich habe kein rohes Fleisch und kein Sushi gegessen. Da ich es aber eh für enorm widerlich halte, rohen Fisch zu essen, fiel mir das nicht sonderlich schwer.

Passivrauchen konnte ich auch nicht aushalten. Allein schon der Geruch! Zum Kotzen. Und was die Abenteuerlust angeht: einmal Abenteurerin immer Abenteurerin. Wirklich jetzt. Vielleicht fährst du in den ersten Jahren nach der Geburt nicht grad nach Tadschikistan. Aber selbst Norderney kann zu einem Erlebnisurlaub werden, wenn du ein Kind dabei hast. Kein Witz! Ist halt anders als vorher. Aber das merkst du ja schon jetzt. Das Leben ändert sich eben nicht erst nach der Geburt.

Sondern schon davor.

23.

Armer Kerl – Was Mann alles mitmachen muss

Liebe Lisa,
mittlerweile bin ich in der 33. Schwangerschaftswoche – und so langsam mache ich mir Sorgen. Nicht um das Baby oder um mich, sondern um meinen Kerl. Warum?

Tja, Lisa, man muss in einer Beziehung auch die kleinen Zeichen deuten können. Oder auch jene, die mit 55 Zoll doppelt so breit sind wie die Haustür. So groß ist der neue Plasmafernseher mit Internetanschluss, den sich mein geliebter Geek-Gatte noch kurz vor der Entbindung genehmigt hat und an dem er jetzt nach Feierabend Tag und Nacht rumschraubt.

Also, um das mal festzuhalten: Viel größer könnten ein Kompensationsobjekt und der Wink mit dem Zaunpfahl wirklich nicht sein!

Seitdem habe ich hormongesteuerte, bauchbesessene Diva, die auf ihrem Berg Kinderriegel, Kamillentee und Schwangerschaftslektüre thront, zum ersten Mal wieder innegehalten und realisiert, was auf der Betthälfte neben mir wohl gerade für ein Film abgeht.

Traumfrau hin oder her – der Typ ist ganz einfach völlig traumatisiert!

Ich meine, sehen wir uns doch mal die letzten Wochen und Monate im Rückblick an.

Da bin ich, die Eroberung seines letzten Sommers mit Apfel-titten und Mini-Arsch zum Blümchenkleid, die sich plötzlich vor seiner Nase ohne Alkoholeinfluss kopfüber vor Übelkeit in seine Kloschüssel entleert. Mit Sekt und Blümchen kann er die Süße auch nicht mehr zum Sex auf seiner Balkonliege überreden, denn ihr ist nur noch schlecht. Und wenn ihr nicht schlecht ist, dann schläft sie. Oder beklagt sich. Und davon wird sie müde.

Beim gemeinsamen Frauenarztbesuch (wohlgemerkt um halb 8 Uhr morgens!) erfährt er dann ungewollt die vielen möglichen Gründe für ihre Übelkeit und andere Wehwehchen.

»Meinen Sie, das ist eine Pilzinfektion, das Zwicken am Ute-rus?«, höre ich mich vom Gyn-Stuhl aus ganz selbstverständlich fragen.

»Da müssen wir erst einen bakteriellen Abstrich machen«, be-findet der Doc.

Im Nachhinein betrachtet: Spätestens jetzt wäre mir die Lust auf Vögeln und Frühstück als Kerl auch vergangen. Reumütig muss ich auch feststellen, dass es wahrscheinlich völlig über-flüssig war, ihn über die Metamorphose meines Busens zu in-formieren.

»Guck mal, wenn ich auf die Brustwarze drücke, kommt da Flüssigkeit raus«, rief ich ihm neulich in kleinkindlicher Begeis-terung in die Dusche zu.

»Ich will's nicht sehen«, brüllte er zurück.

Später beim Abendessen gestand er dann wenig überraschend, dass er »diese ganze Milchsache echt verstörend« findet. Auch, dass er im Moment keine Lust hat, das Baby mitzuvögeln, auch wenn das ja gar nicht stimmt. Und überhaupt, so erklärte er wei-ter, wäre es wohl ziemlich schwierig mit dem Vögeln, weil das Stillkissen im Bett mittlerweile wie die Berliner Mauer zwischen uns liege.

Eine gute Aussprache von Partner zu Partner könntest du jetzt sagen, Lisa.

Wären da nicht diese tollen Schwangerschaftshormone, die in dem Moment, in dem er das alles aussprach, bewirkten, dass sich meine Augen mit Tränen füllten und aus meinem Mund der Satz »Dann geh doch in den Puff, du Arschloch!« herauskam.

Türen knallen, aufs Bett werfen und endgültig losheulen, später wieder schmollend M&Ms aus Frust mampfen, Kitschfilme gucken und um halb elf einschlafen – so lief der weitere Abend in Kurzform.

Ich im Schlafzimmer vorm Fernseher, er bei seinem neuen Darling, der Entertainment-Anlage mit 55-Zoll-Bildschirm.

So ist das.

Im Moment bei uns.

Leider.

Und weißt du was, Lisa. Mein Freund ist kein Arschloch. Wirklich nicht. Im Gegenteil. Er ist ein lieber, sanfter Bald-Papa mit einer Frustrationstoleranz, so groß wie der Berg Sprühsahne, den ich jeden Tag löffele.

Und ich bin nur ein schwangeres, hormongesteuertes, ehrlich leidendes Ex-Working-Girl in seiner Sinnkrise, das alles an ihrem Kerl auslässt.

Und deshalb frage ich mich nun mal: Wie sehr leiden unsere Männer wirklich?

Liebe Caro,

»Die man wohl Mutter heißt, ist des Gezeugten Zeugerin nicht, ist Amme nur des frisch gesetzten Keims. Es zeugt, der sie befruchtet; sie hütet Anvertrautes nur, dem Gut des Gastfreunds gleich ...« (Rede des Apollon in der ›Orestie‹ des Aischylos; 525 bis 456 v. Chr.)

Wie findest du dieses Zitat? Der Mutterleib als gastfreundliche Hütte! Der Vater als der einzig wahre Erzeuger des Kindes. Meinst du, früher war also wirklich alles besser für die Männer? Damals, als sie noch wertgeschätzt wurden als die alleinigen Schöpfer unserer Kinder? Schwierig zu sagen. Aber leicht haben es unsere Kerle heute jedenfalls nicht, wenn sie Vater werden.

Allein schon das Wort »Wickelvolontariat«, das sie sich gefallen lassen müssen, wenn sie Elternzeit nehmen. Es gibt doch auch Frauen, die noch nie ein Kind gewickelt haben, bevor ihr erstes eigenes zur Welt kam. Mich zum Beispiel. Ein Volontariat musste ich dafür trotzdem nicht machen.

Vor der Geburt empfiehlt die Hebamme dem Mann dann tatsächlich, dass er sich eine Badehose mit zur Entbindung nehmen soll – damit er mit in die Geburtswanne steigen kann. Hatten wir nicht gerade noch gelernt, dass sich einige Frauen bei Muttermundöffnung übergeben müssen? Und gehen da nicht literweise Fruchtwasser und Schleimpfröpfe in das Wasser ab?

Und dann soll er noch die Nabelschnur durchschneiden. Das soll sich ja anfühlen, als schneide er einen Gartenschlauch durch. Das erzählten mir zwei Väter unabhängig voneinander. Da frag ich mich dann aber doch, was die in ihrer Freizeit machen, wenn sie wissen, wie es sich anfühlt, wenn man einen Gartenschlauch durchschneidet ...

Nach der Geburt müssen die armen Männer sich dann zwei Dolly-Buster-Brüste um die Ohren schlagen lassen, die aber leider nicht mehr ihnen, sondern dem Baby gehören, was sie auch deutlich an dem bereits funktionierenden Milchzapfhahn namens Brustwarze erkennen können. Zum Frauenarzt werden sie auch wie selbstverständlich mitgezerrt, allein dieser Hard-Core-Gynäkologenstuhl führt ja im männlichen Gehirn wahrscheinlich schon zu einer bizarren Reaktion, die nach der Delete-Taste schreit. Besonders taktvoll dann, den Mann bereits zur Sonografie in der zehnten Schwangerschaftswoche mitzunehmen, wo das Ultraschallgerät noch aussieht wie ein Riesendildo. Wer da keinen Schnaps dabei hat ... und wer hat das schon?

Zum Showdown kommt es dann im Geburtsvorbereitungskurs, wenn es um Dammmassagen geht, die »auch der Mann auf erotische Weise an der Vagina der Partnerin durchführen kann«. Fehlt nur noch, dass uns die Sitznachbarin auf ihrer Isomatte ihr angebrochenes Dammmassage-Öl-Fläschchen zum Üben mit nach Hause gibt! Da sitzt er dann, unser Mann, und soll der Frau die Barriere zwischen Po und Scheide massieren, damit die bei der Geburt nicht blutend zerfleddert! Der Arme! Statt Dämme zu massieren, würde er sicherlich lieber welche bauen – und zwar zwischen sich und dieser merkwürdigen Welt der Schwangerschaft. Oder? Ist es die Bewegung der Gleichberechtigung, die Männer freiwillig an all diesen Dingen teilhaben lässt? Oder ist es gar kulturwissenschaftlich bedingt?

Übermittelt ist jedenfalls das Phänomen der »Couvade«. Dieses aus dem Französischen stammende Wort beschreibt das Männerkindbett, »eine im nördlichen und mittleren Südamerika, in Ozeanien, Südostasien, Südindien und Südwesteuropa vorkommende Sitte, bei der der Ehemann bei der Geburt seines Kindes entweder das Verhalten der Gebärenden/Wöchnerin zur Schau trägt oder sich magischen und rituellen Vorschriften im Interesse des Kindes unterwirft, während die Frau meist gleich nach der Geburt ihren alltäglichen Verrichtungen nachgeht« (Gisela Völger in: ›Sie und Er: Frauenmacht und Männerherrschaft im Kulturvergleich‹). Oft bleiben die Männer dabei wochenlang im Bett liegen und empfangen die Glückwünsche zur Geburt. Damit versuchen sie, nachzuvollziehen, was ihnen die Natur versagt – das Wochenbett.

Leiden unsere Männer heutzutage also bewusst mit, um den Schmerz der Geburt zu teilen, dem Ereignis der Schöpfung so nah wie möglich zu kommen, um ihre Macht zu stärken, wenn sie schon selbst nicht gebären können?

Die Kulturwissenschaft geht mit ihrer Forschung nach dem männlichen Gebärneid genau dieser Vermutung auf den Grund. »Kaum etwas anderes prägt die Geschlechterbeziehungen nachhaltiger als die kulturelle Nachahmung des natürlichen Geburtsvorgangs durch Männer«, schreibt Gisela Völger. Und weiter: »Männer scheinen nahezu universell das Kind, das die Frau zur Welt bringt, als unvollständig anzusehen. Erst wenn sie es nachgeburtlich behandeln, etwa durch Beschneidung, Taufe, [...], wird das unfertige Wesen durch die sogenannte soziale Geburt durch Männer vollendet und ein vollgültiger Mensch.«

Soziale Geburt? Klar, die Männer stellten über die Jahrhunderte fest, dass sie eigentlich nicht mehr können als die Frauen. Dass diese sogar noch den exklusiven Trumpf der Geburt aus der Tasche ziehen konnten. Dadurch sahen sie ihre Herrschaft in Gefahr und begannen, Frauen zur Unterwerfung zu zwingen. Durch Mythen, Riten, Aberglaube.

Und schauen wir mal in unsere Geschichte, immer wieder finden sich da männliche Geburten. So entstand Eva bereits aus der Rippe von Adam. Auch Athene hatte einen Mann zur Mutter – sie wurde aus dem Kopf des Zeus geboren. Und scheinbar reicht der männliche Geburtsgedanke bis in die Jetztzeit hinein.

Erinner dich mal an das Klon-Schaf Dolly. Dolly war das erste Säugetier weltweit, das erfolgreich geklont werden konnte. Und von wem wurde es erschaffen? Von einem Mann! Dollys »geistiger Vater« (Wikipedia) war der Zellbiologe Keith Campbell. Auch Dollys Mutter war also ein Mann.

Ist es also einzig unsere weibliche, kulturhistorische Rache für den historischen Zwang zur Unterwerfung, dass wir unsere Männer mit in den Kreißsaal zerren, um sie an unseren Qualen teilhaben zu lassen? Eine feine theoretische These, wobei es in der Praxis wahrscheinlich viel simpler ist: Wir möchten einfach jemanden haben, der uns am Ende sagt, dass wir gut waren. Das müssen wir ihm schließlich auch oft genug bestätigen.

Anderswo ist's anders

»Bei den mexikanischen Huichol-Indianern nimmt der Vater auf dem Dach der Geburtshütte Platz, um seine Hoden eine Schnur gewickelt, die die Gebärende in der Hütte unter ihm in der Hand hält. Kommt eine Wehe, zieht sie kräftig – ein Höllentrip mit erlösendem Ende für beide.«   (Zitat aus der Zeitschrift ›Nido‹)

24.
Mein Haus, mein Kind, mein Wohnmobil?
Von der Angst vor'm Spießertum

Ach Lisa,

was habe ich nicht jahrelang über sie alle gelacht. Über die zickige Ex von meinem Freund, wie sie auf einem Urlaubsfoto im Neckermann-Bikini an einem Strohhalm aus einer Kokosnuss trinkt. Über die stillende Mutti neben mir auf der Parkbank, die sich über den herüberziehenden Qualm meiner Marlboro Lights beschwerte. Über die asexuell angezogenen Elternteile in Wachsjacken, die sonntags ihren Kindern beim Spielen zugucken, während sie selbst im Café gedeckten Apfelkuchen mit einem Berg Schlagsahne verdrücken.

Pah, dachte ich immer. Wenn wir mal Mama und Papa werden, dann bestimmt nicht solche, sondern so coole, sorglose Hippie-Eltern, die ihre Kinder im Rucksack von Bangkok huckepack bis in den Himalaja schleppen. Ohne Jack-Wolfskin-Ausrüstung. Schließlich gehören wir nicht zu den Paaren, die seit ihrem 20. Lebensjahr zusammen wohnen, einen gemeinsamen Bausparvertrag haben, Cordhosen tragen, Spieleabende veranstalten, sich beim Ortsamt wegen des Müllcontainers vor der Tür beschweren und nach einem schlechten Witz über sich selbst sagen: »Hach, ich habe da manchmal so eine sarkastische Ader.«

Nein, im Gegenteil!

Wir machen keine Pauschalurlaube, fummeln keine selbst geschmierten Leberwurststullen aus der Alufolie raus, tragen keine Snoopy-Hausschuhe, machen kein Nordic-Walking, schauen nicht Jörg Pilawa im Fernsehen, geben uns keine Spitznamen, benutzen beim Sex keine Sprühsahne aus der Dose, trennen den Müll nicht, lästern nicht über die Nachbarn, organisieren kein gemeinsames ›Tatort‹-Gucken mit Freunden als Wochenend-

Highlight und haben auch kein Wochenendhaus am See, wo wir abends am halb erloschenen Grill Gitarre spielen.

Warum nicht, fragst du. Ganz einfach: weil wir keine Spießer sind. Deshalb!

Und das soll auch gefälligst so bleiben. »Na, dann mach doch«, könntest du jetzt sagen und das Thema wäre ad acta gelegt. Nur so einfach ist es leider nicht.

Nicht mehr!

Denn mit jedem Zentimeter Bauchumfang wächst in mir auch die Gefahr, doch dem Spießertum zu unterliegen.

Was ist, wenn ich es gar nicht merke? Was, wenn ich eines Tages aufwache und spießiger geworden bin, als man es sich für ein Christine-Neubauer-Drehbuch hätte zusammenschreiben können?

Warum ich Angst habe?

Nun, zugegeben stelle ich mit Voranschreiten meiner Schwangerschaft seltsame kleine Veränderungen an mir fest.

– Ich ärgere mich über Saufproleten, die nach 23 Uhr durchs Treppenhaus laufen und meinen leichten Schwangerenschlaf stören.

– Ich treffe mich sonntags morgens um 10 Uhr öfters mal wieder zum Brunch – was sowohl mit meiner spätschwangeren Bettflucht als auch mit meinem nicht zu bändigenden Appetit zu tun hat. Alles essen von Rührei bis Lasagne für 15 Euro? Geil!

– Ich frage die Barista im Coffee-Shop drei Mal, ob das auch wirklich koffeinfreier Milchkaffee mit Halbfett-Milch ist.

– Ich sage Bar-Nächte mit alten Freunden ab, weil ich »irgendwie total platt von der Woche bin«.

– Ich trage rosa Nike-Turnschuhe, weil die so gemütlich und praktisch sind.

– Ich freue mich schon, als Mutter die Pest auf jedem Schul-Elternabend zu sein.

So viel zu mir! Und ja, ich gebe es hiermit zu: Ich bin mittlerweile auf der Kippe zur gemütlichen Bald-Mami, der die Gören mit den Skateboards auf der Straße »Spießerin« hinterherschreien könnten. Ausgerechnet ich!

Wie kann ich das noch drehen? Muss es wirklich so weit kommen, dass ich mit Baby ein mittelmäßiges, berechenbares Leben führe? Oder sind alle Eltern automatisch versteckte Spießer, weil sie für das Wohl und die Rechte ihrer Kinder einstehen?

Oder mal anders gefragt: Warum schaffen sich nach der Geburt eigentlich alle so hässliche Familienkutschen an? So richtige Krümelschleudern, die man eigentlich mehr Wohnmobil als Auto nennt? Dabei nimmt EIN Kind doch gar nicht so viel Platz weg, dass es zum Beispiel nicht mehr in einen schnittigen Ford Mustang passt?

Also, wo fangen die Selbstaufgabe und das Spießertum denn eigentlich an? Wie verhinderst du und dein Mann, dass nicht alles im kompletten Chaos versinkt, aber wiederum auch nicht zu spießig wird? Oder findest du dich selbst längst spießig?

Ruhig Blut, Caro,
mach dich mal locker. Ich kann deine Angst ja verstehen, aber mit der Vehemenz, mit der du gegen die drohenden Veränderungen in deinem Leben ankämpfst, wirkst du auf mich, wie soll ich sagen, ja, irgendwie spießig. Weißt du eigentlich, was das Wort bedeutet? Ich kopiere dir hier gern mal den Wikipedia-Eintrag zum Thema rein:

»Als **Spießbürger** oder **Spießer** werden in abwertender Weise engstirnige Personen bezeichnet, die sich durch geistige Unbeweglichkeit, ausgeprägte Konformität mit gesellschaftlichen Normen, Abneigung gegen Veränderungen der gewohnten Lebensumgebung auszeichnen.«

Gut, die »ausgeprägte Konformität mit gesellschaftlichen Normen« mag dir vielleicht noch fremd sein, aber lass dir mal den letzten Satz auf der Zunge zergehen. »Abneigung gegen Veränderung der gewohnten Lebensumgebung«. Wenn wir das mal nicht geografisch, sondern psychologisch betrachten, dann heißt das: Ich will, dass alles so bleibt, wie es jetzt ist. Und das ist genau dein Problem, Madame. Das geht nämlich nicht! Denn schon bald zieht ein neuer Kerl in deine WG ein. Und dieser Kerl ist so ungefähr der spießigste Mensch, der dir je begegnet ist. Ein richtiger Beamter, unflexibel, ordnungsliebend, der immer zur gleichen Uhrzeit essen will, der Abwechslung verabscheut, der auf Neues mit Reizüberflutungsschreien reagiert – dein Baby! Und um nicht jeden Tag zum Kampf zu machen, passt du dich als Elternteil eben an. Nicht ohne Gegenwehr natürlich. Du wirst von deinem hippen Townhouse schwärmen, statt zuzugeben, dass du jetzt ein völlig überteuertes Bonsai-Reihenhaus im Nirgendwo besitzt.

Dort oder woanders hockst du dann mit deinem kleinen Spießer. Die Arbeitskollegen arbeiten weiter, während du stillend in der Bude hängst, deine Partyfriends feiern ihre Orgien ohne dich und deine Wohnung – die wird irgendwann kindgerecht hergerichtet, deine Hanfplantage wandert nach ganz oben ins Regal und der Rest deines Hausstandes auch. Ich seh schon deinen Blick vor mir, während du das liest, die kalte Panik überkommt dich. Tut mir auch leid.

Aber jetzt ist eben erst mal Baby dran. Eine Phaaase, meine Liebe. Du scheißt auf deinen Style, wenn da grad ein echter Mensch aus deinem Bauch gekrochen ist (und vertraust blind darauf, dass in deinem Kleiderschrank ja immer noch die hippen Oberteile hängen. Ha!). Aber fürchte dich nicht: Mit Kindern ist das Leben nicht vorbei. Du legst den alten Teil deines Ichs eben nur mal kurz in die Warteschleife und kümmerst dich um den neuen.

Dein Baby wird dir jetzt erst mal zeigen, dass es da noch etwas Wichtigeres gibt als dich und deine Hipster-Gewohnheiten. Und wenn ein Wohnmobil oder Kombi dafür sorgt, dass du eben nicht mehr fluchende Stunden zum Zusammenklappen des Kinderwagens brauchst, während der Fuzzi schreit, dann kaufst du dir halt eins! Und wenn dieses dämliche Winnie-Puh-Verdeck am Fenster dafür sorgt, dass dein Baby weiterschlafen kann, obwohl die Sonne scheint, dann hängst du so ein Ding auf. Pragmatismus versus Style. Deine Prioritäten verschieben sich!

Gestern hatte ich ja Besuch von Freunden. Sie sagten: Ui, ist das die gleiche Wohnung wie vor drei Jahren, als die Zwillinge neugeboren waren?

Ja, sagte ich.

Kaum zu glauben, fanden sie.

Und das lag nicht nur daran, dass jetzt auf dem gesamten Boden Spielzeug rumlag, Bobbycar-Bremsspuren das Parkett zierten und die Wände voller Kindermatschkunstwerke hingen. Sie sagten: Lisa, du hast uns damals mit den Worten »Ich hab seit drei Wochen nicht mehr geschlafen« begrüßt und es sah aus wie im Schweinestall. Du übrigens auch.

Und ich gebe zu: Es war auch unmenschlich, wirklich. Kein Schlaf, drei schreiende Minikinder, Doppelstill-Alarm, ein berufstätiger Mann. An Make-Up oder gestylte Haare hab ich zu der Zeit nicht im Traum gedacht. Da wollte ich einfach nur die nächsten zwei Stunden des Tages überstehen.

Und wenn dann die Kinder schlafen und über dir die ganze Nacht ein frisch verliebtes Pärchen poppt, dann bist du geneigt, die Polizei anzurufen, weil du S_C_H_L_A_F_E_N willst. Spießigkeit hin oder her, da geht es ums Überleben.

Meine Freundin Frieda fragt sich ja eh, warum wir bloß alle so viel Angst vorm Spießertum haben. Ich habe ja selbst gerade einen zweiwöchigen All-inclusive-Urlaub hinter mir! Ich! Die ich mit meinem Kerl auf eigene Faust durch Nord-Uganda gereist bin, die ich eine Woche lang beim Kriegsberichterstattungstraining in Hammelburg mit schusssicherer Weste rumrannte und die sich ganz feministisch in ihrem Heimatkaff für die Gründung einer Frauenfußballmannschaft beim TuS Immekeppel eingesetzt hat. Und ich sag dir was: Es war wunderbar! Mit dem Klicken des Plastikbändchens um mein Handgelenk war ich nämlich für zwei Wochen: sorgenfrei. Die Kids wurden betreut, ich konnte lesen, ich brauchte nicht einkaufen, nicht wischen, nicht kochen, nicht aufräumen. Spießigkeit kann so schön sein! Endlich hatte ich Zeit, mal wieder zu mir zu kommen, zu kapieren, wer ich eigentlich bin oder mal war. Warteschleife ausgeschaltet. Und mal geschaut, was ich sonst noch so bin, außer Mutti. Schnell die Mosaiksteinchen meines alten und meines neuen Lebens zusammen in ein Sieb gekippt und durchgeschüttelt. Die schönsten Steine aus allen Phasen rausgesiebt und ein nettes neues Lisa-Mosaik geformt.

Und auch wenn deine Steinchen jetzt nach der Geburt erst mal durcheinandergewirbelt werden – da kommst du auch wieder hin! Und dann wirst du sehen, ob dich dein neues, gereiftes Caro-

Kunstwerk in ein Reihenmittel... äh, Townhouse ... oder zurück in dein altes, flexibles Hipsterleben führt. Tu mir nur einen Gefallen: Vergiss Christine Neubauer.

25.
Vom Dancefloor in den Kreißsaal – Darf ich im neunten Monat noch in die Disko oder fremdflirten?

Liebe Lisa,

ich war mal ein ganz wildes Ding. Ist erst ein paar Monate her. Sogar eine Art Partygirl. Ich hatte eine wöchentliche Zeitungskolumne, die hieß »Andere Leute« und beschäftigte sich mit Ruhm, Glanz und den verrückten Vögeln der Nacht. Zusammen mit meiner Fotografin und besten Freundin zog ich von Party zu Party, tanzte mir die Absätze meiner Stilettos bis acht Uhr morgens platt, badete in Konfetti und kam erst nach Hause, wenn ich mich vor Trunkenheit am Tresen festhalten musste oder mein Kerl mich über die Schulter warf und ins Bett brachte. Was für eine Zeit!

Ich fühlte mich so frei, war immer perfekt frisiert und viel zu kühl angezogen.

Tja, und heute? Heute sitze ich happy und schwanger in Frottee-Trainingshose zu Hause und bereue nichts. Vor allem dann nicht, wenn mein Baby abends Disko macht und fröhlich gegen meine Bauchdecke tritt.

Nur neulich, da hat es mich dann doch gepackt. Es war halb elf abends, ich saß mal wieder vor dem Fernseher, zog mir 'ne DVD und einen Becher Häagen-Dasz-Eis rein, als ein guter Freund anrief: »Was ist los, Rosales? Ich stehe hier bei so 'ner Musik-Gala im Esplanade. Alles ganz schick hier. Komm doch auf 'nen Drink vorbei. Stehst auf der Liste!« Ich überlegte nur kurz: »Ja, warum eigentlich nicht?« Minuten später stand ich mäßig aufgetakelt in Schwangeren-Jeans und schwarzem Blazer vor meiner Tür und wartete auf mein bestelltes Taxi. Caro auf dem Weg zu einer Fete! Und das in der 38. Woche! Schlafen konnte ich in letzter Zeit ohnehin nicht mehr.

Angekommen auf der Party bekam meine Euphorie jedoch sofort einen Dämpfer, als ich einem Kollegen von der Zeitung in die Arme lief. »Caro, was machst du denn hier?«, entfuhr es ihm besorgt, als hätte er mich im Pyjama im Supermarkt erwischt. Ehrlich, Lisa, ich wusste nicht einmal, was ich antworten sollte. Der Satz klang so wie: Solltest du nicht längst zu Hause sein? Weiß dein Mann, dass du hier bist? Hast du überhaupt gefragt? Ich war perplex. Ab diesem Moment war der Abend eigentlich schon gelaufen. Ich lavierte mich genervt durch die Menge, ständig hatte ich das Gefühl, meinen Bauch im Gemenge gegen brennende Zigaretten, drängelnde Menschen oder spitze Designerhandtaschen verteidigen zu müssen.

Dazu quatschten mich den ganzen Abend nur die Sorte von Bekannten an, die man eigentlich nur nach zwei starken Mojitos erträgt. »Du bist ja schwanger! Und welche Woche? Junge oder Mädchen? Habt ihr schon 'nen Namen?« Die Klassiker halt. Und dazu die Blicke von allen Seiten. Lisa, ich sag es dir! Als wäre ich gerade einem RTL-Nachmittagsformat entsprungen. Nach dem Motto: »Guck dir die asoziale Schwangere an. Wahrscheinlich raucht sie gleich heimlich eine auf der Toilette! Ob das wirklich nur ein O-Saft ist, den sie da trinkt? Was für eine Prolette. Also ich würde das meinem ungeborenen Kind ja nie antun.« Meine Laune war im Keller.

Fazit: Nach einer halben Stunde beschloss ich, das Gewühle und die gesellschaftliche Ächtung nicht mehr hinzunehmen, gab meinem Kumpel ein Abschiedsküsschen und sprang ins Taxi! Gerade noch rechtzeitig, bevor die aufgebrachte Meute versucht hätte, mir ein Leibchen mit einem scharlachroten Buchstaben darauf anzuziehen.

Und die Schmach sollte noch nicht zu Ende sein: Zu Hause auf der Treppe lief ich meinem süßen Struwwelfrisur-Nachbarn in die Arme, der gerade einen Sechser Bier und mehrere Dosen Sekt die Treppen runterwuchtete. »Ich würde dir ja die Sterne zeigen,

Caro, aber du bist ja leider verhindert«, rief er kokett im Vorbei-rennen und zwinkerte mir dabei zu. Ich lächelte gequält zurück.

Ich meine, was erwarten die Leute von Schwangeren? Dass wir alle den ganzen Tag zu Hause sitzen und Blümchen auf rosa Ba-bydeckchen sticken?

Darf man als Schwangere nicht mehr in die Disko und scheide ich jetzt sogar für alle anderen Männer außer dem Erzeuger mei-nes Kindes aus? Ich meine, jetzt weniger auf der Fremdgeh-, son-dern so mehr auf der Verehrer- oder Flirt-Schiene. Das ist doch total frustrierend! Hilf' mir und sag mir die Wahrheit! Wie war das denn bei dir?

Liebe Caro,

nehmen wir mal an, du lebst so um die 90 Jahre lang. Was sind neun Monate dagegen? Ein Witz! Das heißt nicht, dass Partys nicht mehr erlaubt sind für dich. Es heißt: Es ist nicht schlimm, wenn dir Feste, Partys, Diskobesuche in diesem kurzen Zeitraum deines Lebens keinen Spaß mehr machen. Geh halt nicht hin! Du schreibst es doch selbst – dein Baby macht selbst Party in deinem Bauch. Ist doch auch cool! Ich weiß noch genau, wie sich das anfühlte, wenn meine Kleine 'ne Party feierte, im Bauch. Der ein oder andere Tanzschritt ging dann auch schon mal gegen meine Rippen, was mich aber nicht hinderte, bis kurz vor der Entbindung jede Party des WM-Sommers 2006 mitzunehmen. Da ging es quasi vom Dancefloor in den Kreißsaal.

Nur: Jede Schwangerschaft ist eben anders. Ich habe Freun-dinnen, die in ihrer Schwangerschaft hysterisch in Tränen aus-brachen, weil nur noch kohlensäurehaltiges Wasser im Kühl-schrank stand und nicht mehr das geliebte stille. Oder die in halbstündiges Weltschmerz-Schluchzen verfielen, weil das be-reits vorhandene Kind den Staubsauger aus der Steckdose zog. Wegen so was. Was sollen die in der Disko? Ich glaube, es geht dir bei deiner Frage um viel mehr als um die Tatsache, dass du schon jetzt die Tanzfläche gegen die Yogamatte getauscht hast und die Miss-Sixty-Jeans gegen die Frottee-Jogginghose. Du bist jetzt nicht mehr nur noch du. Du bist jetzt wir. Das ist gewöhnungsbedürftig. Nehmen wir das Beispiel Krankheit, um deinen Wir-Zustand zu beweisen. Plötzlich lautet die Formel nicht mehr: Mir geht's schlecht = Antibiotika. Plötzlich heißt es: Mir geht's schlecht + was kann ich meinem Baby zumuten = Wärmflasche. Es gibt viele weitere Beweise, beim Sport tauschst du die lateinamerikanischen Zumba-Rhythmen gegen den »Lass den Beckenboden leben«-Kurs ein, in deinem CD-Spieler läuft jetzt nicht mehr Elektropop, sondern Mozart, und statt der Partys mit deiner Freundin gehst du eben bald zu Krabbelgruppen, um dir den Vorwurf anhören zu müssen, die Kinder würden heute viel zu sehr gedrillt und frühgefördert. Dabei gehst du da gar nicht hin, weil dein Kind krabbeln soll, sondern weil du andere Muttis suchst, die deine Muttisorgen mit dir teilen ...

Hast du jetzt Angst gekriegt? Okay, dann entspann dich mal wieder.

Das geht nämlich viel zu weit, was ich da geschrieben hab. Wieso soll dein Ungeborenes keinen Elektropop hören? Nenn' mir nur einen Grund! Mach' alles, was du vorher gemacht hast. Natürlich nur so lang, wie du dich gut dabei fühlst – und vielleicht lässt du den Bungee-Sprung in Nepal jetzt auch mal sein, aber du weißt schon, wie ich das meine. Ich bin am Anfang der Schwangerschaft auch weiter geritten, bis halt das Pferd mal durchging und ich fast im Elektrozaun landete. Dann dachte ich: Eine Pause schadet nicht. Aber es liegt durchaus in deiner Hand, wie sehr du dich einschränken und gehen lässt. Trotzdem gibt es natürlich auch ein paar gesetzliche Regelungen zu deinem Schutz. Im Mutterschutzgesetz mit der schönen Abkürzung MuSchG steht, dass du keine Wochenendarbeit verrichten darfst und deine Vorsorgeuntersuchungen in der Arbeitszeit wahrnehmen darfst. Das sieht gut aus auf dem Papier. Aber Paragrafen haben dich ja bislang auch nicht interessiert. Und ganz im Ernst: Wenn ich in der Broschüre ›Heben und Tragen Schaden‹ der Bundesanstalt für Arbeitsschutz und Arbeitsmedizin lese, dass »durchschnittlich kräftige Frauen« nicht mehr als fünf Kilo über längere Zeit tragen sollen, dann frage ich mich schon, wie wir die Schwangerschaft überhaupt ohne Haltungsschaden überstehen sollen. Und wenn ich dann noch höre, dass Frauen beim

Heben und Tragen einer 15-Kilo-Last weniger als zweimal pro Stunde maximal drei bis vier Schritte tun sollten (Empfehlung des Bundesministeriums), dann scheint so eine Schwangerschaft schon ganz schön gesundheitsschädigend zu sein, wenn ich bedenke, dass ich in meiner ersten Schwangerschaft 18 Kilo und in meiner zweiten 25 Kilo zugenommen habe. Ich kann also jede Frau verstehen, die dann nicht mehr in die Disko will. Für deine Frotteehose gibt es trotzdem keine Rechtfertigung. Weg damit, dann klappt's auch wieder mit dem Flirten. Also eher jedenfalls. Vielleicht wird das noch nötig, wenn dein Baby nicht pünktlich kommen will. Die Ärztin meiner Freundin empfahl ihr Sex zum Einleiten der Wehen im neunten Monat. Sie sagte: »Hab ich versucht, hilft nicht.«

»Ein Tipp«, erwiderte ihre Gynäkologin, »Fremdsperma hilft noch besser.«

»???«

26.

Multitasking Mothers: Schwangerschaft und Job. Kind und Job. Wie soll das gehen?

Liebe Lisa,
noch wenige Tage und die Rückenschmerzen dank Bürostuhllehne haben ein Ende: Am Freitag gehe ich in den Mutterschutz! Sechs Wochen vor der Entbindung – wie es mir der deutsche Gesetzgeber aufträgt. Das habe ich von unserer Personalabteilung und meinem Chef erfahren. Ich meinte zu ihm: »Ja, mal gucken, wann ich gehe.« Und er hat nur gelacht. »Caro, du MUSST gehen. Das ist gesetzlich geregelt.«

Da war ich erst einmal baff. Baff, weil ich so einen Satz in meinem fast zehnjährigen Arbeitsleben noch nie gehört hatte.

Ich werde zum Nichtstun nach Hause geschickt. Wolkenzählen, Bauchstreicheln, Kastanienmännchen basteln, Kuchenbacken und von der Zeit mit Baby vorträumen. Kann das sein? Die Redaktion meiner Zeitung, in der ich jetzt vier Jahre als Redakteurin sitze, ist dann für Kugelbäuche wie mich gesperrt.

Ehrlich jetzt: Ich bin begeistert, erleichtert und zu Tode enttäuscht zugleich. »Ab dieser Woche müssen Sie morgens nicht mehr lostapsen«, steht nicht gerade charmant in meiner Lieblingsschwangeren-App bei Woche 35 zu lesen. Und das stimmt: Das frühe Aufstehen, nachdem man die ganze Nacht dank Blasendruck mit 400 Mal aufstehen und zur Toilette torkeln beschäftigt war, machte mir gerade die letzten Wochen mit zunehmendem Bauchumfang zu schaffen. Obwohl mir viele nette Menschen oft einen Platz anbieten, ähnelt das Vorhaben, am Morgen völlig gerädert in die volle S-Bahn zu steigen, dem Transport einer wertvollen Mingvase durch ein überfülltes Bierfestzelt. Dass das keine Anstellerei von mir ist, bestätigt mir die Internetseite »Babycenter.de«, auf der eine Hebamme erklärt, dass der Arbeitsweg bei werdenden Müttern den meisten Stress verursacht. Dazu kommen die kleinen Alltagswehwehchen: trockene Augen vor dem Computerbildschirm, geschwollene Füße unterm Schreibtisch und der Sekundenschlaf nach dem Mittagessen, den ich jetzt auch einfach mal auf mein Ungeborenes schiebe.

Aber das ist ja nächste Woche alles vorbei und abgehakt.

14 Wochen ist der Mutterschutz in Deutschland mindestens lang. Damit liegen wir genau bei der geltenden EU-Mindestvorgabe. Nur Malta und Schweden haben eine ebenso kurze Frist. Und danach? Wieder arbeiten gehen und das Baby bei einer Tagesmutter lassen? In eine Krippe? Werde ich das bei aller Liebe und echter Leidenschaft für meinen Beruf gefühlsmäßig überhaupt packen, dass mein Mini mit einer fremden Frau seine ersten Schritte lernt?

Anfangs hatte ich da keine Zweifel: »Ich plane, nach drei Monaten wieder hier zu sein«, und er solle sich da keine Sorgen machen, hatte ich meinem Chef im dritten Monat gesagt, als ich ihm unter vier Augen meine Schwangerschaft verkündete. Damals war mein Bauch noch so groß wie eine kleine Wampe. »Wart mal ab«, hatte dieser nur milde lächelnd erwidert. Mittlerweile weiß ich, dass sein Lächeln nicht milde, sondern erfahren und leidergeprobt war. Wie viele Mütter starten nicht mit dem edlen Vorsatz, schnell wieder arbeiten zu gehen? Jetzt schwanke ich schon.

Die Weltgesundheitsorganisation (WHO) empfiehlt Müttern, ihre Säuglinge mindestens sechs Monate zu stillen. Wenn ich tatsächlich nach drei Monaten wieder da sein will, fällt das flach. Auf der anderen Seite muss ich auch mal an mein anderes »Baby« denken, um das ich die letzten zehn Jahre mit Inbrunst gekämpft habe: meinen Beruf als Journalistin.

Wie viel Kraft und Energie hat es mich gekostet, als kleine Lokalreporterin aus dem Rheinland, die Tiergeschichten schrieb, mir erst einen Volontariatsplatz bei einer großen Zeitung in Hamburg und dann eine Festanstellung bei der größten Zeitung Berlins als Politikredakteurin zu erkämpfen? Dazu kommt mein Chinesisch-Studium, dass ich die letzten Jahre beinhart neben dem Job durchgezogen habe. Ich bin ein Working-Girl!

Klar wollte ich immer Kinder, aber weil das natürlich nicht planbar ist oder sein sollte, habe ich mich immer auf das verlassen, was ich zu 100 Prozent beeinflussen konnte: mich selbst. »Man wirft eine Ausbildung nicht zum Fenster hinaus«, sagt Autorin Bettina Wündrich, die das Buch ›Einsame Spitze? Warum berufstätige Frauen glücklicher sind‹ schrieb. Dem müsste ich eigentlich zustimmen. Tue ich aber nicht.

Liebe Frau Wündrich, ich als Ihre Leserin sage Ihnen, Sie haben recht und unrecht. Auf der einen Seite ist eine super Ausbildung mit Studium und Berufserfahrung und echter Leidenschaft für das, was man tut, absolut schützenswert. Aber auf der anderen Seite ist mir selbst als jetzt Schwangere nie, aber wirklich auch nie die Idee gekommen, dass ich meine Ausbildung damit zum Fenster rauswerfe. Ich glaube, da muss man als Frau cool bleiben und auch eine gewisse Arroganz an den Tag legen. Nach dem Motto, nach dem ich es bis jetzt immer gehalten habe: Ich werde so gut sein, dass die Arbeitgeber mich wollen müssen. Auch in Zukunft.

Es geht am Ende nicht um das Entweder-Oder, sondern um

die Vereinbarkeit. Traurig blicke ich als Deutsche und Halb-Französin auf unser Nachbarland Frankreich. Wer dort keinen Krippenplatz bekommt (was sehr selten vorkommt!), kann auf ein engmaschiges Netz von staatlich geprüften Tagesmüttern zurückgreifen.

Soll sich doch in Deutschland keiner wundern, dass in Frankreich trotz niedrigerer Bevölkerungszahl rund 100 000 Babys mehr zu Welt kommen. Jährlich! Ich meine, wo liegt eigentlich generell das Problem? Mal naiv gefragt: In vielen Ländern in Afrika läuft bei den Frauen alles viel pragmatischer. Das Baby wird geboren. Die Frauen schnallen es sich hinten mit einem Tuch auf den Rücken und ernten weiter Hirse. Das Leben des Babys beginnt. Das Leben der Mutter geht weiter.

Hierzulande würde ich nie auf die Idee kommen, zu fordern, dass ich mein Baby zur Arbeit mitnehmen darf. Abgesehen davon, dass mir jeder Chef den Puls fühlen würde.

Aber stell dir das mal vor, Lisa, wäre das nicht toll? Alle Mütter machen ihren Job total normal mit Baby an der Brust weiter. In meinem Fall als Journalistin: »Herr Minister, Sie müssten kurz mein Baby halten, während ich Ihre Antwort mitschreibe. Vielen Dank.« »Ach, gern geschehen, Frau Rosales. So ein süßer Fratz.« Im Gerichtssaal: »Die ehrenwerte Richterin unterbricht kurz die Verhandlung zur Stillpause.« Toll. Einen hab ich noch von der Kasse bei Edeka: »Sie sehen doch, dass es gerade nicht weitergeht, hier muss schnell eine Windel gewechselt werden.« Toll, toll, toll. Aber (leider!) jetzt mal wieder Spaß beiseite.

Weißt du, Lisa, wir haben einfach nur durch Zufall Glück gehabt, wir haben beide Baby-Papas, die Geld nach Hause bringen, und müssen uns nicht wie viele Frauen um die Grundversorgung Sorgen machen. Auf der anderen Seite greift das Elterngeld-Gesetz auch für Alleinerziehende. Zum Beispiel hat meine Bekannte Maria ein Jahr lang ausgesetzt, obwohl sie als Selbstständige arbeitete, und irgendwie hat das finanziell mit Elterngeld und zugegeben auch einem Notgroschen an Ersparten hingehauen.

Fazit aus dem Ganzen: Klar ist ein Kind ein Karriereknick. Klar steht die Karriere meinen unbeherrschbaren Muttergefühlen dennoch im Weg. Klar werde ich mich wohl oder übel entscheiden müssen. Klar werde ich immer denken, dass eins unter dem anderen gelitten hat. Oder etwa nicht?

Alle reden (und wahrscheinlich nicht zu Unrecht!) von der schlechten Vereinbarkeit von Job und Familie. Obwohl es ja eigentlich rein rechnerisch dank der wenigen Geburten in Deutschland mehr Betreuungsplätze geben müsste. Gib mir mal eine realistische Einschätzung der Lage. Und viel wichtiger: Was hat dir geholfen, das Hin und Her in deinem Kopf zu besiegen und heute eine glückliche, arbeitende Mama zu sein? Erzähl mir davon.

Liebe Caro,
ja, eine Schwangerschaft ist ein Risiko. Du isst keinen Rohmilchkäse wegen der Listeriosegefahr, du isst kein blutiges Steak mehr wegen möglicher Toxoplasmose-Erreger. Alles fürs Baby! Aber was ist mit dir? »Die vergleichsweise kurze Zeit der Schwangerschaft hat ganz massive Auswirkungen auf die gesamte spätere Lebenszeit einer Frau«, steht in einem Beitrag des Blogs »fuckermothers«. Und damit sind die ökonomischen Risiken gemeint. Es sei »extrem viel wahrscheinlicher, dass eine Mutter später von Armut bedroht ist, als dass sie sich während der Schwangerschaft mit Toxoplasmose oder Listeriose ansteckt«.

Ich verstehe also nur zu gut, dass dir jetzt der Arsch auf Grundeis geht. Du hörst lauter Geschichten von Frauen, die schon zu Beginn der Schwangerschaft schleimige Kita-Bewerbungsgespräche führen und sich am besten schon jetzt beim Sommerfest der Grundschule engagieren, um in sechseinhalb Jahren einen der begehrten Plätze zu ergattern. Das ist furchteinflößend. Vor allem, weil du ja wahrscheinlich selbst noch gar nicht weißt, wann wie wo du dein Kind abgeben willst oder auch nicht: Du kennst es ja schließlich noch gar nicht!

Auch bei mir hat sich nach der Geburt einiges verändert. Jobtechnisch, alltagstechnisch. Ich stehe jetzt aber nicht schlechter da als zuvor. Vielleicht mit weniger Status, dafür aber mit mehr Quo! Ich wollte auch schon immer Kinder, ich habe aber *auch* schon immer Spaß an meinem Job. In meiner ersten Schwangerschaft arbeitete ich acht volle Monate lang und verabschiedete mich dann vier Wochen vor dem Entbindungstermin (ja, als Frei-schaffende habe ich mich einfach nicht an die gesetzlichen sechs Wochen gehalten) unter Tränen von meinen Kollegen. Alle hat-ten auf der Viel-Glück-mit-dem-Baby-Karte unterschrieben. Wie rührend! Aber auch: wie abschiedsmäßig. Würde ich denn für immer gehen? Ich würde. Das wusste ich damals nur noch nicht.

Mit der Geburt meines ersten Kindes wurde ich wie eine Rake-te aus meiner produktiven Welt hinausgeschossen. Das Baby war fantastisch, nichts hat mir je mehr Erfüllung gebracht, nichts hat mich je mehr geerdet, nichts hat mich je stolzer grinsen lassen. Es zeigte mir zudem: Deine Karriere ist nicht alles. Trotzdem ver-misste ich irgendwann meine Kollegen Steini, Michi, Hömi, Ilka, Dombe, Mirja, den leeren, erledigten Schreibtisch am Abend, den Dank des Chefs für die gute Arbeit. Ein Kind sagt nicht Danke. Niemand sagt einer Mutter Danke für ihren 24-Stunden-Job. Ir-gendwann wollte ich mal wieder ausbrechen aus dem sich im-mer weiterdrehenden Karussell aus Singen, Schuckeln, Füttern, Trösten, Wickeln, Waschen und dann wieder von vorn.

Klar spielten in dieses Gefühl auch Existenzängste rein, ich hatte immer selbst Geld verdient, plötzlich tat das mein Mann ausschließlich und ich dachte: Was, wenn er abhaut? Und: Finde ich überhaupt jemals wieder einen Job, der sich mit meinem Ver-ständnis von Mutterschaft vereinbaren lässt? Ich hatte natürlich auch Angst, den Anschluss zu verpassen. Aber: Radfahren ver-lernt man nicht.

Mit ein bisschen Übung ist man schnell wieder drin. Jeder. Und bald ergab sich wie von selbst die Möglichkeit für mich, ab und an wieder von zu Hause aus zu schreiben. Mein Mann nahm um den ersten Geburtstag unserer Tochter eine dreimonatige Eltern-zeit und ich konnte für kurze Zeit wieder Vollzeit arbeiten gehen. Welch ein Genuss nach einem Jahr zu Hause! Danach gewöhnte ich unsere Kleine stundenweise an eine Tagesmutter, später an die Kita. Ich schickte sie zunächst nur kurz in die Kita und hatte danach noch den ganzen Tag mit ihr gemeinsam. Langsam und allmählich erhöhte ich die Stundenzahl in der Kita und mein Arbeitspensum. Für mich war das das perfekte Modell, ich konn-te meine Mutterschaft mit Arbeit verbinden. So haben das die

Frauen auch früher gemacht. Sie gingen trotz Kindern weiter melken und ernten, die Vollzeitmutter ist ja überhaupt erst eine Erfindung des 18. und 19. Jahrhunderts.

Arbeiten trotz Kindern ist möglich! Die Kleinen rauben nämlich nicht nur Kräfte, sie setzen auch ganz neue frei. Was sie dafür brauchen? Tom Hodgkinson schreibt in seinem ›Leitfaden für faule Eltern‹: »Sie (die Mutter; Anm.d. Autorinnen) braucht neben der Mutterschaft auch noch andere kreative Tätigkeiten, und sie braucht Gesellschaft.« Richtig. So ist es. Sie muss raus aus dem Haus und unter Leute. Wirklich, triff mal eine Mutter, die nach Monaten der nächtlichen Störung die ersten Nächte wieder durchschlafen darf! Die könnte Bäume ausreißen. Umso logischer erscheint es mir, dass immer mehr Mütter in die Selbstständigkeit drängen. Der Internetshop DaWanda boomt nicht zuletzt auch deswegen, weil Mütter sich zu Hause plötzlich wieder ihrer Näh- und Schneiderkünste bewusst werden und aus Eigenantrieb versuchen, wieder erwerbstätig zu werden. Auf einschlägigen Babymessen stehen immer mehr Mütter hinter den Messeständen und bieten selbst entwickelte Produkte an. Kinder kriegen macht kreativ! Es schult in Krisenmanagement, Überstundentoleranz und Einfühlungsvermögen. Das müssen jetzt nur noch die deutschen Arbeitgeber kapieren.

DRITTE PHASE: STADIUM DER BELASTUNG.

JETZT WIRD'S DOCH ERST LUSTIG

27.
Stille Nacht, heilige Nacht –
Werde ich jemals wieder durchschlafen können?

Liebe Lisa,

wenn du denkst, du bist die Einzige von uns beiden, die mit drei kleinen Kindern zu Hause Mitleid für ihre Strapazen verdient, dann hast du dich geschnitten. Du kriegst kein Auge zu? Rate mal! Ich schlafe seit Wochen nicht mehr richtig – und es treibt mich langsam in den Wahnsinn.

»Entspannen Sie sich. Nutzen Sie die Zeit ab der 35. Schwangerschaftswoche, um sich vor der Anstrengung der Geburt auszuruhen.« Solche Sätze stehen in den Schwangerschaftsratgebern Dutzende. Würde ich ja gerne. Aber es geht nicht.

Jeden Abend ist es die gleiche Tortur: Ich warte bis ganz lang nach den ›Tagesthemen‹, bis kurz vor Mitternacht, bevor ich schlafen gehe. Manchmal mache ich sogar noch ein paar Yoga-Übungen vor dem Fernseher. Hauptsache, schön müde sein, denke ich mir. Dann dusche ich heiß, reibe mich sogar noch mit Lavendelöl ein (das Einschlafmittel meiner Kindheit!), schnappe mir mein Schwangerschaftskissen und lege mich ins Bett. Meistens schlafe ich dann auch nach einer halben Stunde ein. Und dann geht's los: die nächtliche Odyssee. 1.02 Uhr: erster Pinkelgang zur Toilette. Dann wieder hinlegen. Richtige Schlafposition finden. Schwangerschaftskissen zwischen die Beine, um die schmerzenden Hüftgelenke zu entlasten. Kopfkissen wieder zurechtdrücken. Schlafen. Nein, verdammt, das geht nicht. Baby ist gerade aufgewacht. Und ist offenbar sehr unzufrieden mit Mamas Schlafposition. Als Nächstes spüre ich einen Tritt in die Rippen, der ihm dazu dient, sich zu drehen, um dann in rhythmischen Bewegungen mit seinen kleinen Babyfüßen mein Zwerchfell zu bearbeiten. Weil Baby bei jedem Tritt automatisch mit dem Kopf auch nach unten drückt, ist es nur eine Frage der Zeit, bis sich meine mittlerweile kirschkerngroße Blase, die nicht einmal mehr die Flüssigkeitsmenge eines Fingerhuts aufnehmen kann, wieder meldet. Also wieder raus ins dunkle kalte Bad, wieder zurück, Kopfkissen zurechtdrücken, Rolle zwischen die Beine – und den nächsten Einschlafversuch starten. So geht das dann pro Nacht schätzungsweise 20 Mal. Dazu das Kopfkissen, die Albträume, das Grübeln. In Indien sagt man, Mütter verarbeiten die Träume ihrer ungeborenen Babys mit. Auch das noch!

Klar, dass ich dann morgens völlig gerädert aufwache und tagsüber umso besser schlafe.

Und das tue ich auch.

Leider total ohne Hemmungen: in der Bahn, im Uni-Hörsaal oder einfach so, schön auf der Couch. Wenn dann das Telefon klingelt, versuche ich dann schnell zu sprechen, um nicht verschlafen zu klingen. Doch das klappt nie. »Ach, Caro, hast du gerade geschlafen? Dann rufe ich später noch einmal an.« Gelobt sei das Zeitalter des Chat- und E-Mail-Schriftverkehrs, in dem Mensch weniger sprechen muss.

Also, Lisa, jetzt mal zur Frage. Hattest du das auch? Wann hast du das erste Mal wieder ganz entspannt eine Nacht durchgeschlafen? Und mal 'ne blöde Frage aus Eitelkeit: Hinterlässt ein geschätztes Jahr Schlaflosigkeit Falten? Irreversible Augenringe? Erbitte deine Ehrlichkeit!

Liebe Caro,
da ist man schon neun Monate schwanger und dann kommt auch noch ein Kind! Viele Schwangere sind überrascht davon, im Ernst. Klar, sie wissen, sie bekommen ein Kind. Was das aber bedeutet, das wissen sie nicht.

Natürlich bedauere ich deine nächtlichen Eskapaden und natürlich ging es mir auch so. Dauernd musste ich raus aus dem Bett, zum Pipimachen, zum Bauch-Zurechtrücken, sehr ähnlich, wie du das auch schilderst. Und genau wie du machte ich mir Hoffnungen auf das Ende der Schwangerschaft. Dann würde ich endlich wieder normal sein können, *ich* sein können. Aber Pustekuchen.

Wobei, doch, als ich aufgeschnitten auf dem OP-Tisch lag und mir bei der Zwillingsgeburt das erste Kind entnommen wurde: das war so ein Moment des »Aaaaaaaaah«. Als würde man die Luft aus einem überspannten Luftballon lassen. Der Druck von innen durch zwei Kampfbuben war doch enorm gewesen und als das erste Kind draußen war, war das ein unfassbares Gefühl der Befreiung. Dazu der erste Schrei: unvergesslich. Das waren schließlich auch die einzigen zwei Minuten meines Lebens, in denen ich Zweifachmutter sein durfte. So etwas bleibt haften. Positiv haften. Aber nachdem dann der zweite Zwilling, mein drittes Kind, da war, war ich mit Sicherheit nicht mehr ich selbst. Ich mutierte zur Rund-um-die-Uhr-Bedürfnismaschine, kroch unter das Bett der großen Tochter, um Ungeheuer zu verjagen, stillte den einen Kleinen, den anderen Kleinen, beide gleichzeitig, wickelte, kochte Essen für mich und die Große und so weiter. Tag und Nacht. Das war natürlich beim ersten Kind noch nicht ganz so extrem. Trotzdem hab ich mir in der ein oder anderen durchwachten Nacht auch schon beim ersten Kind gedacht: Wie gern wär' ich noch mal schwanger.

Du schreibst es ja selbst: Du schläfst in der U-Bahn ein. Aus der Sicht einer Mutter ein fantastischer Luxus! Denn das kannst du dir nach der Geburt schließlich nicht mehr erlauben, da arbeiten schon deine Instinkte dagegen. Wie sagte mir eine Hebamme so schön? »Du kannst dein Kind gar nicht aus den Augen lassen, sonst könnte ja ein Säbelzahntiger kommen und es klauen.« Ob meine Gene wirklich an Säbelzahntiger glauben, ist eine andere Frage. Fakt ist aber: Das mit dem Schlafen wird erst mal nicht besser – weder tags noch nachts. Die Schwangerschaft bereitet dich einfach nur auf das vor, was danach auf dich wartet. Du befindest dich derzeit im Trainingslager. Sieh' das also am besten sportlich. Sportler hassen auch ihre Trainingslager mit Konditionsübungen und Muskelaufbau. Im Turnier glänzen sie dafür aber. Und das wirst du auch!

28.
Sei glücklich, verdammt! Überzogene
Erwartungen an Schwangere

Liebe Lisa,
während der Schwangerschaft fluten Glückshormone durch
den Mutterkörper, um Stress und Schmerzen auszugleichen. So
hab ich's online auf Neon.de und in diversen Schwangerschafts-
büchern gelesen – und mal so abgespeichert. Babyglück. Ein süßes Geheimnis. Der Grund für Ihr Strahlen. Fernsehen, Magazine
und das Internet sind voll davon. Sogar die Werbung bedient sich
eifrig der Schwangeren und alle strahlen und streicheln sie ihren
Bauch. »Ich war noch nie so glücklich«, schreibt eine Schwangere bei Netmoms.de. Und dann schwärmt auch noch Alessandra,
die Angetraute von Moderator Oliver Pocher, in der Illustrierten
›Bunte‹ über ihre Zwillingsschwangerschaft: »Die Glückshormone sprudeln gleich doppelt durch meinen Körper.« Aha.
   Denn komischerweise, Lisa, wurden die bei mir leider nicht
mitgeliefert. Ich meine, ich fühle mich mal besser, mal schlechter. Habe die üblichen Mama-Sorgen (»Hoffentlich geht alles
gut«), die üblichen Fress-Attacken (»Und jetzt noch ein Muf-
fin Double-Choc ›zwischen Frühstück und Mittagessen‹«), das
übliche Doppel-D-Brustwachstum (»Hallo Pornostar!«) – aber
Glücksgefühle? Ich weiß nicht recht.
   Ich bilanziere mal für dich:
   1. Monat: Ich war gerade in China und schrieb an meiner Ab-
schlussarbeit für die Uni, hatte superviel Stress und saß mir
jeden Tag vor Schreiberei den Hintern in den Kaffeeläden von
Peking platt, wo die meiste Zeit das Internet streikte. Glücksgefühle: nichts gemerkt.
   2. Monat: Immer noch in Peking. Ich war auf dem Rückweg in
mein Hostel, als ich noch einmal auf den Schwangerschaftstest
blickte, den ich gerade auf einer Toilette bei Starbucks machte,

in der Eile in meine Jackentasche gesteckt hatte und nun wegwerfen wollte. Und da war er. Ganz blass, nicht weiter auffällig, aber klar sichtbar: der zweite Streifen. Der Streifen, der den Test positiv machte. Glücksgefühle? Nee, eher Ungläubigkeit.

3. Monat: Endlich wusste ich, dank ärztlichem Prüfsiegel, dass ich schwanger bin. Als mein Freund den kleinen Punkt auf dem grauen Ultraschallbild sah, bekam er feuchte Augen und weinte vor Freude. Ich jedoch blieb in diesem Moment skeptisch. Ärzte können sich irren, richtig? Kann nicht doch noch etwas schiefgehen? Werde ich jetzt echt Mutter? Glücksgefühle? Negativ. Eher Verwirrung. Wieder zu Hause in Berlin gehe ich mit meiner Freundin Katja beim Japaner essen und traue mich: »Katja, ich bin seit ein paar Wochen schwanger«, sage ich ihr, während wir auf unsere Reisnudelsuppen warten. Katja verdrückt ein Tränchen und nimmt meine Hand. »Caro, meine Caro. Ich freu mich so sehr für euch.« Ich bin baff und gerührt. Und weiterhin verwirrt. Warum kriege ich, die verdammt noch mal schwanger ist, das mit dem Heulen vor Glück eigentlich nicht hin?

4. Monat: Jetzt endlich Glücksgefühle? Also, wenn ich sie hatte, wurden sie wahrscheinlich von meiner grenzenlosen Übelkeit überschattet. Dazu kam, dass mein Freund und ich die Bombenidee hatten, noch einmal »alleine« Urlaub zu machen und für eine Woche nach Dubai zu fliegen. Während des Fluges bekam ich eine Blasenentzündung. Ich heulte Rotz und Wasser vor Sorge. Glücksgefühle? Auf gar keinen Fall!

5. Monat: Richtig, das war der Monat, in dem mein Zahnarzt sich weigerte, meinen Backenzahn zu kurieren, der eine Wurzelkanalbehandlung gebraucht hätte. Die Folge: zum Kieferchirurgen. Zahn ziehen. Tagelang dicke Backe. Fünfstündige Schmacht-Film-Klassiker unter Schmerzen auf der Couch geguckt. Glücksgefühle? Eher Aua.

6. Monat: Eine eitrige Nebenhöhlenentzündung, laut Hebamme das »Normalste der Welt« in der Schwangerschaft, machte mir zu schaffen. Aber ein kleines Lächeln runter zu meinem wachsenden Bauch. Für echte Glücksgefühle hat's aber trotzdem nicht gereicht.

7. Monat: Gesundheitlich fühlte ich mich topfit. Dafür plagten

mich langsam Entzugserscheinungen. Seit Monaten keine Marlboro Light, kein Fruchtbierchen. Sie vermisse den Wein und die Zigaretten, erzählte Frankreichs Präsidentengattin Carla Bruni in einem Interview. Sie war mir zum ersten Mal sympathisch. Die blöde Ziege.

8. Monat: Mein Baby hat sich mit dem Kopf nach unten gedreht. Sehr zum Leidwesen meines Sexuallebens. Denn seitdem ich meinem Freund die freudige Nachricht darüber überbracht habe, hat er Angst, bei der Penetration an Babys Kopf zu stoßen. Glücksgefühle und Abstinenz? Das passt nun leider nicht zusammen.

9. Monat: So, da bin ich jetzt. Glücksgefühle. Ach, liebe Lisa, liebe anderen Schwangeren, es tut mir so leid. Klar bin ich fröhlich. Aber in mir rumort es. Was, wenn meinem Superbaby, das mich mit jedem Tritt zum Lachen bringt, in letzter Minute doch noch etwas passiert? Was, wenn ich mich nach der Geburt anstelle wie ein Tollpatsch und mein Baby mich nicht mag? Sorry! Äußerlich sitze ich milde lächelnd mit einem Kakao im Café. Und die Leute denken: Ah, guck mal, wie süß, die dicke Schwangere mit ihrem Sahne-Heißschaumgetränk. Aber innerlich tobt ein Sturm in mir. Ich bin gerade ein Nervenbündel, kein Glückskeks.

Fazit: Klar bin ich meine Schwangerschaft über nicht gerade unglücklich gewesen. Aber nach nackt über den Alexanderplatz springen und alle Menschen der Welt umarmen war mir auch nicht gerade. Das heißt auf der anderen Seite aber auch nicht, dass ich nicht mit meinem Baby spreche und es durch Handauflegen tröste, wenn ich merke, dass es im Bauch Schluckauf hat, oder es morgens im Bett mit dem IPod unter der Decke mit Mozart bekannt mache.

Also, Lisa. Was ist jetzt mit meinen versprochenen wilden Glücksgefühlen? Wird das nach der Geburt besser? Habe gelesen, dass eine PDA-Spritze bei der Entbindung die Glückshormone sogar noch weiter hemmt. Was würdest du mir raten? Wie war's denn bei dir?

Liebe Caro,

wahrscheinlich war ich eine jener Schwangeren, denen werdende Mamas wie du gern in die Fresse hauen würden. Selbstbewusst den Bauch rausstreckend, immer hautenge Oberteile tragend, damit ja jeder neue Zentimeter Bauchumfang wahrgenommen wird. Das ganze Gesicht voller Vorfreudegrinsen, in jedem Schaufenster ungläubig das eigene Spiegelbild anschauend und sich fragend: »Soll das **ich** sein? Diese Fruchtbarkeitsgöttin mit Riesenbauch? Wow, wie wahnsinnig toll ist das denn!?«

Zum ersten Mal machte ich mir Sorgen: Schaffst du das? Wie hältst du das wenige Schlafen durch? Wirst du dich je wieder über anderes als über Kinder unterhalten können? Wirst du überhaupt noch Zeit für dich finden? O jee. O jeee. Das überraschte mich ein bisschen, denn ich war es schließlich gewesen, die unbedingt ein Kind haben wollte. Und jetzt war das plötzlich so endgültig und ohne Weg zurück. Außerdem fühlte sich mein Körper matschig an. Mir war immer noch schlecht.

Als meine Freundin Christine, damals bereits Mutter eines süßen kleinen Sohnes, mir erzählte, dass sie in der Schwangerschaft immer bei Kerzenschein in der Badewanne ihren Bauch streichelte und mit ihm redete, bekam ich dann kurz ein schlechtes Gewissen. So war ich nicht. Auch nicht so wie die Tussi im Schwangeren-Bauchtanz, die dauernd ihren Bauch tatschte und sagte: »Ich fühl mich wie der Frühling.« Ich war verliebt in meine Schwangerschaft. Das Baby war da noch viel zu ungreifbar für mich.

Mein Kreislauf existiert wahrscheinlich gar nicht mehr. Den ganzen Tag verbrachte ich im Dämmerzustand. Fernsehgucken ging auch nicht. Zu schnelle Bilder, zu wirr. Der erste Versuch, Glotze zu schauen, endete über der Kloschüssel. In der Nacht übergab ich mich fünf Mal zwischen 20 und 3 Uhr. Es war unsäglich, ich wollte nicht an Babys denken, nichts darüber lesen, kein Plärren von der Straße hören, einfach alles verdrängen. Einfach noch mal kurz in

meinen früheren Körper schlüpfen, unbesetzt. Was war da nur los?
Die Hormone?

Die ersten Herztöne, der wachsende Bauch, die Überraschung im Gesicht meiner Eltern, Großeltern zu werden. Fantastisch. War ich allein, legte ich tatsächlich dann auch meine Hand auf meinen Bauch, ließ mich treten und war gerührt. Im Sommer meiner Schwangerschaft hatte ich dann auch tatsächlich zum ersten Mal in meinem Leben eine Bikinifigur, auf die ich stolz sein konnte, eine, für die ich nicht die Wampe einziehen, sondern sie rausstrecken konnte. Mein Babybauch. Ein Traum!

Der Kopf fühlt sich bei so einer Schwangeren-Übelkeit an, als sei er von innen durch Knetgummi blockiert und habe außerdem in der Nacht zuvor ungefähr sechs Caipirinhas und acht Liter Bier verkraften müssen. Alles ist matschig und langsam. Und jeder Gedanke führt zu noch mehr Schwindelgefühl. Beim Körper (dem Rest) ist das ein bisschen anders. Es fühlt sich so an, als sei eine fiese schwere Teerwalze einmal (von unten angefangen) komplett von innen über deine Organe gefahren und hätte sie alle vollkommen platt gewalzt. Und da die Organe dabei nicht ausweichen konnten (der Körper ist schließlich durch die stramme Haut begrenzt), drücken sie allesamt nach oben in die Kehle.

Neulich erklärte ich meiner Freundin Milli sogar, dass ich mir glatt ein viertes Kind wünschen würde, allein der Schwangerschaft wegen. Nur auf die schlaflosen Nächte, in die so eine Schwangerschaft mündete, auf die würde ich gern verzichten. Milli, die einfach nur froh war, als sie ihre Schwangerschaft endlich mit einer erfolgreichen Geburt beenden konnte, sagte also: »Lisa, Marktlücke!«, und ich schaltete nicht. »Du solltest Leihmutter werden, wenn du so gern schwanger bist. Ich wäre deine erste Kundin, ich hab im Gegensatz zu dir nämlich keinen Bock auf Bauch und Alkoholverzicht.«

Aber es war eben nicht nur der Bauch, der mich so »high« durch die Berliner Innenstadt rennen ließ, sondern die diesen Bauch begleitende unfassbare Vorfreude und Neugier auf mein Baby.

Angeblich leiden 70 Prozent aller Schwangeren in den ersten drei Monaten an Übelkeit. Aha. Bei den meisten sei das aber nur eine Randerscheinung, die den Alltag nicht beeinflusst. Hä? Soll ich etwa auf der Arbeit kotzen und so tun, als wäre nichts? In den schlauen Ratgeber steht dann: Nehmen Sie fünf kleine Mahlzeiten zu sich statt drei große und legen Sie sich nach jeder für zehn Minuten hin. Ja, wie soll denn das gehen, wenn man berufstätig ist, bitteschön? Soll ich mich in den Büroflur legen?

Wie würde das Gesicht meines Babys aussehen? Wie seine Stimme klingen? Klar, es würde ein Wesen rauskommen, mit einem Loch im Gesicht, aus dem Schreie schwappen würden. Aber es würde vielleicht mein Näschen haben, die großen Füße meines Mannes oder auch nicht. Ich fragte mich, ob wir uns wohl verstehen würden, mein Baby und ich, immerhin würden wir die nächsten 18 Jahre unter einem Dach wohnen müssen, dabei kannten wir uns noch nicht mal. Kein Krimi konnte spannungstechnisch mit dieser prickelnden Ungewissheit mithalten. Für mich war Werbung mit glücklichen Schwangeren also nie ein Problem.

In einem Heft lese ich: Speiberl sind Bleiberl. Soll heißen: Wer spuckt, erleidet weniger oft eine Fehlgeburt. Na immerhin. Geh ich halt mal einkaufen. Auf dem Weg musste ich immer wieder kleine Pausen machen, weil kleine Rülpser im Anmarsch waren. Mein Äußeres muss so furchtbar ausgesehen haben, dass mich sogar der Kaufhausdetektiv verfolgte!

Es gibt drei verschiedene Arten von Schwangeren, die ich fern jeder Wissenschaftlichkeit prozenttechnisch in meinem Freundeskreis erhoben habe. Zehn Prozent gehören zu den Dauergrinsern wie mir, die am liebsten immer schwanger wären. 60 Prozent gehören zu denen, die einer Schwangerschaft eher neutral gegenüberstehen. Sie freuen sich am Anfang, dass sie ein Baby bekommen, und freuen sich am Ende, dass die Schlepperei endlich vorbei ist. 30 Prozent hassen ihre Schwangerschaft. Weil der Bauch reißt, weil sie dauerhaft liegen müssen oder alles einfach nur lästig finden. Und das werden meist genau die Übermütter, die uns aus der Werbung angrinsen. Weil sie sich so freuen, nicht mehr schwanger zu sein. Und weil sie finden, dass Kinder das größte Glück der Welt sind ... Das sind die Leute, die im »Du bist Deutschland«-Spot zu Kindern sagen: Du machst uns wahnsinnig ... vor Glück!

– – – –

Jetzt hast du zwei Seiten von mir kennengelernt. Die Seite meiner aktuellen Erinnerung an eine fantastische Zeit in der Schwangerschaft. Und die Seite meines Tagebuches (kursiv), in der ich ehrlich schildere, wie ich mich in den neun Monaten wirklich fühlte. Wie sehr doch die Erinnerung alles verwischt. Sagt man nicht auch, Frauen vergessen den Geburtsschmerz? So ist es auch mit der Schwangerschaft. Und während du dich fragst, wo deine Glücksgefühle bleiben, hat mir dein Freund gesteckt, dass du so wahnsinnig glücklich lächelst, wenn sich dein Baby bewegt. Du hast auch zwei Seiten in dir, Caro. Wir sprechen uns in zwei Jahren noch mal!

29.

Baby Krösus: Wer soll denn das bezahlen? Schwangere und Kinder als Werbezielgruppe Nummer eins

Liebe Lisa,
mein Baby hat mich ruiniert! Mir den letzten Pfennig aus der Tasche gezogen! Mich zu einer armen Frau gemacht! Dabei ist es nicht mal auf der Welt.

Denn blicke ich heute auf die Stelle in meinen Kontoauszügen, wo vor, sagen wir, elf Monaten ein stattlicher vierstelliger Betrag stand, ist da heute ein dickes Minuszeichen zu sehen. Wie es so weit kommen konnte? Ich will's dir erzählen.

Als ich erfuhr, dass ich schwanger bin, war ich gerade auf Reisen in China. Es kam so plötzlich, dass ich ein bisschen überfordert war, was jetzt zu tun ist. Außer dass Alkohol und meine geliebten Lights jetzt tabu waren, konnte ich mich entsinnen, mal gehört zu haben, dass Schwangere ganz viel Folsäure brauchen. Weil mein Chinesisch nicht reichte, um mich im Drogeriemarkt nach Folsäure-Vitamin-Pillen umzusehen, googelte ich schnell: Folsäurehaltige Lebensmittel – und wählte aus ihnen das kleinste Übel: Orangen. Ein Netz Orangen am Tag war ab jetzt Pflicht – bis mir schlecht war. Kosten pro Tag: 99 Cent.

Zurück in Deutschland erfuhr ich dann beim Frauenarzt, dass Orangen vom Nährstoffgehalt her natürlich nicht reichen. »Das ist unser meistverkauftes Präparat«, erklärte mir der freundliche Apotheker am selben Tag. Eine Packung für zwei Wochen: schlappe 26 Euro. Das läppert sich schön über neun Monate. Macht insgesamt 450 Euro. Hinzu kamen die Eisentabletten, die Magnesiumpräparate, Medikamente gegen Pilzinfektionen, IntimFlor für eine gesunde Vagina, Cranberry-Lutschdrops gegen Blasenentzündungen. Und ja, du ahnst es: Es geht weiter. Weil mir keine einzige Klamotte aus meinem Kleiderschrank mehr passte, musste eine völlig neue Garderobe her. Drei Schwangerschaftshosen, Dutzende Tops, weite Unterhosen, riesige BHs in D und E für meine neuen Riesenbrüste machten zusammen um die 400 Euro.

Richtig: Als Nächstes folgten die Pre-Natal-Screening-Untersuchungen im ersten und zweiten Trimester. Keine Kassenleistung, versteht sich. Macht 300 Euro.

Der Frauenarzt testete mich im Laufe meiner Schwangerschaft auf Toxoplasmose, B-Streptokokken, Glukose-Intoleranz, Antikörper, Hepatitis und Chlamydien – alles wichtige Untersuchungen (oder zumindest erschienen sie mir äußerst wichtig), die sich bei mir allerdings auch mit geschätzten 300 Euro zu Buche schlugen. Dazu kommen meine ausgefallenen Essenswünsche, die die Lieferdienste der örtlichen Restaurants mit einem plötzlichen Geldregen erfüllten, die Frustkäufe nach einem besonders langen rückenschmerzgeplagten Tag und die nicht gerade maßvolle Vernunft in mir, auch für die kürzesten Strecken ein Taxi nehmen zu müssen.

Obendrauf kommen dann die Freunde: »Also, ihr braucht auf jeden Fall eine Wickeltisch-Heizlampe, ein Babybay, einen Windel-Twister, Kinderbett XY, ein Fieberthermometer mit weicher Spitze, einen ergonomisch gut geformten Kindersitz ...«

Und ich verstehe so langsam, was mir noch blüht. Nachdem ich mein Konto wie im Rausch um 3000 Euro gelichtet habe, geht die Party doch eigentlich gerade erst los. Denn jede Schwangeren-Mutter-Bedarfsliste (so etwas gibt es!), die ich im Internet finde, ist mindestens 2000, wenn nicht 3000 Euro wert. »Sie können eine Geschenkliste für die Freunde bei uns anlegen mit den Dingen, die Sie sich zur Geburt wünschen«, klärte mich neulich die Verkäuferin in einer Edel-Babyboutique auf, als ich einen einzigen kleinen, sündhaft teuren hellblauen Strampler fürs erste Foto kaufte. Denn so weit, meine Freunde mit meinen neuen Ansprüchen zu nötigen, bin ich noch nicht! Eine sogenannte Baby-Shower nach amerikanischem Vorbild, eine Party, bei der die Schwangere sich beschenken lässt, wäre mir irgendwie peinlich.

Also, Lisa, meine Schwangerschaft ist noch lange nicht zu Ende und das Wasser steht mir finanziell jetzt schon bis zum Hals. Mal ganz beamtisch-geizig gefragt: Was kann ich beim Baby-Bedarf streichen, weil Luxus-Schnickschnack, und was brauche ich wirklich? Du musst es ja wissen!

Liebe Caro,
du brauchst einen Bauchfotografen, einen Gipsabdruck mit Überraschungs-Ei-Bemalung, eine Kinderzimmerbordüre mit Bärchen-Sternchen-Muster, eine Mutterpasshülle aus Stoff und Baby-Shirts mit Aufdruck »Frisch gepresst« oder »Abi 2076«. Wie? Brauchst du nicht? Ach so. Na siehste.

Machen wir doch einfach mal die Gegenrechnung auf: Was du mit dem Verzicht deiner »geliebten« Light-Zigaretten sparst, mit dem ausgesetzten Alkoholkonsum, mit der Tatsache, dass du nun nicht mehr zu deinen legendären Fünf-Gänge-Menüs einlädst, weil die Partyfreunde aus deiner Prä-Fertilisationsphase ja alle rauchen und du dich vor Passivqualm fürchtest ... Ganz zu schweigen von den Taxis, die dich früher nach einer 100 Euro teuren Cocktail-Club-Nacht nach Hause brachten und doppelt kassierten, weil du einfach zu blau warst. Dann doch lieber blaue Babybodies! Und natürlich gibt es da auch welche, die 49,99 Euro kosten, weil der Stoff von einem täglich liebkosten Angora-Karnickel von den Galapagosinseln stammt. Aber niemand zwingt dich, das zu kaufen!

Also greifst du zum Babybody, der nur 2,50 Euro kostet, aber selbst diese 2,50 Euro übersteigen ja das Budget, das du in deinem bisherigen Leben für Kinderkleidung ausgegeben hast. Also setzt du die Ausgaben aus deinem neuen Leben in ein Verhältnis zu den Ausgaben aus deinem alten:

+ 50,00 Euro (weil du keine Cocktails mehr trinkst)
– 2,50 Euro (Babybody)
_____

47,50 Euro

Was für ein Plus! Ich meine, du kaufst dir ja auch ein Shirt für 39 Euro, weil der »Bier-formte-diesen-Körper«-Spruch darauf so cool ist. Und weil das Spruchshirt, das du dir letzte Woche gegönnt hast, sogar noch 10 Euro teurer war, hast du das Gefühl, mit dem 39-Euro-Shirt ein Schnäppchen gemacht zu haben. Dieser Vergleich fehlt dir in Sachen Babyausstattung noch, denn letzte Woche hast du ja noch nicht an Babykleidung gedacht. Und dass du dir den teuersten aller Kinderwagen aussuchst, dafür kann ich ja nun wirklich nichts. Die Industrie vielleicht? Klar arbeitet die mit der Angst der Kunden. Schadstoffe in der Kinderwagenmatratze! Umsturzgefahr beim Kinderwagen-Elchtest! Solche Dinge hörst du und denkst: O Gott, mein Baby, ich kauf nur noch bei Gucci Baby oder Armani Junior. Nur das Beste für mein Kind!

Aber auch du wirst an den Punkt kommen, dass du dir davon nicht mehr das Gehirn manipulieren lassen musst. Im ›Leitfaden für faule Eltern‹ schreibt Tom Hodgkinson: »Niemals dürfen wir vergessen, dass die Hervorbringung unfähiger Menschen das Herzstück des industriell-kapitalistischen Komplotts ist.«

Und weil ich da zum Beispiel nicht mitmachen wollte, kaufte ich mir beim ersten Kind einen Kinderwagen secondhand. Weißer Korb mit blauem Stoff, Räder drunter, 20 Euro gezahlt. Auf der Rechnung stand »DDR-Wagen«, das fand ich cool und dachte: yeah, ein historisches Relikt. Aber ich dachte auch: Wenn der schon 30 Jahre Kinder durch die Gegend schuckelt, dann wird er auch meins bis zum nächsten Supermarkt fahren können. Es kann so einfach sein!

Nur: Als dann die Zwillinge unterwegs waren, ein finanzieller Supergau quasi, weil ich nicht nur den Kinderwagen nicht wieder benutzen konnte, sondern weil zudem auf ein Mädchen zwei Jungs folgten, die ja nicht ausschließlich in Rüschen aufwachsen sollten, da ging das nicht mit secondhand. Ich hätte mir einen Bruch gehoben an den klobigen Dingern, die da zur Auswahl standen. Also verfiel ich auch der Industrie und kaufte mir einen Zwillings-Porsche. Er fuhr sich wie Butter. Meine Kaufentscheidung in der Schwangerschaft ging so: Dein Leben wird steinig genug, dann soll ich wenigstens einen tollteuren Wagen haben. Hab ich auch nie bereut, auch wenn die Jungs dann halt doch öfter mal die rosa Rüschen der Schwester auftragen mussten ... Und weil das bei einigen doch für Verwirrung sorgte, kommt hier noch ein Vorschlag, wie das in Zukunft zu vermeiden wäre, liebe Arbeitgeberpräsidenten. Denn es ist doch absolut sinnlos, dass wir erst am Ende unserer Karriere viel Geld verdienen. Dann besitzen wir ja bereits alles! Es wäre doch viel besser, das Ganze umzukehren und uns mit dem Berufseinstieg so viel Geld zu geben wie sonst erst am Ende der Karriere, damit wir in unseren jetzigen teuren Jahren flüssig genug sind für Hochzeit, Kinder, Eigentumswohnung, was auch immer. Mit einem 100 000-Euro-Gehalt einsteigen und dann jährlich ein bisschen weniger verdienen. Das wäre mal eine Maßnahme für uns Eltern. Was meinen Sie, wie die jungen Eltern in die Berufe drängen würden. Deutschlands Wirtschaft würde blühen. Und unsere Eltern müssten uns endlich nicht mehr unseren Arsch finanzieren, obwohl wir längst 30 sind und eigene Kinder haben.

Tipps zur Anschaffung von Babysachen

- Kinderwagen: Farbe und Komfort müssen stimmen. Du wirst dein halbes Leben (also die nächsten drei Jahre oder so) hinter dieser Schiebestange verbringen, also gönn dir was.
- 3-D-Ultraschall: Babywatching ist traumhaft. Selbst zahlen macht aber keinen Spaß. Überzeug deinen Gyn, dass das wichtig ist, und lass es dir verschreiben.
- Umstandsmode: Pullis aus dem Schrank des Partners klauen. Gürtel drum, (fast) sexy. Den Kauf von Umstandshosen so lang wie möglich durch offene Jeansknöpfe herauszögern. Am Ende brauchst du dann aber schon zwei Schwangerschaftsjeans (auch für nach der Geburt noch, leider).
- Wickeltisch: So ein Zweimeter-Ehebett eignet sich bestens als Buchsengasse für den Reifenwechsel, es muss nicht immer ein Kommödchen sein. Aber vielleicht haben die werdenden Großeltern ja noch deins von früher im Keller stehen und freuen sich, dir beim Entstauben noch ein paar Windelauslauf-Anekdoten aus deinen eigenen Babyzeiten zu erzählen ...
- Sowieso: Am besten erst schwanger werden, wenn der Freundeskreis auch schon »geworfen« hat, dann einfach alle Sachen »erben«. Praktisch und billig.

30.
Von Milchkühen, Edel-Mamas und Kinderwagen-Klauern – bin ich als Mutter demnächst Staatsfeind Nummer eins?

Liebe Lisa,
ich habe wohl einen kapitalen Fehler gemacht. In meinem Wohnzimmer steht seit mehreren Tagen ein Kinderwagen der Marke Bugaboo. Du hast richtig gelesen. Einer dieser Tausend-Euro-Kinderwagen, in denen auch Promi-Mums wie Heidi Klum und Gwyneth Paltrow ihre Babys durch das heiße Hollywood schieben. In der Presse auch gerne »der It-Roller aus Amsterdam« genannt.

Ich hatte ihn mir ganz naiv ohne Schlimmes zu befürchten von meinem Freund gewünscht. »Schenk mir keinen Ring oder Familienschmuck zur Geburt, sondern einen Bugaboo-Kinderwagen«, meldete ich bei ihm an. Er schien belustigt, bestellte aber am selben Abend noch das Modell in Schwarz im Internet, klebte nach dem Aufbauen sogar noch einen kleinen HSV-Fußballsticker drauf, den ich leider nicht mehr abkriege. Aber das ist Nebensache. Ich meine: Wir wohnen mitten in der Stadt, haben kein Auto – das heißt, ich werde meinen Kinderwagen maximal nutzen und habe keine Lust, mich jeden Tag mit so einer hässlichen Gurke auf Rädern auf die Straße wagen zu müssen.

So! Und deshalb habe ich jetzt so ein geiles Teil mit Kaffeebecherhalter dran, den ich tagtäglich vom Supermarkt, zur Uni, zur Kita und wieder zurückschieben kann.

So weit, so gut. Die Freude über meinen neuen Super-Baby-Porsche wurde dann jedoch getrübt, als ich letzte Woche im Zug die Sonntagsausgabe der ›Taz‹ aufschlug. Da war mein Kinderwagen zu sehen. Seitenhoch. Zur Überschrift: »Die Weiber denken, sie wären besser«. Und weiter war die Rede von Macchiato-Müttern, stillenden Rindern, Eutern und Kunstwissenschaftlerinnen, die

176

zu Muttertieren wurden. Der Artikel war ein Vorabdruck von ›Taz‹-Redakteurin Anja Maier, die ein (Läster-)Buch über die Mütter von Berlins kinderreichem Vorzeige-Bezirk Prenzlauer Berg veröffentlicht hat. Etwas baff las ich den Artikel zu Ende. Und dann noch mal.

Hätte nämlich nicht gedacht, dass ich nach bald gefühlten zwei Jahrhunderten Emanzipation zum Stillen in den Keller muss, um dem Hass meiner ausgerechnet weiblichen Mitmenschen zu entgehen. An der Uni hat mir meine Institutsleiterin erlaubt, einen Raum als Stillzimmer zu verwenden. »Nimm das Baby nicht mit zur Uni«, riet mir später im Café wiederum mein Vater, der selbst Dozent ist. Das komme nämlich gar nicht gut an. »Viele Menschen, Caro, werden es dir leider missgönnen, dass du ein Baby hast.« Ungläubig sagte ich nur »Aha«.

Gibt es in Deutschland, das sich, laut unseren Politikern, so viele neue Kinder wünscht, einen verkappten Hass auf Mütter? Ich recherchierte ein bisschen rum. Und fand einen ›Bild‹-Artikel. Da wurde doch tatsächlich eine Mutter aus dem Bäckerei-Café eines Supermarktes geworfen, weil sie stillte.

Im Frauen-Magazin ›Emma‹ von Feministinnen-Ikone Alice Schwarzer las ich über die bereits erwähnten Prenzlauer-Berg-Muttis: »Diese hauptberuflichen Mütter sind rund um die Uhr mit der Aufzucht und Beaufsichtigung ihres Nachwuchses beschäftigt. Kind und Karriere müssen sie nicht vereinbaren, da eine Karriere bei den meisten von ihnen nicht stattfindet.«

Und so langsam packte mich die Wut: wusste nämlich gar nicht, dass es im 21. Jahrhundert ein Makel ist, sich dafür zu entscheiden, Vollzeitmutter zu sein. Am besten, ich ziehe gleich mal los zum nächsten Spielplatz und weise ein paar Muttis zurecht, wie sie es wagen können, hier nutzlos rumzuhängen, sich als was Besseres zu fühlen und die Verdienste der Emanzipation mit Füßen zu treten.

Weiter unten in meiner Suchabfrage lese ich dann von Bugaboo-Banden, die sich in Hausflure schleichen, um die teuren Kinderwagen zu klauen. O Himmel, ich werde mich bewaffnen müssen!

Nein, Lisa, jetzt mal im Ernst: Ja, ich werde demnächst so einen beknackten Bugaboo-Kinderwagen vor mir herschieben. Schuldig! Das heißt aber noch lange nicht, dass ich einen scharlachroten Buchstaben auf meinem Mantel tragen werde und mich von linksalternativen Gescheiterten wie eine moderne Hexe durchs Viertel treiben lasse.

Was meinst du dazu? Du, die dreifache Mutter ist und viele Jahre in Prenzlauer Berg wohnte, das sich im Grunde wohl kaum von anderen deutschen Familienwohnvierteln unterscheidet. Was macht man jeden Tag als Mama so mit? Und viel wichtiger: Was macht euch Mamas eigentlich so hassenswert?

Liebe Caro,
ja, es gibt eine SoKo Kinderwagen in Prenzlauer Berg, da kümmern sich tatsächlich zwei Beamte hauptberuflich um das Thema Kinderwagenklau. Aber da werden sicherlich nicht nur Bugaboos geklaut, sondern auch die Wagen von Jette Joop, die Hesbas, Teutonias, Joolz und Brios. Nur: Diese Klauerei geschieht aus Habgier und richtet sich nicht gegen die Mütter. Trotzdem weiß ich, was du meinst, wenn du von einem unterschwelligen Kinder- und Mutterhass sprichst. Ich erinnere mich noch gern an einen Flug nach Mallorca mit drei Kindern und Mann. Die Kleinen waren noch so klein, dass sie bei Start und Landung auf dem elterlichen Schoß festgeschnallt werden mussten, unsere Tochter hatte den Platz neben mir. Für Sohn 1 war es ein Traum, auf Mamas Schoß abzuheben, für Sohn 2 ein Albtraum, *nicht* bei mir zu sein. Er schrie wie am Spieß, ich blieb ganz ruhig, Panik hilft da ja nun nicht weiter und aufstehen und herumwiegen macht sich beim Starten eben auch nicht so gut. Da dreht sich zwei Reihen weiter vorn plötzlich ein Gesichtsschnitzel der Marke Alt und Frustriert um und blökt: »Können Sie das mal abstellen, bitte?« Das mal was? Abstellen? Ich hab mir fast in die Hosen gemacht vor Lachen. Ist unfreundlich, ich weiß, aber sollte ich der Dame jetzt im Ernst erklären, dass ich da kein Radio geboren hatte? Mit der Landung änderte sich alles. Das Kind war still und die alten Damen nett. Denn in Spanien, da freut man sich noch über Kinder. Die Fuzzis dürfen bis nachts mit ins Lokal,

an jeder Ecke bekommen sie Naschereien und die Grundstimmung ist: Sonnenschein. Leider, ja, leider ist so ein Urlaub dann ja aber auch irgendwann vorbei und es geht zurück nach Hause, nach Prenzlauer Berg. An den Spielplätzen Graffitis mit »Yuppies abschlachten« und Mütter, die andere Mütter erziehen wollen. Wag' nicht, einen Schluck Bier in deiner Schwangerschaft zu trinken, sie werden herfallen über dich verantwortungsloses Etwas, das es nicht verdient hat, ein gesundes Kind zu bekommen. Oder neulich: Da fuhr meine Freundin Inge mit ihrem Fahrrad über den Bürgersteig. Es ist so ein Fahrrad mit einer Tonne vorne dran, in der die Kinder sitzen können, da saß ihr jüngerer Sohn. Neben ihr fuhr ihre fünfjährige Tochter auf dem eigenen Rad, sie konnte also nicht auf der Straße fahren. Sie konnte auf dem Bürgersteig aber auch nicht absteigen, weil das doofe Ding so blöd gewichtet ist, dass man es nicht schieben kann. Also fuhr sie und plötzlich stellten sich ihr drei Frauen mit Kinderwagen in den Weg. Arme verschränkt. Inge sagte: »'tschuldigung, darf ich mal durch?« Böse Mienen und Dich-zerreißen-wir-in-der-Luft-Blicke. Hätte nur noch gefehlt, dass die drei ihre Colts ziehen, das muss ausgesehen haben wie bei Lucky Luke und den Daltons.

Aber Inge ließ das kalt. Sie sagte: »Oho, das ist ein Statement!«, und fuhr einfach an den Mädels vorbei. Ja, so was gibt's hier.

Was man macht, man macht es falsch. Tragen wir Barbourjacken, hauen die ›Taz‹-Redakteurinnen auf uns ein, tragen wir Aldi-Kleidung, jagt man uns das Jugendamt auf den Hals. Oder noch schlimmer: die anderen Eltern. »Du ziehst ihnen ja wohl nicht Second-Hand-Schuhe an?« Doch, denn bei drei Kindern alle drei Monate (Fußwachstum) je 39 Euro für Neu-Schuhe auszugeben geht schon echt ins Taschengeld. Wer seine Kinder zum Musikunterricht fährt, der wird wegen Kindsüberforderung missachtet, wer sie sonntagsmorgens vor die Winnie-Puh-Glotze setzt, ist ordinär und verantwortungslos. Was daraus folgt? Die Verunsicherung der Mutter auf höchstem Niveau. Denn selbst wenn ich mir mal Expertenrat holen möchte: lauter verschiedene Meinungen. Geh mal in einen Buchladen! Von Tyrannen oder Engeln ist da die Rede, ADHS versus Entdeckungsdrang, Elite-Kindergarten gegen Waldorf, was soll ich denn nun glauben?

Am besten nichts von alledem. Versuch einfach, dir so wenig wie möglich in die eigene Mutterschaft reinreden zu lassen. »Ja, aber was soll'n denn die Leute denken«, höre ich dich schon fragen. »Also bei uns gab es so enge Umstandsmode aber damals nicht«, sagen sie, und sie werden auch bei der Erziehung mit der ein oder anderen Maßnahme vielleicht nicht einverstanden sein.

Hier schadet eine fette Portion Egoismus nicht. Wer es richtig macht, das bin ich! Sag' dir das morgens im Spiegel und hör' auf dein Bauchgefühl. Das weist dir den Weg – und nicht die Yogis, Waldorfis, Strenge-Befürworter, die Ablehner öffentlichen Stillens oder die Still-Fanatiker aus deiner Nachbarschaft. Die sollen sich um ihren eigenen Kram kümmern. Und es gibt ja wirklich übertriebene Mütter, die Zeitschrift ›Nido‹ hat einmal vom Phänomen der Hubschraubermütter geschrieben, was ich sehr passend fand. Den ganzen Tag kreisen die Muttis wie Helikopter über ihren Kindern, damit sie ja keinen Schritt in die falsche Richtung, keinen Rotzstriemen unter der Nase, keine Nachbarkind-Keilerei verpassen.

Aber so sind doch nicht alle! Was soll denn dieses Schubladen-Gedenke? Ich hab das Meier-Buch ja tatsächlich gelesen und … was soll ich sagen? Wir werden als Rinder bezeichnet, als überbesorgt und unterfordert. So viel Hass weht uns neuen Müttern darin entgegen, dass ich nur noch misstrauisch durch meinen Kiez laufe. Jedem schau ich ins Gesicht und denke: Bist du auch so ein Mütterhasser? Dabei ist Prenzlauer Berg ja wirklich ein großzügiges Pflaster. Spielplätze in Massen, Wickeltische auf Restaurant-Toiletten und so weiter. Es läuft so gut, dass die ersten Neider kommen. Aber von denen lassen wir uns nicht unterkriegen! Bestimmt nicht!

31.
Atombusen? Nein danke

Liebe Lisa,
neulich konnte ich nicht mehr. Ich stand vor meinem Kleiderschrank und hatte einen Aufräum-Flash. Das Mega-Chaos da
drinnen aus abgelegten Sommerkleidern, einzelnen Paar Socken, ausgemusterten Mini-Strings, Schwangerschaftsbändern,
rosakarierten Ersatzbezügen für das lieb gewonnene Stillkissen
auf der Couch raubte mir schon seit Wochen den letzten Nerv.
Also einmal alles umsortiert. In die untere Schublade stopfte ich
all die Klamotten rein, die ich in den nächsten Monaten garantiert nicht tragen kann (die schlüpfrigen Kleidersünden meiner
endgültig verblassenden Single-Zeit!), in die obere alle Klamotten, die ich auch mit Sieben-Monatsbauchumfang noch mühelos
überziehen kann – ohne dass aus dem T-Shirt ein Bauchfrei-Top
und aus dem Mini-Kleid ein Oberteil wird. O Gott, da war er auch,
der Bikini vom letzten Jahr vom Griechenland-Romantik-Trip,
dessen BH mir heute so klein scheint wie ein Dreiecksoberteil
für eine Barbie. Was hatte ich damals noch für tolle winzige Pa-
radebrüste!
Klar also, dass die untere Schublade irgendwann randvoll
war und in der oberen nur ein paar liebevoll gefaltete Elefan-
ten-T-Shirts und BHs in Größe 42 beziehungsweise Körbchengröße Doppel-D lagen.
Nein, die Schwangerschaft ist keine Zeit, die den Einzelhänd-
lern um meine Wohnung besonders viel Freude mit mir macht –
vom Taschengeschäft und der Konditorei, bei denen ich meine
volle Kompensation finde, mal ganz abgesehen.
Du siehst, Lisa, ich versuche das alles mit viel Humor zu nehmen, obwohl mir gerade beim Anziehen morgens wirklich zum
Heulen ist. Ich meine, bevor ich schwanger wurde, dachte ich wie
viele Frauen, es geht nur den anderen so. Ich war immer schon

schlank bis sehr schlank, wog gerade mal 51 Kilo bei 1,70 Meter, trug stolz meine Strenesse-Kleidchen in Größe 36 und achtete zugegeben sehr streng darauf, wenig bis keine Süßigkeiten zu essen.

Doch dann brach der Damm: Ich wurde im Februar schwanger und vergaß vier Monate lang alles, was ich mir jemals in Frauen-Magazinen über Diät und die schlanke Linie mühevoll angelesen hatte.

Plötzlich war kein Geburtstagskuchen-Buffet auf der Arbeit mehr sicher vor mir. Abends gehörte ein Mitternachtsbesuch beim 24-Stunden-Bäcker plötzlich zum Tagesablauf. Muffins, Cookies, Creme-Kekse – wie gut das schmeckte. Da konnten die Schwangerschaftsratgeber, die mittlerweile stapelweise bei mir zu Hause herumlagen, noch so sehr predigen, dass eine ausgewogene Schwangerenmahlzeit nicht nur aus Limonade, Bratwurst und Kuchen bestehen dürfe. Der freundliche Hinweis war spätestens dann vergessen, wenn ich bei mir um die Ecke an der Feinkosttheke stand und mir für 30 Euro päckchenweise Hähnchen- und Nudelsalate in kleine Papptüten einpacken ließ. Die Frage der Verkäuferin, ob ich dazu zwei Gabeln und zwei Servietten brauchte, empfand ich als bodenlose Frechheit.

Ich erkläre mir das so: Wie ich gelesen habe, will die Natur, dass Frauen in den ersten Wochen ihrer Schwangerschaft eine Art Reservespeck anlegen, für den Fall, dass im späteren Verlauf eine Dürre oder Hungersnot eintrifft, die so kompensiert werden könne.

Klar ist trotzdem, dass ich nach sechseinhalb Monaten locker zehn Kilo zugelegt habe, was sich körperlich nicht nur am Bauch bemerkbar macht. Nein, mein Busen hat sich einfach mal von Körbchengröße C in Doppel-D verwandelt, meine Brustwarzen haben sich von hell- in dunkelrosa gefärbt und von Cent-Größe in Espresso-Untertassen-Durchmesser vergrößert. Zeitgleich tritt sich das Baby in meinem Bauch fröhlich und ungestört in immer neue Organregionen vor. Rippen? Ach interessant, da war ich noch gar nicht! Magen? Kann weiter nach oben, braucht kein Mensch!

In Gedanken träume ich schon davon, im nächsten Sommer

nach der Entbindung wie in einem schlechten Werbespot in meinen (wohlgemerkt alten) American-Apparel-Hotpants und T-Shirt neben einer schwangeren Freundin im Café zu sitzen und mit neidischem Blick torpediert zu werden und dabei ganz nebenbei zu bemerken, dass ich gar nicht mehr so genau weiß, wie das mit dem Abnehmen nach der Schwangerschaft war. Aus heutiger Sicht bin ich tatsächlich aber wesentlich realistischer, und weil ich den Heidi-Klum-Quatschkram nicht mehr hören kann, wie man sechs Wochen nach der Entbindung mit flachem Bauch eine Victoria's-Secret-Modenschau läuft, frage ich dich nach der Wahrheit und bitte der absoluten: Werde ich jemals wieder meine alte Figur zurückbekommen?

Liebe Caro,

everything changes but you. Von wegen! Was die Boygroup Caught in the Act mit diesem Lied in die Welt gesetzt hat, ist schlichtweg gelogen. Zumindest in Bezug auf eine Schwangerschaft. Du beschreibst es ja sehr treffend. Und ich finde es bewundernswert, wie optimistisch du dich jetzt schon wieder in Hotpants im Café sitzen siehst, den doppelten Espresso in der einen, den schicken Bugaboo in der anderen Hand, schuckelnd, das Baby schläft natürlich und deiner schwangeren Freundin erzählst du, wie easy alles war. Vorher musst du aber noch mal ganz stark sein. Denn die Zeit direkt nach der Geburt ist keine Hotpants-Zeit. Leider.

Zwei Tage nach der Geburt meines ersten Kindes stand die Krankenschwester vor mir und sagte: »Heute ist ›Dolly Buster Day‹«, und ich schaute fragend. Sie ergänzte: »Sie werden im Laufe des Tages einen Atombusen bekommen« und ich dachte: Ja, ja. Doch dann schwollen meine Brüste an! Ich dachte, ich sei im falschen Film, als ich merkte, dass meine 80 F (vor der Schwangerschaft: 75 C) noch größer werden konnte und hart wie Ziegelstein! Warum hat mich niemand rechtzeitig vor diesem Atombusen-Moment des Milcheinschusses gewarnt? Dann hieß es vom Weißkittel: »Normal ist, wer am dritten Tag nach der Geburt Tränen vergießt, die Hormone, Sie wissen schon«, und er sollte recht behalten. Der dritte Tag im Leben meiner winzigen Tochter war ein Mittwoch. Ich weiß es noch, als wäre es erst fünf Minuten her und nicht sechs Jahre.

Mein Mann kam morgens schon um 7 Uhr zu mir und ihr ins Krankenhaus, kurz vor der Arbeit noch schnell ein »Guten Morgen, meine zwei Ladies«-Küsschen. Und dann ab durch die Tür. Bleib hier!, schrie mein Herz. Und es schüttelte mich. In mir löste sich ein Hormon-Orkan und ich weinte, während ich duschte, ich weinte, während ich mein Baby anschaute, ich weinte sogar mit den anderen Frauen, die weinend auf der Toilette neben mir saßen, weil der Dammriss (den ich nicht hatte!) brannte. Ich vergoss Tränen, als wolle mein Körper auch noch die letzten Reste der Schwangerschaft aus mir rausspülen. Und mein Atombusen brachte dann sogar auch meine Besucher zum Weinen. Oder weinten sie vor Rührung über mein Kind? Jedenfalls war mein Bauch nicht sofort weg. Und meine Figur nie wieder die alte. Denn so dünn wie jetzt war ich noch nie!

Mein Mann hatte natürlich die Arschkarte gezogen, die nächsten sechs Monate gehörte mein Oberkörper nur noch meinem Baby, es saugte an meinen Brüsten, bis Blut spritzte, wie ein kleiner Vampir. Mir hatte jedenfalls vorab keiner verraten, dass Stillen an sich schon eine Wissenschaft ist. Dass ich es genauso lernen muss wie mein Kind selbst auch. Und wenn einer schlappmacht? Hat der andere Hunger. Es hat schon ein bisschen gedauert, bis wir uns eingespielt hatten und Geduld gehört jetzt nicht so zu meiner Stärke. Da setzt mich doch oben erwähnte Krankenschwester auch noch in einen Gemeinschaftsstillraum und schiebt mir eine Milchpumpe vor. Ich frage mich, ob sie nicht noch Stroh auf dem Boden verteilen könnte, damit ich mich endgültig fühle wie im Kuhstall. Entwürdigend! Und während diese Pumpmaschinen-Plastikkappen auf meinen Brüsten an mir rumsaugen und schnalzen und es nach süßlich-vergorener Milch riecht, überlege ich, wer mir wohl am schnellsten die Nummer vom Europäischen Gerichtshof für Menschenrechte in Straßburg besorgen kann, damit ich denen mal sagen kann, dass ich das alles nicht länger mitmachen werde. Aber was soll's, zum Telefonieren hab ich eh keine Hand frei, ich muss mich auf das Pumpen konzentrieren, schh-surr-schh-surr. Na ja, und dass meine Brüste dann noch wieder die Alten werden sollten, bezweifelte ich in dem Moment natürlich. Genauso wie der Blick auf die monströse Fettschürze direkt unterhalb meiner hängenden Saugpfropfen. Ob mein Bauch jemals wieder auf Normalumfang schrumpfen würde? Jedenfalls nicht auf die'Art und Weise, wie es mir die Physiotherapeutenpraktikantin erklärt. Beine hoch – WAS zum Teufel?

Ich habe eine 18 cm lange Kaiserschnittnarbe, ich habe nicht geschlafen, ich MACHE JETZT KEINEN SPORT. Verdammt. Ich will nach Hause. Altes Leben, wo bist du hin?

Ich will zu dir zurück.

Das soll alles keine Angst schüren. Horrorgeschichten hast du sicherlich schon zur Genüge von deinen Nachbarn und Bekannten gehört. Ich möchte damit nur zeigen, dass ich womöglich im falschen Krankenhaus gelandet und einfach selbst nicht sonderlich planvoll in diese Geschichte hineinspaziert bin. Vielleicht eher: naiv. Ich wusste jedenfalls bis dahin nicht, dass es elektrische Abpumpmaschinen gibt. Ich hatte schließlich noch keine Schwangeren oder Mütter in meinem Umfeld und ich bin kein Mensch, der sich wissenschaftlich auf neue Aufgaben vorbereitet und 35 Bücher zum Thema liest. Ich hasse auch Bedienungsanleitungen von Fotoapparaten. Ich probiere lieber aus, bis was klappt. So machte ich es auch mit meinem Kind. Für die nächste Entbindung nahm ich mir dann trotzdem vor, das Krankenhaus vorab genauer zu inspizieren und einen Stillratgeber zu lesen.

Nach den Anfangsschwierigkeiten beim ersten Kind durfte ich dann nach fünf langen Tagen tatsächlich dieses Höllenkrankenhaus verlassen und – flupp – fluppte alles wie von selbst. Mein Baby schrie weniger, mein Stillen funktionierte und mein Bauch schwand im Minutentakt. 18 Kilo hatte ich während der Schwangerschaft zugelegt, 12 verlor ich allein bei der Entbindung und der Rest – purzelte an mir runter. 13 Kilo, 15 Kilo, 17 Kilo – weg. 18 Kilo, 19 Kilo, 20 Kilo. Hilfe, stopp, jetzt ist gut. Jetzt krieg ich ja langsam Untergewicht. 22 Kilo. Mein Gott! Was war los? Ich rief die Hebamme an: »Dieses Kind frisst mich auf!« Sie beruhigte, alles pendele sich ein. Besser als andersherum. Andersherum? 22 Kilo noch obendrauf?

Nein danke. Da hatte sie recht und ich war beruhigt. Nach drei Monaten sah mein Bauch zwar noch ein bisschen schwabbelig aus, das Gewicht war aber weg. Und durch das permanente Bizeps- und Bauchmuskeltraining in der Nacht (Baby schreit, Baby raus holen, Baby stillen, Baby wieder ins Bettchen heben) entwickelten sich tatsächlich so etwas wie Bauchmuskeln. Genial! So was wie dieses Sixpack hatte ich an mir ja noch nie gesehen! Ich musste es irgendwie schaffen, dass die Leute nur auf meinen Bauch gucken würden. Und nicht ins Gesicht! Diese Augenränder würde ich nie mehr loswerden ...

Deine Frage ist also eindeutig zu beantworten: Deinen alten Körper bekommst du nicht zurück. Aber das heißt für gewisse Körperpartien nicht unbedingt, dass er sich zum Schlechten wandelt. Will also sagen: *Everything changes ... Vor allem you.*

32.
Der Schleimpfropf-Komplex –
Die Iiih- und Baaah-Themen einer Schwangerschaft

Liebe Lisa,
so! Jetzt reden wir mal über die Themen, die man nicht mal mit seiner besten Freundin, seiner Mutter (ganz eventuell mit ihr doch), seiner Hebamme, geschweige denn mit seinem Kerl bespricht. Die Themen, die in den Schwangerschaftsratgebern unter »ferner liefen« abgehandelt werden, weil sie leider so schlecht zum Happy-Mami-Model auf dem Cover und zu gehobenen Tischgesprächen passen.

Tja. Und spätestens jetzt wissen alle Schwangeren der Welt, wovon ich eigentlich spreche. Es ist die Welt der unerwarteten Peinlichkeiten, die man nur mit einem positiven Schwangerschaftstest betreten darf.

Ich rede von Blasenschwäche, starken Blähungen, Verstopfungen, Hämorrhoiden, Vormilch-Sekret, das eines Morgens unerwartet aus den Nippeln fließt, milchigem Ausfluss, Wassereinlagerungen, die deine Hände und Füße auf Michelin-Männchen-Größe anschwellen lassen, vom Schleimpropf-Abgang, der berühmten Dammmassage und – ach ja, richtig: von Müttern (in meinem Freundeskreis!), die ihre Plazenta nach der Geburt aus diätischen Gründen als Pfannengericht zu Hause verspeist haben.

Also packen wir die Fakten mal auf den Tisch. Auch wenn's jetzt eklig und peinlich wird.

Ich gestehe: Ich habe mir während der letzten Monate Dutzende Male beim Naseputzen in den Slip gepinkelt, während in den Ratgebern immer nur von vielleicht ein paar Tröpfchen Urin beim Niesen die Rede war.

Und das ist erst der Anfang!

– Ich habe in den ersten vier Monaten so viel gefuttert (Pasta UND Pizza in einer Mahlzeit, ganze Kekspackungen zum Nachtisch, Schoko-Müsli in einem Liter Milch), als würde ich mich für einen Fress-Wettbewerb oder einen Sumo-Kampf vorbereiten. Die Frau, die sich auf dem Foto im Rosa-Schwangerschafts-Buch vor dem Kühlschrank einen kleinen Joghurt anrührt, fand ich buchstäblich zum Kotzen.

– Ich hatte so schlimme Verstopfungen von den Eisentabletten (die, von denen man einen schwarzen Stuhl bekommt), dass ich mir eine Sprengladung Dynamit gewünscht hätte, um meinem Leiden Linderung zu verschaffen.

– Im Sommer sahen meine Beine dank Wassereinlagerungen aus, als würde ich einen Fat-Suit für einen Film tragen. Sommer-Röckchen ade.

– Heiße Empfehlung meiner befreundeten Hebamme: zusätzlich zur empfohlenen Öl-Dammmassage als Beckenbodentraining im letzten Drittel der Schwangerschaft ein sogenanntes Epi-No verwenden. Das ist ein medizinisches Beckenboden-Trainingsgerät mit einem weichen aufblasbaren Silikonballon vorne dran, das durch Massage und Vordehnung verhindern soll, dass es dir bei der Geburt auf gut Deutsch den A*** aufreißt. Ich habe es benutzt. Allerdings die billige Version aus dem Sex-Shop. Da werden die Dinger, die nur die Hälfte vom schicken patentierten Epi-No (um die 70 Euro im Netz) kosten, als Anal-Dehner für Schwule verkauft. Klingt vielleicht komisch, erfüllt aber denselben Zweck.

– Hämorrhoiden? Auch die bestätige ich an dieser Stelle gerne. Keine Sorge, Ladies: Man spürt sie, wenn sie da sind.

– Nach einer Antibiotika-Kur bekam ich im fünften Monat plötzlich einen Scheidenpilz, den ich mit Zäpfchen aus der Apotheke kurierte. Damit er nicht wiederkommt, las ich im Internet, man solle sich einen in Joghurt getauchtes Tampon in die Scheide stecken. Im Bio-Markt stutzte ich: Joghurt mit Konservierungsstoffen? Das kann doch nicht gut sein. Aber Rohmilch sollen Schwangere ja nicht. Ich entschied mich für Danone Natur. Nestlé kann sich an dieser Stelle über meine kostenlose, vielleicht etwas handelsunübliche Werbung freuen.

Und zuletzt im wahrsten Sinne des Wortes noch ein echtes Schmankerl meiner fiesen Schwangerschafts-Iiihs und -Baahs, die ich vielleicht noch erleben darf:

Meine Freundin mit den Modelmaßen (übrigens eine durchaus bekannte deutsche Schauspielerin) erzählte mir, dass sie nach der Geburt ihre Plazenta in einem Plastikbeutel aus dem Krankenhaus mitgenommen habe, zu Hause mit Salz und Pfeffer in der Pfanne gebraten und verspeist habe. Soll angeblich dafür sorgen, dass frau schnell ihre alte Figur zurückbekommt. Ich war natürlich stutzig, stieß zu Hause beim Googeln allerdings sofort auf »Plazenta Partys«.

»Eine Plazentaparty wird üblicherweise im Frauenkreis gefeiert, zumeist kurz nachdem eine aus ihrer Mitte entbunden hat. Wie der Name bereits suggeriert, spielt die Plazenta eine hervorragende Rolle bei dieser kleinen Feierlichkeit. Die Plazenta, oder auch Nachgeburt, wird hierbei zerschnitten, mit Eiern vermengt und gebraten oder zu einem gar köstlichen Kuchen verarbeitet. Der Phantasie sind wahrlich keine Grenzen gesetzt.«

Ich verzog das Gesicht beim Lesen. Zu Recht, zu Unrecht? Liebe Lisa, würdest du denn zu meiner Plazentaparty kommen? Ist das alles normal, was ich da erlebt habe? Stelle ich mich am Ende sogar an? Geht das noch schlimmer? Wie ist das, wenn mir plötzlich der Schleimpfropf kurz vor der Geburt in die Toilette fällt? Und: Hast du vielleicht noch ein paar ehrliche Tipps, wie man mit den Iiih- und Baaah-Themen wie Hämorrhoiden, Blasenschwäche oder Infektionen würdevoll fertig wird? Erzähl' mal.

Liebe Caro,
erinnerst du dich noch? Kurz hatten wir überlegt, unser Buch nach diesem Kapitel zu benennen: Der Schleimpfropf-Komplex. »Unzumutbar«, sagten alle, denen wir das erzählten. »Widerlich.« Und damit haben sie ja auch recht. Trotzdem müssen wir uns, sobald wir schwanger sind, mit diesen Themen auseinandersetzen. Ist das nicht genauso unzumutbar? Seien wir also fair zu unserem Körper und erwähnen erst einmal lobend, dass ein Iiih- und Baah-Thema ja schon mal wegfällt: die Periode. Danke Schwangerschaft! Da durfte ich doch tatsächlich alle vier Wochen auf diese Lästigkeit verzichten. Und jetzt noch etwas Gutes: Wenn du Glück hast, bleibt dir dieser Zustand auch noch in der Stillzeit erhalten, denn oft bleiben die »Ich-bin-jetzt-mal-nicht-empfänglich«-Hormone auch dann noch in deinem Körper, sodass du bis dahin nicht mehr blutest – jetzt mal ganz abgesehen von der Geburt und dem darauffolgenden Wochenfluss. Womit ich dann auch direkt mit den unappetitlichen Nebeneffekten starten möchte. Mich hatte nämlich leider keiner vorgewarnt, dass man nach der Geburt mit einer Altherren-Windel-artigen Einlage durch die Welt bzw. durch die Wohnung tapst. Was ich auch nicht wusste, war, dass man bereits in der siebten Schwangerschaftswoche so an Übelkeit leiden kann, dass man denkt, man sei erst durch den Fleischwolf gedreht und anschließend von einem LKW überfahren worden. Gott, war mir schlecht. »Das ist psychisch«, sagten sie mir. »Du fürchtest dich vor dem, was da auf dich zukommt.« Wieder andere sogenannte Experten sagten, ich solle Zitronenöl einatmen, sobald der Brechreiz kommt. Da kennt ihr aber meinen Körper schlecht! Der reibt euch gleich ein mit eurem Zitronenduft, dachte ich, es war kaum auszuhalten. Ging aber vorüber. Von Freundinnen habe ich gehört, dass sie sogar an den Tropf mussten vor lauter Erbrechen. Wieder ande-

re hatten nicht die geringste Berührung mit dem Thema. Wie konnte das sein? Ich musste also noch mal schwanger werden. Schauen, ob es vielleicht doch von Kind zu Kind unterschiedlich ist. Als es hieß, dass mein zweites Kind Zwillinge sind, warnte man mich: doppelte Mutterleibfüllung = doppelte Übelkeit. Ich zitterte über der Kloschüssel, aber: da kam nichts. Ich übergab mich höchstens einmal die Woche. Ein Spaziergang im Gegensatz zur ersten Schwangerschaft. Ob es daran lag, dass das erste Kind ein Mädchen war und die zweiten Jungs? Ich werde es nie erfahren.

Kommen wir aber zu deiner Frage: Nein, ich würde nicht zu deiner Plazentaparty kommen. Erstens hasse ich Mottopartys und zweitens halte ich das alles im Kopf nicht aus. Das ist doch Kannibalismus! In meinem Geburtsvorbereitungskurs erzählte mir eine Mutter, sie habe ein Stück Plazenta direkt nach der Geburt probiert, »als es noch frisch war«. Ach so, heißt ja nicht umsonst MutterKUCHEN, oder wie jetzt? Ich war geschockt. »Schmeckt nach Nuss«, sagte sie, als sei es das Normalste der Welt. Eine weitere Mutter erzählte dann, sie habe ihre Plazenta nach der Geburt ihres ersten Kindes vor vier Jahren zwei Wochen lang (!) im Backofen bei 100 Grad gegart, bis daraus ein Pulver wurde. Täglich habe sie seitdem von dem Pulver »genascht«, nun wunderbare Fingernägel und glänzende Haare, aber das Pulver sei fast leer. Zeit also, ein neues Baby zu bekommen! Zeit, rasend aus dem Raum zu rennen? Für die meisten nicht. Im Internet lese ich, dass Mutterkuchen gut zu Brokkoli passe, aber auch als Thai Curry akzeptabel sei. Selbst Tom Cruise kündigte das Verspeisen der Plazenta nach der Geburt seiner Tochter Suri an. Gib mal Plazenta bei Wikipedia ein! Dieses Foto da. Puh, dann siehst du, dass man so was nicht essen kann! Findet mein Freund Paul übrigens auch, er hat das anders gemacht. Die Plazenta seines Sohnes packte er nach der Geburt in die Tiefkühltruhe. Nachdem seine Mutter aber mal auf den Sohn aufgepasst hatte und das Ding auftaute, um ihrem Mann »lecker Nierchen« zu kochen, hat er die Beschriftung dann doch noch mal vergrößert – »PLAZENTA« –, um sie vier Jahre später einzubuddeln und einen Baum drauf zu pflanzen.

Um einen weitaus tabuisierteren glibbrigen Fleischklops handelt es sich beim Schleimpfropf, der bei den meisten Schwangeren kurz vor der Geburt abgeht. Der ist natürlich weitaus kleiner als die Plazenta, löst bei mir aber ähnliche Ekelgefühle aus. Nicht, weil er so schlimm wäre, sondern weil er so widerlich heißt. Gut an dem Ding ist, dass das wahrscheinlich nur du je zu Gesicht bekommen wirst – wenn überhaupt, es kann auch ganz unbemerkt irgendwann abgehen – und daher der Peinlichkeitsgrad nicht so hoch ist. Es sei denn, du gehörst zu der Sorte der Alles-mit-dem-Partner-Teiler. »Schatz, schau doch mal hier in mein Höschen, ein glibbriger Fleischklops, geht's jetzt los mit der Geburt?«

Trotzdem ist ja gut an dem Ding, dass es nur einmal auftaucht, ganz anders als deine Hämorrhoiden. Die lässt du dir am besten einfach weglasern. Da gibt es einen wunderbaren Proktologen, also Popoarzt, in Berlin, der auch noch Dr. Loch heißt. Bei Interesse gebe ich dir gern mal seine Nummer. Auch das also: kein Problem, zumal wir seit Charlotte Roches Roman ›Feuchtgebiete‹ ja auch alle ganz offen darüber reden können.

Meine Freundin Sabine kam neulich völlig fertig aus ihrem Rückbildungskurs zurück. Sie sagte Sachen wie: »Nie mehr.« Und: »Ich nicht.« Schon in der Vorstellungsrunde auf der Yogamatte, acht völlig fremde Frauen um sich herum wissend, hatten zwei der Damen zu weinen begonnen. Sie beide konnten seit der Geburt ihren Stuhlgang nicht mehr regulieren. »Das müsst ihr euch mal vorstellen«, hatte die eine von ihnen unter Tränen gesagt, »da geht man durch den Park und plötzlich wird es warm in der Hose und alles ist braun.« Ich kann dazu nur eines sagen: Mir ist so etwas nicht passiert. Weder am eigenen Leibe, noch haben mir Mütter aus meinem nächsten Umfeld so etwas erzählt. Es bleibt also zu hoffen, dass ich da einfach von echten Ausnahmen gehört habe und dass das alles nicht für dich gilt. Du also bleiben darfst, wie du bist: Eine stuhlgangregulierende Frau mit Würde – und mit ein bis zwei Terminen bei Dr. Loch.

33.
Das Hechelkurs-Klischee – Ist der Geburtsvorbereitungskurs wirklich Pflicht?

Liebe Lisa,
in Hollywood-Filmen, Frauenmagazinen, Kitschromanen und ja, auch in unserer Stadt gehört der Hechelkurs, pardon Geburtsvorbereitungslehrgang, zur Schwangerschaft wie der Sonnenuntergang am Strand zum Rosamunde-Pilcher-Fetzen.

Schon klar.

Geschätzte 60 Prozent aller werdenden Mütter gehen laut der Webseite Eltern.de zu so einer Schwangeren-Schwafel-Veranstaltung.

Aber weißt du was, Lisa: den Hechelkurs – ich glaub, ich schenk ihn mir.

Ist eine rein persönliche Entscheidung.

Denn ich kann mir irgendwie schwer vorstellen, das ganze Wochenende mit meinem Kerl Hand in Hand zwischen anderen Paaren in einem rosa Kissenmeer zu sitzen und mir an einer Stoffplazenta die »Reise ins Ich« neu erklären zu lassen. Dann dürfen wir wahrscheinlich noch alle möglichen Geburtspositionen mithilfe eines großen gelben Gummiballs ausprobieren, die für alle anderen den Gedanken zulassen, dass es genauso aussehen muss, wenn wir Sex haben. So eine Art Fremdschäm-Paar-Therapie mit Händchenhalten bei Schwangerschaftskräutertee.

Nach dem Motto: Fangt schon mal an, das mit der Erotik und Verführung zu vergessen, ab jetzt besteht eure Beziehung aus Dammmassage, Rückbildungsgymnastik, Windelwickeln und Babysprache.

Alles so schön natürlich. Wie die Geburt. Und das Leben.
Nee, lass mal.

Ich bin allgemein nicht so der Typ, der auf Seminare geht, erst einmal die Vorstellungsrunde mit Namensschildern macht und kurz erzählt, was er sich von dem Kurs erhofft. Nee, nee.

Auch das mit der Hebamme habe ich damals ganz pragmatisch abgehandelt. Als ich in der 20. Woche so still vor mich hinlitt und mich schon mehrere Kollegen und Freunde gefragt hatten, ob ich denn eine Hebamme hätte, kam bei mir plötzlich die Einsicht: Wie toll wäre es denn bitte, wenn sich jemand hauptberuflich mit meinen Wehwehchen auseinandersetzen würde? Und das auf Kosten meiner Krankenkasse. Wahnsinn, dass es einen solchen Beruf gibt!

Ich googelte also ein bisschen rum, telefonierte mit einer älteren erfahrenen Hebamme, die mir wiederum jemanden in meinem Stadtbezirk empfahl, die allerdings, wie sich dann herausstellte, für mehrere Monate verreist war.

Sie hatte aber wiederum eine Vertretung, wie die Ansage auf ihrem Anrufbeantworter verriet. Kompliziert, diese Hebammen. Auf jeden Fall geriet ich so an Jana. Jana, meine Hebamme. Jung, ungeschminkt und weltoffen. Will demnächst nach Tansania und als Freiwillige Babys in einem Buschkrankenhaus entbinden. Hart im Nehmen und genauso wild wie ich, die Gute.

Toll, toll, toll!

Wir telefonierten kurz und sie war mir sofort sympathisch. »Wie alt bist du denn?«, fragte ich sie vorsichtig. »27«, antwortete sie. Ich stutzte. Eine Hebamme, die zwei Jahre jünger ist als ich? Würde das gut gehen? Viel Erfahrung konnte sie jedenfalls nicht haben. Doch schon eine Sekunde später schämte ich mich für meinen Gedanken. Wie hart hatte ich es zu Beginn meiner Zeit bei der Zeitung als kleine, blond gelockte Jung-Redakteurin in einem Haufen alternder Männerkollegen gehabt? »Okay, Jana, dann machen wir das«, sagte ich ihr. Und unser erstes Treffen war gebongt.

Fazit: Was hätte es genützt, ewig zu suchen und zu überlegen? Am Ende ist alles im Leben eben reine Gefühlssache. Vielleicht ist ein bisschen weniger Planung für die Geburt sogar besser und zu viele Informationen gar nicht gut. Was meinst du, Lisa? Hat dein Hechelkurs dir ehrlich was gebracht? Und wenn ich doch gehen sollte: Wie schlimm kann es werden?

Liebe Caro,

»wir beginnen unsere Traumreise, konzentrieren uns ganz auf uns. Wir laufen barfuß über eine grüne Wiese. Die Sonne scheint warm. Wir spüren Grashalme, Gänseblümchen, Butterblumen, kitzelig-nass. Wir lächeln. Unsere Scheide greift nach den Halmen, den Blümchen, wir zupfen sie mit unserer Vagina-Muskulatur auf.«

Herzlich Willkommen im Geburtsvorbereitungskurs!

So geht das los.

Barbusige Äthiopierinnen mit ihren in Tüchern gewickelten Babys lächeln dich von Plakaten an, die Wand dahinter in Gelb- und Orangetönen. Auf dem Boden Isomatten und Stillkissen, in der Mitte Tee und Apfelstückchen. Alle Beteiligten in Socken.

So läuft das.

Ihr werdet es mit einer selbst gehäkelten Gebärmutter machen. Rote Wolle für Arterien, blaue für Venen. Ein Schleifchen als Muttermund. Darüber stülpt Hebamme Erdmute-Dörte noch ein Moskitonetz als Fruchtblase. Dabei wolltest du doch gebären und nicht stricken! Trotzdem: Du brauchst das. Du brauchst Leidensgenossinnen, die genauso schwanger sind wie du. Und die du später anrufen kannst, wenn dein Kleiner sechs Stunden am Stück schreit und die dir dann Tipps geben, dass die Isabella-Eugenie immer aufhört, wenn man ihr den Staubsauger über das Köpfchen hält und ihr dabei noch die Füße krault. Aber bis dahin vergeht noch etwas Zeit und jetzt musst du erst mal zu diesem Kurs.

So wird der.

Meine Freundin Jana musste fünfzehn Minuten mit der »Mumu« auf einem Tennisball ausharren, um »den Geburtsschmerz schon mal vorzufühlen«. Judith wurde aufgefordert, »einen Putzeimer« mit zur Entbindung zu bringen, damit sie den Mutterkuchen mit nach Hause nehmen kann. Da stell sich mal einer die arme Frau auf dem Weg von der Klinik nach Hause vor ... in der einen Hand das Neugeborene, in der anderen den Plazenta-Eimer. Dabei muss man die Plazenta gar nicht essen, erfährt sie von der Hebamme, man kann sie auch einpflanzen. »Warum meint ihr, hatten die Hebammen früher die besten Tomaten? Weil ...« Ich will es gar nicht wissen.

Auch Kris war schockiert von ihrem Wochenend-Crashkurs für Paare: »Unsere Hebamme hat den ganzen Kurs über nur gestöhnt. Es war ein einziges Fremdschämen. Sie erklärte, dass man besser pressen kann, wenn man den Kopf hebt. Zum Beweis rief sie eine Schwangere – Gott sei Dank nicht mich – nach vorne, die der Hebamme mit der flachen Hand in den Schritt greifen sollte, um zu spüren, wie sich der Pressdruck durch ihre Kopfhaltung verändert.«

Und von dieser Veranstaltung gibt es ja diverse Varianten: reine Mütterkurse oder Paarkurse mit je einem Abend pro Woche, die Variante Wochenendkurs, ebenfalls als »Mütter unter sich« und als Paarvariante, und eigentliche Mütterkurse, bei denen an einem Abend der Partner mit »darf«.

So lief es bei uns.

An unserem ersten Geburtsvorbereitungsabend kamen wir zu spät, mein Handy klingelte (»O je, die Strahlen«) und wir hatten noch die Schuhe an. Todsünde. Acht Augenpaare auf uns gerichtet, acht Augen, die uns in den nächsten sechs Wochen einmal wöchentlich begegnen würden. »Wir begrüßen euch, schließt die Augen, breitet die Arme aus wie ein Vogel ...«

Wo bin ich denn hier bitteschön gelandet, ich Vögelchen? Ob mein Baby die Angst spürt, die ich vor diesen unangenehmen Gesprächen á la Wir-kennen-uns-zwar-nicht-erzählen-uns-aber-trotzdem-intimste-Details habe? Jedenfalls strampelt und tritt mein Baby in diesem Raum ganz und gar nicht vogelkükenhaft. Wir sollen uns bäuchlings über grüne Gymnastikbälle hängen und uns massieren lassen, das Paar neben uns nimmt das sehr ernst. »Mensch, Hase, drück nicht so fest.« – »Verdammt, du sollst mich nicht ›Hase‹ nennen in der Öffentlichkeit.«

So kann es sein.

Wir widmen uns der »unnatürlichen Geburt«, Saugglocken, Zangen und Kaiserschnitten. Wir erfahren, dass in der »sanften« Variante die Bauchdecke der Frau aufgerissen statt geschnitten wird. Und ich hab ja schon Angst vor Spritzen! Dann doch lieber natürlich und mit Dammschnitt, denk ich. Aber nein. Auch da höre ich: Das wird heutzutage lieber gerissen bzw. da lässt man der Natur seinen Lauf und lässt's reißen. Da bleibt wirklich nur eins: Verdrängungstaktik. Das gilt im Übrigen auch für die ständige Fragerei nach meinen Gefühlen. Trotzdem denke ich am Ende: Alles gut, Geburt kann kommen. Mein armer Kerl nicht, der ist seit dem Kurs total verunsichert. Womit wir nicht dem Durchschnitt entsprechen, wie wir erfahren. »Normalerweise hat die Frau nach dem Kurs mehr Angst als vorher und der Mann weniger«, sagt Erdmute und ich denke: Interessant, dass trotzdem 60 Prozent aller schwangeren Frauen so einen Kurs besuchen.

Soll das so sein?

Nach Kursende sprechen wir Frauen über unsere Männer. Die eine sagt: »Meiner ist richtig mitschwanger. Er ist launisch und frisst den ganzen Tag.« Am nächsten Tag lese ich in einer Tageszeitung Folgendes: »Viele Männer zeigen Symptome einer Schwangerschaft, wenn ihre Partnerin ein Kind erwartet. Rücken- und Kopfschmerzen, Gewichtszunahme. Forscher der Universität Wisconsin erklären nun, dass dies keine Einbildung ist. Studien ergaben, dass es männlichen Menschenaffen ebenso geht.« Menschenaffen. Angst. Plazenten in Eimern.

So muss das natürlich nicht kommen.

Falls es wirklich so kommt, stell dir einfach all die neben dir hechelnden Dickmadames beim Sex mit ihrem Partner vor. Das hilft mit Sicherheit! Und das lässt es dich sicherlich auch besser verkraften, wenn du beim zweiten Kind zur nächsten Veranstaltung eingeladen wirst: zum Kurs für Mehrgebärende.

Es gibt eigentlich nur fünf verschiedene Paartypen bei einem Geburtsvorbereitungskurs

- Den Walfisch mit seinem Bohnenstangen-Mann in Birkenstocks
- Den Reggae-Dreadlock-Mann mit seiner eigentlich gewöhnlich aussehenden Frau, die aber vom Backen ihrer Plazenta erzählt
- Den Clown, der sich für keinen Witz zu schade ist, mit seiner pikierten Frau, die ihm auf die Finger haut

- Den Mitfühlenden, der permanent Kontakt zum Bauch seiner Frau aufnehmen möchte, debil grinst und sich schon »totaaal« auf seinen Joshua-Eliyah freut
- Das Akademikerpaar, das die Hebamme nach jedem Satz fragt, ob es dazu wissenschaftliche Studien oder Beweise gibt

34.

Todesangst – Was, wenn ich mein Baby aus Versehen umbringe?

Liebe Lisa,

jetzt bin ich schon in der 36. Woche und mich packt die Panik. Warum? Ich weiß doch gar nichts! Immer dieses Gerede von Frauen, die sagen: Hach, das lernt man dann schon. Das klappt schon alles irgendwie. Du musst deine eigenen Fehler machen.

Und der beste Standardspruch von allen: So viele Generationen von Frauen haben ihre Kinder durchbekommen, auch zu schlimmeren Zeiten.

Das mag ja alles sein, aber ich habe das Gefühl, die hatten im Gegensatz zu mir wenigstens den Hauch einer Ahnung. Ganz ehrlich: Ich kenne keine Kinder. Ich habe keine Freunde, die Kinder haben – außer Dich. Ich habe nie mit Kindern zu tun. Ich habe als Schülerin nie gebabysittet.

Bis jetzt bestand mein Leben darin, zu studieren, Reporterin zu sein, Texte abzuliefern, Freunde zu treffen und es mit ihnen am Wochenende scheppern zu lassen. Ich bin weit gereist – China, Indien, auch Tadschikistan – alles gesehen. Aber Kinder: Vergiss es. Keine Ahnung.

Heute Nacht bin ich aufgewacht. Es muss so zwischen dem 13.

und 14. Pipi-Toilettengang gewesen sein. Auf jeden Fall konnte ich danach nicht mehr einschlafen.

Ich grübelte im Halbdunkeln – mein Stillkissen fest im Griff: In vier Wochen habe ich also ein Baby. Aber wie schlafen Babys (wenn sie dann mal nachts schlafen!) eigentlich? Fenster auf, Fenster zu? Heizung ja, nein? Wie ist es wohl so einem Baby genehm? Braucht es ein oder zwei Hemdchen? Socken? Ist ihm genauso kalt wie mir, die gerne im Winter Socken zum Einschlafen trägt? Oder schwitzt es sich dann nass? Letzte Woche habe ich zwei Strampler aus Frottee mit kleinen Hasen drauf gekauft. Vielleicht ein Fehler. Denn wird mein Baby überhaupt Frottee mögen? Ich, zum Beispiel, hasse es, Frottee zu tragen. Also warum sollte ein Wesen, dass mindestens zu 50 Prozent meine Gene hat, es anders empfinden, nur weil die Baby-Industrie so süße Frottee-Anzüge herstellt? Nicht nachgedacht!

In dem Berliner Krankenhaus, wo ich entbinden möchte, haben sie jahrelang an einem Schlafsack geforscht, der bestmöglich alle Faktoren ausschließt, die zu Plötzlichem Kindstod führen können. Das Ergebnis ist ein kleiner hellgelber Anzug, der aussieht wie eine Latzhose.

Zeigt mir immerhin, dass ich nicht neurotisch bin, sondern auch Horden von Fachmedizinern sich dieselben Fragen stellen. Von Eltern überall auf der Welt mal ganz zu schweigen. Immerhin sterben etwa 200 Kinder im Jahr in Deutschland immer noch an Plötzlichem Kindstod. Ja, das ist vielleicht nicht einmal ein Baby von Tausenden, aber ich zähle leider nicht zu den Menschen, die man mit Statistiken beruhigen kann. »Das ist sehr, sehr unwahrscheinlich«, sagt meine Hebamme zu solchen Fragen. Aber andersherum gefragt: Wer führt oder will schon ein wahrscheinliches Leben führen? Erst vor einiger Zeit, als ich im Wartezimmer meines Gynäkologen Klatschmagazine schmökerte, blieb ich an einem vierseitigen Artikel in der Bunten hängen. Der kleine Sohn von Schauspieler Hardy Krüger jr. ist mit acht Monaten an Plötzlichem Kindstod gestorben. Gebannt las ich den Artikel vollständig. Wie die Eltern den Moment davor und danach erlebten. Das Grauen überkam mich: Das passiert also ganz normalen Menschen. Besser noch: wohlsituierten, kultivierten, unbedarften Menschen wie dem netten TV-Förster vom Forsthaus Falkenau. Kein Fall, den man runterreden kann, als hätten da ein paar betrunkene Asis die ganze Bude vollgepafft, nicht aufgepasst und am Ende waren sie selbst schuld. So kurz vor der Geburt packt mich echt die Panik.

Und auch meinen Freund. Meinen sonst so ruhigen Typen scheint mittlerweile auch die Angst zu schütteln. »Caro, wir müssen unbedingt so einen Baby-Kurs machen. Ich kann nicht mal wickeln«, sagte er erstmals vor ein paar Tagen. Er kam gerade von einem Baby-Erste-Hilfe-Kurs, zu dem ihn einer seiner ebenfalls Bald-Papa-Kollegen überredet hatte.

Zum ersten Mal erlebte ich meinen abendlich bei einer Partie Playstation entspannten Mann voller ungewohntem Aktionismus. »Wusstest du, dass wir eine Wärmelampe für den Wickeltisch brauchen? Und beim Wickeln immer eine Hand am Baby, sonst könnte es vom Tisch stürzen.«

Ich blickte erstaunt vom Sofa auf. »Warum denn eine Lampe?« Weil sich Babys innerhalb von fünf Minuten verkühlen können. »Auch bei einer Kinderbadewanne gibt es feine ergonomische Unterschiede«, holte Super-Papa weiter aus.

Was wir für Dilettanten-Eltern sind, war mir übrigens schon in der 20. Woche aufgefallen. Bis dato rauchte mein Freund neben mir auf unserem Ledersofa noch gemütlich jeden Abend eine nach der anderen.

Am Wochenende richtete ich dann die Geburtstagsfeier für eine Freundin bei uns zu Hause aus. Ich hatte zwei riesige Töpfe Pasta gekocht – um mich herum rauchten die Gäste gemütlich und tranken Wein. »Er raucht in deiner Gegenwart, das finde ich aber nicht gut«, merkte plötzlich unsere Nachbarin an. Ich fragte erstaunt zurück. »Wieso? Ist das denn schlimm? »Ja, klar, Passivrauchen ist in der Schwangerschaft schlimmer als selber rauchen«, grätschte meine Schwägerin in spe dazwischen. Mit panisch aufgerissenen Augen blickte ich meinen Freund an, der aber wenig beeindruckt schien. »Es gibt immer irgendwelche Querulanten, die mit Studien irgendetwas beweisen wollen«, antwortete er schnell und blies seinen nächsten Zigarettenzug in die Luft.

Es kam, wie es in jeder gesunden, ausgewogenen Beziehung kommen musste: Mir platzte der Kragen. »Das ist so typisch, dass dir alles scheißegal ist und ich die Verantwortung tragen muss«, brüllte ich ihn vor der versammelten Gästeschar an, die allesamt peinlich berührt auf den Boden oder in die Luft starrten. Ein wilder Wortaustausch entbrannte, gefolgt von einem Knallen der Schlafzimmertür und meiner Ansage, dass ich das jetzt nicht mehr mitmache und schlafen gehe.

Während ich im Bett lag und über Auszugs- und Rachepläne grübelte, hörte ich, wie meine Schwägerin im Wohnzimmer »Arschloch« rief. Jetzt lachte ich mit mir selbst: Der arme Kerl, dachte ich. So hart hat er es jetzt auch nicht verdient. Hoffentlich schmeißen sie ihn nicht noch vom Balkon oder fesseln ihn und drücken Zigarettenstummel auf ihm aus.

Fazit allerdings: Seit diesem Tag raucht der Herr der Schöpfung bei Wind und Wetter auf dem Balkon. Wie du siehst, Lisa, wir sind lernfähig. Aber reicht das? Ich meine, unser Baby wird im Winter geboren. Was passiert, wenn ich mich bei Glätte voll aufs Gesicht lege, den Kinderwagen umreiße und es mit meinem Kaffee-To-Go-Becher überbrühe?

Oder schlimmer: Ich lasse es irgendwo aus Schusseligkeit im Café stehen? Oder ich hebe Baby aus Unerfahrenheit falsch und er zerrt oder reißt sich was?

Ich meine, für jemanden wie mich, der es schafft, sich im Laufe seines Lebens zweimal Tipp-Ex ins Auge zu spritzen, vom Baum zu fallen, in einen Brunnenschacht zu fallen, sich die Finger auf einer Steingrillplatte zu toasten, die Zunge an einer Fonduegabel hohl zu kokeln, das ganze Bad nach einem Rasierunfall vollzubluten und sich drei Mal mit einem Fahrrad zu überschlagen – für den ist es bestimmt die leichteste Übung, ein Baby großzuziehen.

Also, Lisa, die Gelassene: Gibt es denn nicht wenigstens ein paar Grundregeln, die ein totales Scheitern in den ersten Monaten verhindern? Wie war das bei dir, woher wusstest du, wie man wickelt, Fläschchen gibt, zum Bäuerchen-Machen anregt, diese tausend Dinge, die man im 19. Jahrhundert wahrscheinlich auf der Haushaltsschule gelernt hat? Gib mir doch wenigstens ein paar Überlebensregeln.

Liebe Caro,

ich kann dich beruhigen. Tollpatschigkeit endet meist nicht tödlich. Und ein Neugeborenes sieht zwar zerbrechlich aus, es kann aber einiges ab. Wirklich. Es überlebt auch eine Geburt! Die Kopfknochen verschieben sich während der Geburt und der Rest des Körpers wird von wellenartigen Schüben durch ein winziges Loch gepresst. Das halten die kleinen Dinger aus. Also werden sie es auch aushalten, wenn die unerfahrene Mama mal die Windel falsch rum wickelt. Trotzdem kann ich deine Ängste gut nachvollziehen.

In meiner ersten Schwangerschaft hatte ich mal einen Traum: Ich musste zwei Kinder gleichzeitig umsorgen, beide noch im Pampers-Alter. Der Junge saß auf meinem Arm. Das Mädchen schuckelte ich durch die Badewanne, weil sie sich die Windel vollgemacht hatte. Als ich sie so durchs Wasser wippte, wurde sie plötzlich klein wie ein Wurm in meiner Hand. Ich machte mir tierisch Sorgen, aber sobald ich sie aus dem Nass gehoben hatte, pumpte sich der Wurm wieder auf und wurde wieder zum Baby. Ich bin kein Traumdeuter, aber ich machte mir schon so meine Gedanken und hatte das Gefühl, dass hier unbewusst doch ordentliche Verlustängste mitschwangen. Das Problem in der ersten Schwangerschaft ist ja: Du kannst dir auf keinen Fall vorstellen, wie das wird mit einem eigenen Kind. Also ich konnte das jedenfalls nicht, viele meiner Freundinnen ebenfalls nicht. Selbst die, die schon etliche Nichten und Neffen hatten, sagten: ICH als Mutter? Unvorstellbar. Das ist ähnlich wie bei einer Fernreise und damit hast du ja schließlich Erfahrung. Erst kommt die euphorische Vorfreuden-Anspannung (Schwangerschaft). Du kannst dir nicht vorstellen, dass du schon in zwölf Stunden am Strand der Karibik sitzt. Dann kommt der ätzende, langwierige Flug, bei dem du gar nicht oder nur ungemütlich schlafen kannst (Geburt) und dann stehst du am schwülen Flughafen, bist voller Adrenalin und kannst dir nicht mehr vorstellen, dass du gestern noch im kaltnassen Deutschlandregen ein Wurstbrot beim Stammkiosk gegessen hast. So wird es dir auch nach der Geburt gehen. Es wird sehr schnell gehen, dass du dir dann gar nicht mehr vorstellen kannst, dass du vor wenigen Tagen noch kein

Baby hattest. Ein Rückflugticket gibt es dann zwar nicht mehr, aber so ein Leben in der Karibik ist doch auch ganz nett, oder? Auch da kann es zwar Startschwierigkeiten geben, das Essen verträgst du vielleicht nicht so gut. Im Hotelzimmer läuft mal 'ne Kakerlake über den Boden. Aber dagegen findest du instinktiv Mittel und Wege. Wirklich.

Das mit der Kakerlake finde ich übrigens ein gutes Bild zum Vergleich mit der Mutterschaft. Die Kakerlake braucht nämlich nur einmal kommen und trotzdem wirst du jeden Tag und jede Nacht aufs Neue daran denken, dass so ein Vieh noch mal kommen könnte. Bei einem Baby ist das auch so. Die Verantwortung lässt dich nicht los. Selbst wenn es schläft, kannst du nicht komplett abschalten, weil du daran denkst, dass es gleich wieder aufwachen könnte, oder weil du dauernd überprüfst, ob es noch atmet. Und trotzdem bleibt das nicht so, nach einer kleinen Eingewöhnungsphase (Jetlag) wirst du dich auch wieder ein bisschen entspannen können. Das Leben so nehmen, wie es ist, vielleicht ohne Wurstbrot vom Kiosk, dafür aber mit karibischer Sonne. Ob du dann auch weiter so ängstlich bist wie jetzt in der Schwangerschaft, das wird auch durch Erfahrungen beeinflusst, die du mit deinem Baby machst. Wenn es dir einmal aus dem Kinderwagen gefallen ist, dann wirst du ab dann und für immer akribisch auf die Liegeposition achten. Wenn es dir einmal vom Wickeltisch gefallen ist, selbst wenn es weich im vollgepackten Windeleimer landete, dann wirst du mit sofortiger Wirkung für immer panisch aufpassen an der Kommode oder gar nicht mehr dort wickeln. Und wenn du dann mal mit deinem Kleinen im Krankenhaus bist und nach der Vollnarkose ein Stationsclown auf dein weinendes Kind einlacht und du durch die grinsende Rotnase an die letzte José-Carreras-Gala zugunsten krebskranker Kinder erinnert wirst, dann sag ich dir, dass du solche Galas nicht mehr schauen wirst. Was bedeutet: kein TV in der Weihnachtszeit. Ist ja auch nicht mehr nötig, wenn du stattdessen auf die Wellen der Karibik schauen kannst.

35.

Der Kopf muss da durch, auch wenn's dir den A***
aufreißt ... Splatter-Geschichten zur Entbindung

Liebe Lisa,

am Wochenende saßen wir mit Freunden abends gemeinsam bei Rotwein (für alle), Apfelschorle (für mich) und Spaghetti Bolognese am Tisch, als mein Kumpel Malte in puncto Babys noch einen zum Besten geben musste.

»Meiner Tante hat's bei der Geburt das Steißbein gebrochen. Der Kopf wollte einfach nicht raus«, rief er in die Runde. Sofort brachen alle Tischteilnehmer in schallendes, erstauntes Gelächter aus. Nur mir blieb der Nudelhappen im Halse stecken. »So ein Quatsch«, spielte ich meinen Schockmoment äußerlich herunter. »Doch, doch«, erwiderte Malte. Die näheren Umstände kannte er natürlich nicht. So ein Penner!

»Meinst du, das ist möglich?«, habe ich dich dann letzten Mittwoch auf der Spielplatzbank gefragt. Und du hast nur gedankenverloren genickt und geantwortet. »Kann schon passieren.« Und während du dich dann wieder einem deiner mit Matsch, Rotz und Keks bekleckerten Kinder gewidmet hast, wäre ich am liebsten auf dich draufgesprungen, hätte deinen Kopf in den Sandkasten gedrückt und dich angebrüllt, wie du es wagen kannst, noch mehr unbegründete Geburts-Albtraum-Szenarien in mir zu pflanzen. Denn davon habe ich mittlerweile den Keller voll!

Seit der 36. Woche, jetzt wo's echt ernst wird, denke ich ehrlich gesagt an nichts anderes mehr. Den ganzen Tag läuft mein Kopfkino auf Hochtouren. Bei jedem kleinen Ziehen, bei jeder mickrigen Übungswehe. Ob am Süßigkeitenautomaten, unter der Dusche, im Gespräch mit meinem Chef, beim Klamotten-Stöbern oder abends vor dem Fernseher: Ständig habe ich diese Splatter-Szenarien vor Augen, von Dingen, die beim Gebären schiefgehen oder schmerzhaft werden könnten. Hier ein Best-of meiner gruseligsten Szenen:

1. Meine Fruchtblase platzt, natürlich Montagmorgen in einer überfüllten S-Bahn, und ich stehe in totaler Panik da, mir läuft die Suppe die Beine runter und ich muss mich auf einer dieser mit Kaugummi beklebten, vollgekotzten Sitzbänke legen, wie's die Hebammen empfehlen, während ich mit dem Handy am Ohr meine eigene Entbindung organisiere. Sprich: Meinen Freund wahrscheinlich aus einem Meeting rufen und ihm erklären, dass ich nicht aufstehen kann und er mich aus einer fahrenden (!) S-Bahn abholen muss.

2. Ich liege im Kreißsaal und brülle mit knallrotem, schmerzverzerrtem Gesicht nach einer PDA. Und dann läuft's wie bei meiner Freundin Annalena. Die Ärzte setzten ihr irgendwann schnell zwischen Eröffnungs- und Presswehen die ersehnte, schmerzstillende Infusion in den Periduralraum. »Jetzt müssten Sie nur noch einen Druck nach unten spüren«, tröstete sie daraufhin die Schwester. Aber Annalena schüttelte den Kopf. »Nein, nein. Ich spüre noch alles wie vorher.«

3. Obwohl meine Hebamme freundlich darauf besteht: »Hier keinen Dammschnitt«, kennt der Oberarzt keine Gnade und reißt mir – natürlich aus streng medizinischen Gründen – in alle vier Himmelsrichtungen den A*** auf, dass es an Körperverletzung grenzt. Dass da unten mal alles klein, süß und eng war, kann ich daraufhin zu meinen Mädchenerinnerungen packen.

4. Während ich fröhlich presse, werden Hebamme und Arzt zu einer Siebenlingsgeburt gerufen. Die beiden bitten schnell um Verständnis, als sie aus der Kreißsaaltür hasten. »Tut mir leid, Frau Rosales. Hier müssen Sie jetzt mal kurz alleine weitermachen.«

5. Der Klassiker: Während ich Wehen habe, gibt mein Schließmuskel den Geist auf und ich scheiße mich ein. Aber keine Sorge: Der süße Assistenzarzt mit den topaktuellen Sneakern hat schon alles weggewischt.

Super sind auch immer die Bekannten und Arbeitskollegen, die man lustig zwischen Tür und Angel fragt: »Und wie war deine Entbindung?« Und die dann total lustig antworten: »Ach, das erzähle ich jetzt mal lieber nicht.« Als hätten sie alle in das schwarze Loch der Verdammnis, in das Tal der tausend Tode geblickt, aber einen Gebärendenpakt geschlossen, nie über dieses Trauma zu sprechen. Später habe ich übrigens erfahren, dass die eine der Befragten ganz romantisch ihr Kind in einer Geburtswanne gebären wollte, aber aus dem Wasser stieg, nachdem sie sich zweimal in die Wanne übergeben hatte. Brrrr!

Dass ich sehr aufgeregt bin, merkte mir dann bei der letzten Vorsorgeuntersuchung auch der Arzt im Krankenhaus an. Nachdem er meine tausend Fragen und Nachfragen beantwortet hatte, meinte dieser nur cool: »Frau Rosales, wenn Sie einen Wunsch-Kaiserschnitt wollen, machen wir heute einen Termin.«

Und ich war baff. Was? So einfach?

Seitdem bin ich echt verunsichert, Lisa. Wäre das denn so schlimm? Den Termin selbst bestimmen, alle Schmerzen vergessen, nicht die Heldin spielen und einfach die Seitentür, eine Abkürzung nehmen? In Amerika, wo über die Hälfte der Frauen die Kaiserschnittgeburt wählen, gibt es sogar Kampagnen, die mit dem Slogan »Save your Lovechannel« (»Verschone deinen Liebeskanal«) für die »geplante Geburt« werben. Und ich muss sagen, ich bin jetzt echt verwirrt bis angetan von der Idee. Was meinst du dazu? Muss ich die oscarreife Darbieterin eines gruseligen Geburts-Splatterfilms werden? Warum findet die Hebamme aus dem Geburtsvorbereitungskurs, dass die Schmerzen »schon für irgendwas gut sein müssen«? Was sagst du denn dazu nach drei Geburten? Würdest du dir das bei einem weiteren Kind auch immer noch »ganz natürlich ohne Schmerzmittel« wünschen oder ist man danach so geschädigt, dass man am liebsten bei der Geburt im Koma läge?

Nach all diesen Geschichten von außen (Freunde) und innen (mein Kopf) verlässt mich schon manchmal der Mut. Wie gehe ich damit um?

Liebe Caro,
ich hätte dir niemals von brechenden Steißbeinen erzählt, wenn du nicht danach gefragt hättest. Ich finde nämlich: Unwissen

kann manchmal durchaus helfen! Ich habe sogar eine Freundin, die sich den Geburtsvorbereitungskurs spart, weil sie Panik hat, dass dort schlimme Geschichten von Erbrochenem in Geburtswannen, von Dammschnitt-nähenden Krankenschwester-Praktikantinnen besprochen werden oder von Blitz-Geburten in Taxis, bei denen der Fahrer nachher 13,40 Euro berechnet, obwohl er eigentlich 300 Euro für die Reinigung der Ledersitze hätte verlangen können, erzählt werden. Dein Gynäkologe hat dir also einen Wunschkaiserschnitt angeboten? Und du hast ernsthaft darüber nachgedacht? Okay! Die Angst packt auch nach dir. Normal.

Und um die nicht noch zu verstärken, wirst du von mir hier auch keine Splatter-Geschichten hören. Meine Schwägerin Tine sagte neulich: Die größte Gruppe Kinder noch vor der mit Chromosomenstörungen und Herzerkrankungen ist die der gesunden Kinder! Und genauso verhält es sich mit Entbindungen. Die gehen nämlich meistens – Überraschung! – für Mutter und Kind glimpflich aus. Klar steigt die Kaiserschnittrate rasant an, laut Statistischem Bundesamt ist die Quote in Deutschland von 1991 bis 2009 von 15,3 Prozent auf 31,3 Prozent angestiegen. Aber rettet das nicht auch – zumindest manchmal – Leben?

Ich bin ein absoluter Freund von Naturgeburten und finde auch bis heute, dass, wenn schon ein Kaiserschnitt geplant wird, das Kind bitteschön selbst den Zeitpunkt bestimmen sollte, wann es »fertig« ist und raus will, dass also erst mit der ersten Wehe der Bauch aufgeschnitten werden sollte. Aber ich finde es auch gut, dass wir medizinisch so weit sind, dass es heute nicht mehr die Regel ist, dass Frauen bei Geburten sterben! Früher passierte das. Oft sogar. Die Azteken haben das weibliche Gebären früher sogar dem männlichen Tod im Gefecht gleichgesetzt. Auf in den Kampf also? Können wir heute überhaupt noch kämpfen? Unsere europäischen Probleme sind halt andere als früher und eine Finanzkrise mag ja schlimm sein, lässt sich mit existenziellen Problemen wie Krieg und Hunger aber nicht mehr vergleichen. Wir leben in einer Welt, in der wir fast alles unter Kontrolle haben. Und plötzlich steht da eine Geburt an, bei der wir die Kontrolle abgeben müssen. Das bereitet Ängste ... und sei es »nur«

die Furcht vor postnataler Inkontinenz oder vor dem unkontrollierten Verlust von Körperflüssigkeiten im Kreißsaal. Das sind Frauen, die mit einem normalen Schamverständnis an die Sache rangehen, und ich finde es löblich, dass sie sich diesen Rest an Würde bewahren, *obwohl* ja bereits in der Schwangerschaft quasi dauerhaft Tag der offenen Tür in ihrem Intimbereich herrscht, bei all den Untersuchungen und Kontrollen. Ich sag dir was: Bei der Geburt bist du so bei dir, so weggebeamt in eine andere Welt, dass dich gar nicht interessieren wird, ob du nun in die Geburtswanne pupst oder nicht. Und ob dabei Musik läuft oder die Wände pastellfarben gestrichen sind, das wird dir dabei am Allerwertesten vorbeigehen. Hauptsache da ist jemand, der dir dein regelmäßig verkrampfendes Händchen hält. Wehe, Handdruck, Pause, Loslassen usw.

Und Loslassen musst du eben nicht erst mit der ersten Wehe, sondern schon jetzt. Dich freimachen von jedem Planungsanspruch. Den Aus-Knopf finden für die Organisationsschaltstelle in deinem Hirn.

Schon mal von dem Begriff Kopfgeburt gehört? Er beschreibt eine mühevoll entwickelte Idee, die trotzdem nicht sonderlich gut gelingt. Heißt auf die Geburt übertragen: Je mehr wir uns gedanklich mit ihr befassen, desto größer ist die Chance einer Enttäuschung, den Kopf sollten wir raushalten aus der Sache: ~~Kopf~~geburt.

Viele Hebammen erzählen ja, dass bei der Geburt längst begraben Geglaubtes wieder an die Oberfläche geraten kann, weil wir uns nicht nur körperlich, sondern auch seelisch so sehr öffnen. Dass wir Schmerzen aus der Kindheit mit rausschreien in den Momenten des Pressens. Viele glauben auch, dass schon bei der Geburt der Charakter des Kindes zum Vorschein kommt. So sollen etwa Babys, die durch einen »hohen Geradstand« eine natürliche Geburt unmöglich machen, weil sie die letzte Drehung verweigern, auch später im Leben noch sehr willensstark sein, für den letzten Schritt zum Ziel aber Hilfe von außen benötigen. Und lustigerweise passen die Geburten meiner Kinder auch sehr gut zu ihren Charakteren ... Meine Tochter, die mit aller Gewalt gegen mein Becken schlug, sich aber weigerte, die letzte Drehung zu tun, um endlich geboren zu werden. Ein Wahnsinnswille, der aber eben manchmal einfach nicht zum Ziel führt – das kommt auch jetzt noch vor. Und die Zwillinge, die es sich so gemütlich gemacht hatten bei mir, dass sie einfach überhaupt nicht raus wollten und mit schlechten Herztönen auf die wehenfördernden Medikamente reagierten, die sind auch heute noch sehr anschmiegsam.

Und wenn du jetzt denkst: Bleib mir weg mit deinen Ammenmärchen. Dann lieber Splatter-Momente? Okay, ich erinnere mich bei meinen Geburten nur an einen einzigen ...

Da waren die Zwillinge ganz frisch per Kaiserschnitt geholt und die Ärztin gratulierte meinem Mann am OP-Tisch, indem sie ihre zwei blutigen Metzgerhandschuhe in die Luft hielt und »Glückwunsch« rief. Und weil meine frisch geborenen Jungs in diesem Moment ihren ersten Schrei taten, war das ein unvergesslicher Moment. Viel eindrucksvoller als ein pastellfarbenes Rosamunde-Pilcher-Happy-End. Splatter? I like.

Kreißsaal

Das Wort Kreißsaal kommt von Kreißen. Kreißen (mittelhochdeutsch) ist mit Kreischen verwandt und Kreischen hat wenig mit den dröppelnden Zitterklängen zu tun, die uns in Geburtsvorbereitungskursen auf die Entbindung einstimmen sollen.

36.

Ab an die Milchbar! Stillen oder Nicht-Stillen?

Liebe Lisa,

mir ist neulich etwas klar geworden. Ich dachte zunächst: Wow, 37. Woche, jetzt sind es allerschlimmstenfalls noch vier Wochen und dann kann ich wieder guten französischen Wein oder Mojitos trinken und dazu ganz vielleicht, wenn das Baby schläft, mal eine Marlboro Lights auf der Terrasse durchziehen. Als ich noch einmal in meiner Redaktion vorbeischaue, verkünde ich prahlerisch meine Post-Babybauch-Pläne der versammelten Kolleginnenrunde Alle schauen mich verdutzt an. »Ach, Caro, du willst also gar nicht stillen?«, fragte dann ausgerechnet unsere Medizinredakteurin vorsichtig.

Und mich traf es wie ein Blitzschlag. »Doch, natürlich«, erwiderte ich schnell. Und alle nickten beruhigt. Verdammt, Lisa! Darüber habe ich so im Detail noch gar nicht nachgedacht. So weit hat die Schwangerschaftsdemenz mich also schon im Griff!

Stillen! Daheim googelte ich sofort nach. Die Weltgesundheitsorganisation (WHO) empfiehlt, sechs Monate voll zu stillen. »Breast is best« (Brust ist das Beste) lautet heutzutage die Devise. Und ich war nach dem Lesen zugegeben etwas ernüchtert.

Das soll tatsächlich heißen, nachdem ich mich volle neun Monate wie eine Bio-Fetischistin ernähren musste, weder rauchen, noch am Sektglas nippen konnte, mir Vitamintabletten reingeschaufelt habe und mir bei Starbucks schätzungsweise 356 koffeinfreie Milchkaffees bestellt habe, dass es jetzt noch sechs Monate so weitergehen soll?

Liebe Stillbefürworter, Milch-Ligen und Gesundheitsbehörden, wollt ihr mich etwa vera*****?!?!

Ich meine, jetzt mal ehrlich, Lisa, wäre es sooo schlimm, wenn ich nicht sechs Monate lang vor der ganzen Welt und zur Freude meiner notgeilen Nachbarn alle paar Stunden meine Bluse lüfte und mein Baby einfach mit der Flasche füttere?

Mein Freund zum Beispiel ist in den Siebzigern geboren. Da war Stillen total out und verpönt. Also wurde er mit der Flasche großgezogen. Und, was ist passiert? Nichts! Oder gibt es etwa Studien über die körperliche und geistige Benachteiligung von Menschen, die in den Siebzigern geboren wurden? Eben!

Kann ja auch gut sein, dass alle Expertenvereine in zehn Jahren wieder sagen: »Ach nee, großer Irrtum, doch nicht stillen, ist total ungesund.« Gerade dann, wenn meine schönen Apfeltittchen lang und schlapp gestillt sind und ich mich zur Rettung meines Selbstwertgefühls und Sexuallebens unters Messer legen muss.

Aber angenommen, ich würde doch ein bisschen stillen. Tut das nicht weh? Und stimmt es, wie ich gehört habe, dass das Baby die Brust erst einmal aufbeißen muss? Erzähl mal, Lisa, du, die sogar Zwillinge sechzehn Monate lang gestillt hat.

Liebe Caro,
es sind doch nicht die Stillbefürworter, die schuld sind, dass du noch sechs weitere Monate lang enthaltsam und gesund leben sollst – sondern dein Baby! Du tust das nicht für irgendwelche Verbandsmitglieder, sondern für dein Kind. Und für dich! Denn Stillen ist vor allem eins: praktisch! Die Milch ist immer dabei, sie hat immer die richtige Temperatur und nachts brauchst du nicht aufzustehen, um Pulver anzurühren. Außerdem: Stillen bedeutet doch nicht nur Verzicht. Du kannst doch viel mehr essen, weil du die Kalorien dann fein ans Baby weitergeben kannst. Toll, oder? Klar, du kannst natürlich trotzdem dein Kind mit der Flasche großziehen. Aber Stillen hat halt schon echt große Vorteile. Es kostet zum Beispiel nichts. Dazu ist Stillen eine wunderbare Gesundheitsvorsorge für dich als Mutter! Das Risiko für Herz-Kreislauf-Erkrankungen, für Brust- und Eierstockkrebs geht zum Beispiel deutlich zurück. Neueste Studien belegen auch, dass das Übergewichtsrisiko deines Babys mit jedem Monat, den es gestillt wird, um vier Prozent gesenkt wird. Stillmilch schmeckt

zudem jeden Tag anders, das ist toll für die Geschmacksbildung deines Kindes.

Bombastisch hört sich das an, wie ein Zaubertrank bei Asterix und Obelix und ein bisschen erinnert mich dieses sich an die Bedürfnisse des Kindes anpassende Getränk auch daran.

Trotzdem kann man es mit der Muttermilch-Euphorie natürlich auch maßlos übertreiben. Wenn ich lese, dass in London Speise-Eis aus Menschenmilch hergestellt und verkauft wird, dann hört bei mir der Spaß auf. In einem Online-Artikel lese ich sogar von der Herstellung von Muttermilchkäse. Bäh.

Du siehst, das ganze Thema weckt Emotionen. Jeder kann oder will mitreden. Mythen werden gesponnen, vom Aufbeißen der Brustwarzen (so ein Quatsch! Klar können die Brustwarzen durch die ungewohnte Belastung mal bluten, aber die werden sicher nicht aufgebissen, zumal Säuglinge in der Regel ohne Zähne zur Welt kommen), von Frauen, die zu wenig Milch haben (Studien belegen, dass das nur in sehr seltenen Ausnahmefällen geschieht), von Nächten, die mit Flaschenkindern viel ruhiger sind (Humbug!). Es ist also extrem wichtig, eine gute Hebamme oder Stillberaterin an der Seite zu haben, die uns aufklärt und Mut macht. Denn Stillen ist schwer! Wir müssen das erst lernen!

Gut also, dass es Vereine und Verbände gibt, die sich, teils ehrenamtlich, um die Ermutigung zum Stillen kümmern und sich um den Ruf des Stillens bemühen. Das ist durchaus nötig, wie eine Studie der Montana State University beweist. Diese ergab, dass stillende Frauen von ihrer Umgebung als weniger kompetent angesehen werden! Stillende Mutter = dumm. Als würde uns die Milch die Hirnzellen aus dem Kopf ziehen. Trotzdem gibt es natürlich auch einige überzeugte Stillbefürworter, die es einfach zu weit treiben.

Im Netz werden sie als »Stillmafia« bezeichnet, in dem Buch ›Babybeschiss‹ ist gar die Rede von »Still-Ajatollahs«. Gemeint sind die Leute, die ihr Leben der Pro-Muttermilch-Bewegung verschrieben haben und mit aller Härte vorgehen. Ich habe gehört, dass Elternzeitschriften Probleme haben, ein Statement von einem Stillexperten zu bekommen, wenn dort auch Werbung für Säuglingsanfangsnahrung, Schnuller oder Stillhütchen geschal-

211

tet wird. Da herrscht ein simples Ausschlussprinzip. Pulvermilch und Kautschuk-Helfer: böse. Muttermilch: heilig.

In den USA, dem Land der Extreme, wird Muttermilch mittlerweile als »Weißgold« bezeichnet und damit ist sogar Geld zu verdienen! Auf der Website »Only the Breast« bieten Frauen ihr tiefgefrorenes »flüssiges Gold« an, weil natürlich auch die Staaten nicht verschont blieben von der Bio-Öko-Hysterie und Frauen ohne eigene Muttermilch lieber zu natürlicher Fremdmilch greifen, als zu künstlichen Babyprodukten.

Eine ganze Marketingmaschine für das Natürlichste auf der Welt rollt da durch die Welt und schwappt eben auch zu uns. In der Schweiz geht diese Maschine so weit, dass sich Mütter bereits öffentlich gegen den »Stillzwang an Geburtskliniken« wehren. Was läuft da schief? Wieso ist es so schwer, einen Mittelweg zu finden?

Perfekt wäre eine umfassende, von der Krankenkasse bezahlte Stillberatung für jede Schwangere, sodass sie nach der Geburt einen eigenen, wohlüberlegten Entschluss fassen kann. Ohne Zwang.

Ja, Stillmilch passt sich wunderbar der Entwicklung des Babys an, ist immer warm und immer verfügbar, es soll Allergien vorbeugen und kann auf wunde Bauchnäbel, auf Babyakne und sogar ins verstopfte Kindernasenloch gegeben werden, aber es beschränkt die Frau natürlich auch in ihrer Freiheit, kostet viel Zeit, kann die Sexualität beeinflussen und zu fiebrigen Entzündungen führen etc.

So eine Allround-Pro-und-Contra-Aufklärung ist noch immer nicht selbstverständlich. Viele Frauen, die nicht stillen, haben ein schlechtes Gewissen, viele Mütter, die stillen, machen das vielleicht einzig und allein aus ihrem Pflichtbewusstsein heraus. Jede Frau ist anders und jede ist auch anders erschöpft. Manche Frauen können nicht stillen, andere vergessen sich über das Stillen selbst.

Jeglicher Druck ist schädlich für die Stillerei und Stillprobleme sind oft psychischer Natur. Ich weiß das selbst! Die Stillberatung nach der Geburt meiner Tochter war desaströs, jede Schwester gab andere Anweisungen, ich saß heulend an diesen unwürdigen Abpump-Melkmaschinen, bis am Ende keine Milch mehr tropfte, sondern Blut. Aua! »Ich stille trotzdem!«, bundeskanzlerte ich und war damit auch nur eine von vielen Militantinnen, die der Maschinerie aufgesessen waren. Fast sprang ich der Krankenschwester an die Gurgel, als sie mir Zufütter-Empfehlungen gab. »Niemals! Dann ist der ganze Allergieschutz weg!«, war ich überzeugt. Am Ende erfuhr ich aus dem Krankenhausbericht (kann jede Mutter nach der Geburt bei der Klinik anfordern, sehr empfehlenswert!), dass hinter meinem Rücken doch Maltodextrin beigefüttert wurde. Und, was soll ich sagen? Ich war empört, trotzdem hat meine Tochter auch mit sechs Jahren noch keine Allergie ...

Ich habe sie nach sechs Monaten abgestillt – weil es mir so gesagt wurde. Bei meinen weiteren Kindern war ich schlauer und hörte einfach auf sie (okay, auch so ein bisschen auf mich ...). Nach 16 Monaten erst stillte ich also die Zwillinge ab. Weil sie es so wollten. Weil ich es so wollte. Kein Mal wunde Brustwarzen in dieser Zeit. Und das, obwohl ich sie nicht vorab mit einer elektrischen Zahnbürste abgehärtet hatte, wie es in einigen Ratgebern steht, und obwohl ich mir auch keinen Nippel-frei-BH im Sexshop bestellt hatte, wie es eine Bekannte empfahl, sondern weil ich in dieser als »babyfreundlich« zertifizierten Klinik (davon gibt es über 70 in Deutschland) Menschen um mich wusste, die mich anfeuerten, mir Stillmut zusprachen, trotzdem aber auch meine eigenen Wünsche ernst nahmen.

Ich ließ mir bei den Zwillingen entgegen aller Empfehlungen (»Vorsicht! Saugirritationen!) Stillhütchen bringen, ab dem ersten Tag, denn wunde Brustwarzen wollte ich nie wieder. Es funktionierte super, erst nach etwa vier Monaten versuchte ich es ohne und das klappte dann auch. Von wegen Irritationen ... Wir Mütter müssen überleben! Wir müssen unsere eigene Methode finden dürfen. Du schreibst es ja selbst: Auch aus ungestillten Kindern aus den 70er-Jahren sind stattliche Kerle geworden. Zum Beispiel unsere Männer. Stillen ist toll, aber es ist eben auch nicht alles.

37.

Wer's glaubt ... Geburtswunder: Von Hypnobirthing über Lamaze bis zu Moxibustion

Hey Lisa!
Was bist du bloß für eine Freundin!

Ich meine, das hättest du mir ruhig mal alles sagen können! Und bitte tu jetzt nicht erstaunt.

Gestern war ich bei der vierten Stunde meines Geburtsvorbereitungskurses (ja, ich mache ihn jetzt. Aber alleine.) und das Letzte, was ich mitschneide, als ich den Rest Himbeerblättertee nippe und mich mit meinem Bauch aus diesem rosa Kissenmeer herauswuchten will, ist, dass sich da drei meiner Mitstreiterinnen über ihre nächste Akupunkturstunde unterhalten. Von wegen wer mit wem den Termin tauschen könnte.

Vorsichtig habe ich mich also in meinen rutschfesten Socken an die Gruppe herangepirscht und nachgefragt: »Ihr geht zur Akupunktur? Aber jetzt nicht wegen der Schwangerschaft, oder?«

Die kleine Blonde hat dann verständnisvoll und allwissend gelächelt. »Doch natürlich, wir nadeln bei Hebamme Ingrid, einmal die Woche.«

Ich lächelte gekniffen zurück und machte einen zweiten Anlauf, um endlich aufgeklärt zu werden.

»Und ist das gut?«

Endlich zeigte die Brünette mit dem Batik-Bauchband in der Gruppe Erbarmen.

»Also, laut so einer Mannheimer Studie kann Akupunktur die Konstruktivität der Wehen erhöhen. Also einfach gesagt kann sich der Muttermund dann bei der Geburt leichter öffnen und man spart statistisch gesehen bis zu zwei Stunden Eröffnungswehen.«

»Aha«, brachte ich daraufhin nur heraus.

Was hätte ich darauf denn bitteschön auch antworten sollen?

– »Wer's glaubt!«

– »O nein, ich muss dringend damit anfangen, mir überall Nadeln reinzustecken.«

– »Zu dumm, neben Feldenkrais, Schwangerentagebuch schreiben, Pralinen essen und Heublumenbädern bleibt da leider keine Zeit mehr.«

Nee, mir fiel einfach nichts Sinnvolles ein.

Stattdessen grübelte und googelte ich auf meinem Handy rum.

Konnte es sein, dass die ganze Palette der natürlichen Geburtswundertechniken 38 Wochen lang einfach an mir vorbeigerauscht war?

Und dabei bin ich natürlichen Heilmethoden gegenüber doch eigentlich gar nicht so unaufgeschlossen. Ich meine, seit Urzeiten, noch lange bevor es moderne Medizin gab, mussten sich Frauen mit einfachen Mitteln selbst helfen und die sind – wie es scheint – heute nicht einmal überholt.

Im Internet stieß ich dann auch auf das wohlklingende Wort Lamaze. Eine amerikanische Organisation, die sich für die sanfte Geburt starkmacht. Frauen sollen demnach bewusster gebären, so Stress abbauen und sich damit selbst die Wehenschmerzen wegnehmen.

Ehrlich gesagt klingt das Prinzip für mich logisch.

Ich habe ja auch keine Lust, während der Entbindung wie in einem dieser Mittelalter-Schinken auf einen Lederriemen zu beißen, während um mich herum das Blut spritzt und die Hebamme »Pressen!« schreit.

Dann doch bitte lieber Lamaze.

Auch die Methode von dem französischen Geburtshelfer Leboyer leuchtete mir beim Lesen sofort ein. Demnach soll kurz nach der Geburt die Situation für das Baby, wie sie im Mutterleib vorherrschte, noch erhalten bleiben. Das heißt ein abgedunkelter Raum, Wärme und Kontakt zur Mutter.

»In dieser Umgebung werden Kinder meist ruhig, mit weit geöffneten Augen und glücklich murmelnd geboren«, steht auf der Webseite des Magnus-Hirschfeld-Archivs für Sexualwissenschaft.

Also, welche werdende Mutter würde bei diesem Satz nicht schwach werden und sagen: »O ja, das bitte einmal für mein Baby!«

Und vielleicht liegt da ja auch genau der Hund begraben.

Wir Schwangeren sind sowieso eine von Emotionen getriebene, leicht zu steuernde Schafsherde, die jederzeit vom Berg ins Tal und zurück getrieben werden kann, sobald das natürliche Wohlbefinden ihres Lämmchens auf dem Spiel steht.

So sitze ich einen Nachmittag später in der Café-Ecke des Buchladens, lese einen Ratgeber nach dem anderen quer, um auch ja genau zu wissen, welche Methode vielleicht doch für mich infrage kommen könnte.

Eine Wassergeburt?

Warum nicht!

Die chinesische Wärmemethode, genannt Moxibustion, falls Junior sich nicht drehen möchte?

Man könnte es ja mal versuchen.

Hypnobirthing? Also, sich während der Geburt selbst in Hypnose versetzen, um so die Schmerzen zu lindern?

Okay, das geht jetzt doch zu weit!

Noch einen Tag später sitze ich dann beim Frauenarzt im Wartezimmer und stöbere Broschüren.

Beckenbodenschulen, Gebärenden-Coaching, Schwangeren-Kochkurs, eine sogenannte Doula, sprich Geburtshelferin, buchen?

Oh Gott, muss ich denn Geburtswissenschaften studiert haben, um zu wissen, was für mich und mein Baby das Beste ist?

Dieser ganze Kram ist doch am Ende nur Profitmacherei, die ich einfach ignorieren kann.

Oder etwa nicht? Was denkst du denn, Lisa? Deine drei Kinder sind gesund, klug, hübsch und aufgeweckt. Was sagst du denn zu all diesen Wundermethoden? Hat dir eine davon geholfen?

Liebe Caro,
ich glaube, du hast ein paar Räucherstäbchen zu viel eingeatmet, bevor du mir das alles geschrieben hast. Du klingst ja plötzlich so

weich! Und offen für die Natur! So kenn ich dich gar nicht. Bist du nicht diejenige, die sagt: Wenn Geburt, dann nur mit Hightech-Medizin, Schmerzmitteln und den besten Medizinern der Stadt? Ha. Ich glaub, die grünen Eso-Männchen haben dich gekidnappt und dein Gehirn mal so richtig durchgewaschen. Klar, jetzt weißt du von alldem nichts mehr. Aber so muss es gewesen sein! Sie haben dich mit Akupunkturnadeln gefügig gemacht, haben dich in ihr UFO für spirituelle Behandlung geschleppt, in ein rundes Zimmerchen mit pastellfarbener Schwammtechnik-Tapete und Wandtattoo: »Spür in deine Mitte hinein.« Rauschschwaden waberten durch den Bauch des UFOs und aus den an der Decke befestigten Lautsprechern aus ökologisch abbaubarem Holzimitat tönten Delfinlaute ...

Kaum ein anderes Thema ist so von Klischees vollgestopft wie die Esoterik. Es ist ein Spannungsfeld, das sich da auftut, denn Dinge, die sich mit Esoterik erklären lassen, lassen sich mit üblichen Denkstrukturen eben nicht erklären. Ich war ehrlich gesagt auch überrumpelt von der Flut an alternativen Empfehlungen, die mich in der Schwangerschaft überschwemmte. Nicht selten stand ich davor und dachte: Ich glaub, mich tritt ein Kind!

Als mir eine Hebamme von Metall-, Holz- und Feuertypen erzählte und damit versuchte, meine Beziehung zwischen Himmel und Erde zu ergründen (chinesische Fünf-Elemente-Lehre).

Als mir nahegelegt wurde, am Ende der Schwangerschaft ein Räucherstäbchen zwischen die Zehen zu stecken, damit sich mein Kind noch drehen und in Geburtsstellung bringen würde (Moxibustion; dabei soll über den Blasen-Nieren-Meridian die Uterusmuskulatur beeinflusst werden).

Lebten all diese Menschen in einer Parallelwelt oder war ich bis zur Schwangerschaft einfach vollkommen blauäugig durch die Welt gerannt? Das fragte ich mich. Trotzdem zeigte ich mich offen demgegenüber. Ich machte brav Akupunktur vor der Geburt und – tja – wer weiß, ob sonst die Wehen schmerzhafter geworden wären ... niemand! Mir tat der Termin auf jeden Fall gut, weil ich dabei in schöner Atmosphäre mit meiner Hebamme quatschen konnte. Ich kann also sagen: Es hat mir zumindest in dieser Hinsicht etwas gebracht. Ich habe mir auch mal meine

Chakren erklären und meine Energiebahnen richten lassen. Ob's was gebracht hat? Hm, es hat zumindest nicht geschadet! Trotzdem musst du natürlich nicht Geburtswissenschaften studiert haben und ich glaube auch ganz sicher, dass du ohne all diese Methoden ganz gut durch die Schwangerschaft kommst. Aber wenn dich eine dieser Methoden beruhigen kann, dann hat es schon auch etwas Positives. Die Frage ist halt, wie weit man es damit treibt.

Ich kenne Geschichten von Bekannten, die sich ein Glöckchen vor die Vagina hängen sollten (am Gürtel befestigt), damit das Kind den richtigen Weg nach draußen findet. Ich habe im supermom-berlin.blogspot gelesen, dass eine Frau sich ein selbst gebasteltes weibliches Becken auf den Kopf setzen, die Augen schließen und sich an den Anfang der Schwangerschaft versetzen sollte, um das Kind gedanklich doch noch zu einer Drehung nach unten zu bewegen.

In Schwangerschaftskursen sollen wir plötzlich unsere Gebärmutter »anlächeln«, wir sollen den Dampf von Heublumen mit der Scheide einatmen, die »Sitzbeinhöcker« spüren, den Beckenboden »leben lassen«, uns vorstellen, wir seien ein Baum oder eine Blume, deren Blüten sich mit jeder Wehe weiter öffnen – und dabei sagt keiner, dass Blumen nach einigen Tagen verwelken!

Ich kann die Mädels verstehen, die dann auf Durchzug schalten und gedanklich ihren Einkaufszettel schreiben: Butter-Sahne ... Dammmassage! ... Eier-Kartoffeln-Saft ... Aromatherapie! ... Salami.

Dabei ist es ja ganz gut, dass wir uns mal ein bisschen mit natürlichen Methoden und ganzheitlichen Herangehensweisen beschäftigen – würden nicht immer alle gleich so übertreiben!

In der Schwangerschaft haben wir plötzlich Verantwortung für ein Baby, ist doch klar, dass wir nicht unüberlegt Antibiotika schlucken wollen wie bisher. Also sind wir dankbar für jeden Globuli- oder Kräutertipp, der helfen könnte.

Trotzdem will ich mir eben keine Gebärmutter auf den Kopf setzen und »Omm« hauchen. Am besten noch in einer Gruppe, o je, ich wäre die Erste, die dann hysterisch zu kichern anfangen würde. Da will man doch losprusten, als Normalsterblicher. Den

Schluck Limo ... äh ... Himbeerblättertee durch Mund und Nase zurück in den Raum schnauben. Und vielleicht sollte man das in solchen Situationen auch einfach mal machen. Nicht nur, weil die grünen Eso-Männchen sich tierisch erschrecken würden, sondern weil so ein Lacher doch auch »total natürlich« ist. Omm.

38.
Geburtsparty –
Wer kommt am Kreißsaal-Türsteher vorbei?

Liebe Lisa,
ich weiß, ich weiß, es klingt jetzt wahrscheinlich sehr unkonventionell für dich. Aber mein geliebter Freund und Kindsvater wird bei der Geburt unseres Babys nicht dabei sein. Das haben wir so beschlossen. Beide. Als Paar.

Er wird ganz klassisch wie in alten Historienfilmen vor dem Geburtszimmer auf und ab laufen und dann beim ersten Schrei reingestürmt kommen.

Warum?

Nun, darauf gibt es eine einfache und eine komplizierte Antwort.

Die Einfache ist: Wir wollen noch Sex haben. Guten Sex. Mindestens 20 Jahre. Und wir glauben beide nicht, dass es förderlich für die Erotik in unserer Beziehung ist, wenn er – der eh kein Blut sehen kann – zusieht, wie ich unser süßes Baby herauspresse. Tatsächlich hat er darüber mit einigen Kollegen gesprochen, die ihm sogar dazu geraten haben. Einer dieser Kollegen ist da so ein ganz tragischer Fall. Er erzählte meinem Freund, er sei nach der Geburt seiner Tochter so traumatisiert gewesen, dass er es nicht mehr hingekriegt habe, mit seiner Frau zu schlafen, wohl aber mit seiner 20-jährigen Praktikantin. Die Ehe ist heute logischerweise Geschichte.

In der Theorie sei es zwar so, meinte mein Freund, dass der Mann im Kreißsaal eher am Kopfende sitze und das ganze Geburtsgemetzel nicht mit ansehe, aber das entspräche nicht der Realität. »Ganz ehrlich«, beichtete ihm einer seiner Fußball-Freunde in der Kneipe neulich. »Wir haben alle kurz einen Blick riskiert und es gesehen.«

Arme, arme Männer!

Und wenn du jetzt findest, wir übertreiben, Lisa, kriegst du hier noch einmal die komplizierte Antwort von mir. Denn tatsächlich ist es zwar so, dass, laut Forsa-Umfrage, mittlerweile 89 Prozent der Männer bei der Geburt ihrer Kinder dabei waren, allerdings waren viele nachher alles andere als glücklich darüber. Eine Studie der Uni Bonn ergab, dass von 171 der befragten Männer die Hälfte von dem Ereignis völlig überrumpelt war. Ein Viertel sprach sogar von einem »sehr schrecklichen Geburtserlebnis«. In einem Zeitungsinterview erklärte die Leiterin der Studie Valenka Dorsch: »Man kann schon von einem gesellschaftlichen Druck sprechen, der Väter dazu bringt, bei der Geburt dabei zu sein.«

Andere Studien belegen, dass die Anwesenheit der Männer und ihr unkooperatives Verhalten wie Kicker lesen, drängen, Panik erzeugen, die Geburt zeitweise sogar zum Stocken brachten. Und ich habe gehört, dass die Hebammen die Väter manchmal extra losschicken, sich einen Kaffee zu holen, oder ihnen sogar vorwandmäßig einen Auftrag erteilen, eben irgendetwas zu besorgen, was jetzt angeblich benötigt wird, damit die Frau sich entspannt, »loslässt« und auf einmal, schwupps, ist das Kind da.

Persönlich muss ich sagen, wäre es meine größte Albtraumvorstellung, zu viele Menschen im Kreißsaal zu haben. Wie zum Beispiel in diesen RTL-Reality-Shows, bei denen die ganze Familie um's Bett steht. Oder so 6oer-Jahre-mäßig mit der ganzen WG um die Geburtswanne und einer spielt dazu Gitarre. Nee, nee.

Ich sage dir, wie ich's mache: Nur meine Mutter, der Arzt und die Hebamme werden dabei sein. Denn meine Mutter ist super. Die kann ich anbrüllen, die ist dann nicht beleidigt und vor allem kennt die das mit der Geburt. Vor einem halben Jahr hat sie sogar das Baby ihrer afrikanischen Chefin mit entbunden. Der Mann war irgendwo bei seiner Zweit- oder Drittfrau in der Heimat.

Was für mich einmal umso mehr beweist, dass Gebären reine Frauensache ist!

So, Lisa, wie findest du das? Dein Kerl war schließlich bei den Geburten deiner drei Kinder dabei. War das schön? Und gut so? Mache ich in deinen Augen vielleicht sogar einen Fehler, wenn ich meinen Freund ausschließe?

Liebe Caro,

ich finde den Titel dieses Kapitels sehr bauchpinselnd. Geburtsparty! Das hat etwas von ausgelassener Freude, Spaß, Alkohol. Nur: Von Geburt hat das so wenig, leider. Zumindest, wenn ich mich an meine eigenen Entbindungen erinnere. Ich hätte dir den Mai Tai entgegengespuckt, wenn du dich erdreistet hättest, mir einen in die Geburtswanne zu reichen. An einem Tresen hätt ich gar nicht mehr stehen können, in der Phase des vermeintlich letzten Pressens. Aber es gibt wohl Menschen, denen das anders geht. Also nur Mut! In dem wunderbaren Buch ›Tagebuch einer Hebamme‹ von Peggy Vincent ist nicht nur einmal die Rede davon, dass Frauen möglichst viele Menschen für die Geburt um sich versammeln sollen. Die Amerikanerin schreibt: »Ich bat alle Paare, die sich für eine Hausgeburt entschieden, noch eine andere Person dabei zu haben, wenn es so weit war, als ›Stütze‹. [...] Viele besorgten sich gleich mehrere Geburtsbegleiter. Wenn sich ein Massenaufgebot eingefunden hatte, wusste ich, dass hinterher ein Umtrunk größeren Ausmaßes stattfinden würde.«

Klar, ich hatte auch eine Flasche Champagner in meiner Kliniktasche dabei. Nur: Getrunken hab ich die nach der Geburt nicht, ich war ja schon so betrunken vor lauter Hormonen und Euphorie. Peggy Vincent ist da also anscheinend anders als ich. Auch ihr eigenes drittes Kind sollte von einer Partygemeinschaft in Empfang genommen werden. Sie schreibt: »Ich war den ganzen Morgen auf den Beinen, machte Wäsche und bereitete etwas Gutes zu Essen für die kleine Feier nach der Geburt zu.« Zu der »kleinen« Feier waren folgende Personen gekommen: ihre Eltern, »mehrere« Krankenschwestern und Hebammen, ihre Freundin Sandi und deren zwei Kinder, eine Fotografin und das

Aupairmädchen. Dazu noch ihr Mann und ihre eigenen beiden Kinder. Das sind mehr als zehn Personen! Ist es denn nicht eigentlich etwas Intimes, zu gebären?

Ich glaube ja, dass das ein kulturelles Phänomen ist. In Deutschland sind wir ja die Meister des Datenschutzes, was anscheinend nicht nur für Daten gilt, die wir im Internet von uns preisgeben (müssen), sondern eben auch für andere Bereiche. Wie die Geburt. Meine deutschen Freunde trauen sich ja nicht mal mehr zu chatten bei Facebook, weil sie glauben, da lese jemand mit. Meine Latinofreunde hingegen geben dort ihr ganzes Leben preis, Hunderte Fotos, Infos und so weiter. Die hätten sicher alle auch nichts gegen eine Geburtsparty! Bei uns im Land der Datenschützer und Schilderliebhaber, da feiern wir nicht so gern so ausgelassen. Als ich auf dem Weg in den Kreißsaal war, um meine Zwillinge zu entbinden, da blitzte mir ein Warnhinweis entgegen. Darauf stand: »Bitte nicht mehr als zwei Begleitpersonen in den Kreißsaal mitringen!«

Huch? Ich fragte bei der zuständigen Hebamme nach. Sie sagte, ich könne mir gar nicht vorstellen, mit wie vielen Personen unsere »Freunde aus dem benachbarten Ausland« oft an der Kreißsaaltür klopften. Die brächten ihre ganze Großfamilie mit, was die Arbeit der Ärzte so sehr erschwere, dass sie nun die Zahl einschränken mussten. Interessant!

Bei meiner ersten Geburt waren mein Mann, meine Hebamme und eine Kinderkrankenschwester dabei. Das war's und das reichte mir auch vollkommen. Ich war so konzentriert auf mein Atmen, dass ich das Drumherum eh nicht wirklich wahrnahm. Eine Party hätte da stattfinden können, ich hätte nichts davon gemerkt, warum also hätte ich das machen sollen? Ich fand's aber gut, dass mein Mann dabei war. Eine vertraute Person, die mir Sicherheit gab. Andere mag die Anwesenheit des Liebsten verunsichern. Mich nicht. Besonders gut fand ich das auch für die Rekonstruktion des Geburtsgeschehens. Er konnte mir alles erzählen. Diese Außenansicht tat mir gut. Und während du nicht einmal deinen Kerl mitnehmen willst zur Entbindung, weil du Angst um dein künftiges Sexleben hast, ist deine Mama Gast auf einer afrikanischen Geburtsparty. Was uns das sagt: Jeder Jeck ist anders. Jede Kultur ist anders. Jede werdende Mutter ist anders. Die Schwangere selbst sollte der Türsteher an der Kreißsaaltür sein. Und knallhart aussieben, wer dabei sein darf und wer nicht. Und wenn's keiner befolgen will, dann hilft immer noch ein Verbotsschild. Zumindest in Deutschland.

39.

Ausgerechnet – jetzt fehlt nur noch das Baby. Welche Wehenschubser helfen?

Liebe Lisa,

ich habe genug! Ich platze vor Neugier, will endlich das Strampeln meines Babys sehen und nicht nur als dumpfe, heimtückische Tritte gegen meine eine schon ganz lädierte rechte Rippe wahrnehmen. Ich finde, ich habe genug gelitten. 38 Wochen voller Übelkeit, Rückenschmerzen, Inkontinenz, Sodbrennen, Sex-Entzug und Beraubung aller Freizeitaktivitäten, die Spaß bringen (Wein trinken, Lights rauchen, bis zum Morgen ausgehen, tanzen und dann betrunken vögeln) sollen in einer spontanen Geburt endlich ihr schmerzvolles Ende finden und mit einem schreienden, rosa-nassen Baby belohnt werden.

Das Problem: Es tut sich einfach nichts. Ich meine, so gar nichts. Keine Wehe, kein Ziehen, kein Schleimpfropf-Abgang.

Dabei hatte mein Frauenarzt beim letzten Termin noch unerhörte Hoffnungen in mir geweckt. Er steckte den letzten Befund von den Bluttests und Abstrichen ausgedruckt in meinen Mutterpass und übergab ihn mir mit beiden Händen.

»So, ab jetzt kann es jeden Tag losgehen, Frau Rosales«, sagte er pathetisch. Und ich nickte mit großen Augen wie ein kleiner Pfadfinder beim Fahnengruß – alle Kräfte konzentriert auf die große, mir allein anvertraute Mission. Seitdem bin ich sozusagen: allzeit bereit. Babyausstattung ist da. Die Wohnung ist geputt und glänzt dank Nestbautrieb aus allen Ecken. Die Geburtstasche ist gepackt und mit ausreichend Prinzenrollen-Proviant bestückt. Die Handynummer der Geburtsklinik ist unter den Favoriten im Handy gespeichert.

Nur das Baby, das Baby hat anscheinend alle Zeit der Welt.

»Ich will, dass mein Körper endlich wieder mir alleine gehört«, heulte mir eine mitschwangere Bekannte (39. Woche) am Wochenende beim Italiener vor. Und ich platzte vor Neid, dass sie wohl eine Woche vor mir dran sein könnte. Ich sah mich schon Zehnter-Monat-schwanger-genervt bei einer Kitschkomödie und viel zu viel Essen auf der Couch sitzen, während sie fleißig die Fotos von ihrem verknautschten Neugeborenen rumschicken würde. Hach, es ist zum Verrücktwerden.

Doch bleiben wir optimistisch: Rein statistisch, erklärte mir der Doc, kommen zwei Drittel aller Babys vor dem errechneten Termin zur Welt. Das heißt, dass ich 17 Tage vor dem errechneten Entbindungstermin mit meinem mittlerweile Drei-Kilo-Baby tatsächlich Chancen auf einen baldigen Geburtsbeginn habe.

Aber kann man da nicht doch ein bisschen nachhelfen? Ich habe da mal recherchiert.

Bei Dr. Google und in diversen Schwangerschaftsratgebern werde ich beim Begriff »Wehenschubser« fündig. Hier mal die Highlights der Ratschläge. Wie immer gehen hier aber leider Theorie und Praxis weit auseinander.

1. Ganz weit vorne als Tipp: Sex. Schön und gut. Dumm nur, dass die meisten Kerle große Hemmungen haben, ihre hochschwangere Freundin zu vögeln, es sei denn, sie kommen gerade sturzbetrunken um vier Uhr nachts von einer Party und ihnen ist eh alles egal.

2. Brustwarzen kneten. Soll die Hormonproduktion fördern. Ich sage nur: Aua!

3. Heublumendampfbäder. Schüssel mit kochendem Wasser und Heublumen ins Klo stellen und draufsetzen. Bin ich die Einzige, die sich doof dabei vorkommt?

4. Rotwein. Aber nur ein Glas zur Entspannung. Irgendwie habe ich Angst, dass ich nach einem Glas, meinem ersten Glas

nach neun Monaten, die Beherrschung verliere und völlig von der Kette gelassen die ganze Flasche leere. Also: besser nicht.

5. Spazieren gehen. Super Tipp! Mache ich seit Tagen. Drei Kilometer von der Uni zurück nach Hause. Meine Füße sind mittlerweile wund gelaufen. Und von Wehen keine Spur.

6. Nelkenöl-Tampons. Klingt irgendwie nicht gesund.

7. Altes Hebammenrezept: ein Cocktail aus Rizinusöl, Wodka und diversen Säften. Kann aber auch gefährlich sein und Durchfall verursachen. Also, ich bin doch kein Masochist!

Du siehst, Lisa, so einfach ist das bei mir nicht. Da hilft auch kein gutes Zureden. Von wegen psychologische Einflussnahme. Jeden Tag sage ich zu mir selbst als Motivationshilfe: Heute ist der große Tag. HEUTE IST DER GROSSE TAG.

Mittlerweile komme ich mir schon vor wie einer dieser Sektengurus, die jeden Tag ihren Jüngern den Weltuntergang prophezeien, aber nichts passiert. Deshalb brauche ich jetzt wirklich mal ein paar echte Tipps. Und komm' mir bitte nicht mit: Genieß die letzten Tage und entspann dich. Von diesen Ratgebern habe ich das ganze Regal voll!

Liebe Caro,

nun erfährst du ihn am eigenen Leib. Den Kontrollverlust. Wie schade, dass dein Körper keine Stereoanlage ist und du jetzt einfach mit der Fernbedienung auf »Next track« drücken kannst. »Ich han de Musick bestellt, darum bestimme ich och, watt se spillt«, heißt es in einem meiner Karnevalslieblingssongs. Der Text gilt aber nun nicht mehr für dich. Denn du hast zwar bislang in einer immer digitaler werdenden Welt gelebt, musst dir jetzt aber eingestehen, dass du an dem letzten Rest Natur, das so einer Schwangerschaft anhaftet, nichts ausrichten kannst. Das ist für viele nicht leicht zu akzeptieren. Da has du de Musick schon bestellt, darfst aber eben nicht bestimmen, watt se spillt. Das geht nur mit einem geplanten Kaiserschnitt. Laut Statistischem Bundesamt ist der Anteil der Geburten durch Kaiserschnitt in Deutschland von 1991 bis 2009 von 15,3 Prozent auf 31,3 Prozent angestiegen, was europaweit einen absoluten Spitzenwert darstellt. Die Versuchung ist einfach zu groß, schon vorher auswählen zu können, welches Datum den werdenden Eltern am besten für den Geburtstag des Kindes gefällt. Sie können die Geburtskarten schon vorab drucken, die Verwandtschaft gezielt zum Babystaunen einladen ... Merkst du, in welche Richtung meine Gedanken hier gerade gehen? In Richtung Roboter. Alles plan- und programmierbar. Aber nicht mit deinem Baby! Lass ihm diesen Restfetzen an Natur zum Start seines Lebens, es wird früh genug mit dudelnden und blinkenden Plastik-Kinderhandys und muhenden und blökenden Bauernhofbüchern zugemüllt werden.

Klar wirst du ungeduldig am Ende. Du willst dein Baby endlich sehen, es kennenlernen und mit Blicken auffressen. Aber überlass ihm bitte trotzdem selbst, wann es kommen will. Was sind schon ein, zwei Wochen im Vergleich zu den nächsten 70 Jahren, in denen du dein Kind erleben wirst? Vergraul es doch bitte nicht jetzt schon, indem du ihm getränkte Dufttampons entgegenschiebst! Und so ein Dampfbad mit der Schüssel in der Toilette. Das ist doch würdelos! »Und mit der Vagina ›atmet‹ ihr dann den Heublumenduft ein«, erläuterte meine Hebamme. Der wollte ich was atmen danach, glaub mir.

Trotzdem war ich natürlich nicht frei von all den »natürlichen Helfern«, die geburtsfördernd wirken sollten, als ich im neunten Monat mit Zwillingsbauch und 25 Kilo extra auf den Hüften dann auch mal die Geduld verlor. Durch die Zeitungen geisterte das Foto einer Frau, die im neunten Monat noch einen Marathon gelaufen war und nur Stunden später ihr Kind zur Welt brachte. Sport musste also helfen. Ich versuchte es mit Trampolinhüpfen. Autsch! Ich trank widerliche Kräutertees mit Nelken und Ingwer und Zimt. Pfui! Ich kaufte sogar Rizinusöl und Wodka, brachte es aber dann doch nicht übers Herz, mir diese zähflüssige Masse einzuverleiben. Denn eigentlich wusste ich ja: Die zwei Jungs haben sich da ein wunderschönes Wohnzimmer in meinem Bauch eingerichtet. Die kommen wegen zwei Schlückchen Wodka da nicht einfach raus! Am Ende versuchten wir, sie mit wehenförderndem Vaginalzäpfchen zur Geburt zu zwingen. Auch das: vergeblich.

Trotzdem gibt es sie natürlich, die Frauen, bei denen solche Methoden funktionieren. Meine Freundin Antje fuhr drei Wochen vor dem Entbindungstermin noch mal für ein Wochenende weg aus Berlin. Mit ihrem Mann. Nach Bergisch Gladbach. Barfuß ging sie über Sand, ihr Bauch zwickte mit jedem Schritt regelmäßiger. Im Pass ihres Kindes steht nun lebenslänglich Bergisch Gladbach statt Hauptstadt. »Ist doch klar«, sagte die Hebamme, »Fußreflexzonenmassage, und sei es durch Sand, wirkt eben wehenfördernd.« Ich denke ja eher: Das Kind war fertig modelliert und wäre, egal wo, sowieso zur Welt gekommen. Es hat also alles keinen Sinn. Oder doch? Wahrscheinlich ist es schon auch wichtig, dass du dich bereit fühlst für dein Baby. Nestbautrieb und so. In meinem Schwangerschaftstagebuch lese ich: »Der Nestbautrieb meines Mannes äußert sich derzeit so: In dieser Woche ein neuer Drucker/Scanner/Kopierer (Kombigerät), ein neuer Liegestuhl, ein Elektrogrill fürn Balkon.« Na, welches Kind wird da denn nicht sofort kommen wollen? Dazu drück ich dann auch noch auf den »Next-track«-Knopf meiner Fernbedienung, sicher ist sicher. Und wenn das dann auch nicht hilft? Hilft nur noch zurücklehnen und abwarten.

Nur etwa vier bis neun Prozent der Kinder kommen am errechneten Termin zur Welt, hab ich gelesen. Und dass zwei Drittel der Kinder vorher kommen ... da hast du dich leider verlesen, meine Liebe. Zwei Drittel der Kinder kommen in den zehn Tagen vor **und** nach dem Termin zur Welt. Auch wenn das das Letzte ist, was du gerade hören willst. Lackier' dir noch mal die Fußnägel, es schadet nicht, wenn du im Kreißsaal gut aussiehst. Und dann setz dich ins Freilichtkino oder sonstwohin und irgendwann wirst du ihn spüren, diesen Medizinball im Bauch, der rhythmisch hart und wieder weich wird – Wehen! Und dann setzt du das Blaulicht auf deinen VW-Käfer und fährst in die Klinik – um dort zu erfahren, dass das alles nur Übungswehen sind. Repeat, repeat statt Next track. Das ist dann der Moment, in dem du dir 'ne neue Stereoanlage anschaffen möchtest. Damit alle mal mitsingen können: »Ich han de Musick bestellt ...«

LETZTER AKT:
DIE ENTBINDUNG

40.
Tschüss Schwangerschaft!
Wie lief denn nun die Entbindung?

Liebe Caro, darf ich dich jetzt am Ende auch mal was fragen?
Ja klar, drehen wir es mal um. Schieß los.

+++ WARNUNG +++ DU HAST JETZT NOCH DIE MÖGLICHKEIT, DIESES KAPITEL WEGZULEGEN +++ WARNUNG +++ ES KÖNNTEN RECHT EHRLICHE INHALTE ZUTAGE KOMMEN +++ WARNUNG +++ BESSER ERST NACH DER GEBURT LESEN +++ WOBEI: WENN DU BIS HIERHIN DURCHGEHALTEN HAST, KANN DICH EIGENTLICH JA NICHTS MEHR SCHOCKEN +++

Tja, Caro,
bei meinen Entbindungen lief das ja alles nicht so wie gedacht. Meine Fruchtblase platzte zwar nicht in der U-Bahn, sondern brav zu Hause und die Wehen begannen so zaghaft, dass ich wie auf Drogen dauergrinste, weil ich mich so freute, dass nun endlich, endlich mein Baby kommen würde. Doch dann gab's einige Ernüchterungen: Bis zur vollständigen Muttermundöffnung kämpfte ich mich in der Geburtswanne in einem Geburtshaus ab, bis mir von einem Geburtsstillstand erzählt wurde und alles dann doch ganz schnell gehen musste. Krankenwagenfahrt mit Presswehen. In der Klinik ein Oberarzt, der mit dem ganzen Arm in mir versuchte, mein Kind doch noch aus mir herauszuziehen ... und schließlich ein Kaiserschnitt unter Vollnarkose. So war das nicht gedacht. Das Krankenhaus war die Pest, das Stillen schmerzte, das Baby schrie. Meine Tochter war das schönste, das beste Baby dieser Welt für mich und sicherlich schrie es nur so viel, weil es so intelligent war und schon viel mehr können wollte, als es konnte, aber es war schon auch anstrengend und vor allem: ganz anders als gedacht. Ich hatte einen Praxisschock.

Bei den Zwillingen träumte ich wieder von einer natürlichen Geburt, wenn ich sie auch von vornherein als Krankenhausgeburt geplant hatte. Dort endete eine Vorsorgeuntersuchung zwei Wochen vor dem eigentlichen Entbindungstermin dann in Action. Per Vaginalzäpfchen wurden die Wehen eingeleitet, die mir die Kinder so in die Rippen jagten, bis ich dachte, sie brächen. Meine Jungs hatten aber keinen Bock auf Geburt und konterten die unnatürlichen Wehen mit schlechten Herztönen. Alles endete also wieder in einem Kaiserschnitt, diesmal aber per PDA und mit dem wunderbaren Gefühl, zumindest den jeweils ersten Schrei meiner Söhne gehört haben zu dürfen.

Du siehst: In aufopferungsvoller Vorbereitung auf dieses Buch habe ich zwei All-inclusive-Geburten über mich ergehen lassen mit allen möglichen lustigen Komplikationen. Nie etwas Schlimmes, aber immer anders als gedacht und leider immer im Kaiserschnitt endend und ich sage dir: Wenn ich noch einmal entbinden würde, ich würde es trotzdem wieder natürlich versuchen! So eine Kaiserschnittnarbe ist schon etwas Doofes und das nicht nur körperlich ... Ich kämpfe schon auch damit, bei der ersten Geburt zum Beispiel durch eine Vollnarkose den ersten Schrei meines Kindes verpasst zu haben. So etwas solltest du nicht unterschätzen.

Ich bin da ja relativ naiv an die Sache rangegangen, besonders beim ersten Kind. Und du hast ja auch so weltfremde Dinge gesagt wie: »In der ersten Woche nach der Geburt geh ich mittags immer ins Wirtshaus«, oder: »In den ersten zwei Wochen nach der Geburt hat mein Kerl frei, da schaff ich sicherlich 'ne Menge für die Uni.« Jetzt ist ja dein Baby endlich da. Erzähl doch mal, wie es dazu kam. Und ob das alles so gelaufen ist, wie du es dir vorgestellt hast. Und wie viel du dann wirklich geschafft hast, in den ersten zwei Wochen nach der Geburt ...

Liebe Lisa,
hier kommt also endlich mal eine Antwort von mir! Nun ist ja das Schöne im Leben, dass immer alles anders kommt, als man es ursprünglich geplant hat.

So war das auch mit der Geburt meines kleinen Maximes.

Er kam in der Nacht des 8. Novembers auf die Welt. Mehr als unerwartet. »ET«, der berühmte errechnete Termin, war eigentlich der 19. November.

Ich war in der 39. Woche, war seit Tagen genervt und nervös und konnte keine Nacht mehr durchschlafen. Stattdessen stand ich um 4 Uhr auf und schmierte mir dicke Brote mit Clotted Cream und Marmelade, manchmal fünf, sechs Stück und schaute Pay-TV.

So wachte ich also auch am Morgen des 8. Novembers völlig verballert auf, hatte kaum gepennt und quälte mich für eine Routine-Untersuchung zum Doc.

Als die Arzthelferin mich an das CTG (Abkürzung für engl. Cardiotocography)-Herzton-Gerät anschloss, dämmerte ich so vor mich hin – doch das sollte sich schnell ändern.

Denn statt der üblichen Herztonfrequenz zwischen 170 und 150 schlängelte sich die CTG-Linie plötzlich um einen Wert von 120. Die zwei Arzthelferinnen schienen nervös, schauten auf einmal zu zweit gebannt auf den CTG-Monitor.

»Alles okay?«, fragte ich – wohl wissend, dass hier etwas nicht stimmen konnte.

Am Ende entließ mich der Doc, den ich immer eine Spur zu cool fand, tatsächlich einfach so, nur mit einem Vermerk im Mutterpass.

Der Tag war natürlich gelaufen.

Welcher Arzt kann denn einer werdenden Mutter bitteschön einfach sagen: »Hmm, ist zwar alles nur halb okay, aber gehen Sie mal nach Hause.«?

Ich weinte schon beim Rausgehen.

Wie viele Geschichten hatte ich über Spätverluste in der Schwangerschaft und – ja, nennen wir es doch mal beim Namen – Totgeburten gelesen? Würde ich eine weitere Zahl in dieser Statistik sein?

Mittlerweile habe ich gelernt: Wir Mütter denken immer sofort das Schlimmste. Malen uns die größtmöglichen Horror-Szenarien im Kopf aus. Aber beschützen wir nicht auch ein, nein, DAS Leben?

Lange Rede, kurzer Sinn.

Ich versuchte mich also abzulenken, ging mit meinem besten Kumpel spazieren und besuchte am Abend mit meinem Freund sogar spontan noch eine Musikpreisverleihung.

Doch mein Gefühl wurde nicht besser.

Schließlich bat ich meinen Freund im Gewühl des Stehempfangs vor der Preisvergabe: »Können wir nicht schnell in die Charité fahren und den CTG wiederholen? Ich fühle mich gar nicht gut.«

Mein Freund nickte sofort.

Er im Smoking, ich im Abendkleid.

Ab ins Taxi. Wir dachten ehrlich nichts Dramatisches. Während der Taxifahrt kokettierte mein Freund sogar noch: »Ich habe die Eintrittsbändchen für die After-Show-Party noch mitgenommen. Wenn alles okay ist, fahren wir anschließend noch schnell dahin.«

Und dann ging es tatsächlich schnell. Eine Spur zu schnell.

In der Charité angekommen, stellten die Ärzte fest, dass der CTG unter 90 lag, und machten hochprofessionell kurzen Prozess.

»Sie sind in fünf Minuten Mutter«, sagte die Oberärztin plötzlich und ich weinte aus Angst und vor Glück gleichzeitig.

Tatsächlich, Lisa, kam es auch so.

Sofort schnappten mich zwei Assistenten, zogen mich auf den OP-Tisch, der Anästhesist nahm meinen Arm und steckte eine riesige Nadel rein – und schon war ich weg.

Als ich wieder aufwachte, stand da mein Freund. Direkt vor mir.

In seinem Arm ein kleines Päckchen, gehüllt in ein hellgelbes Handtuch.

»Maxime«, sagte er leise. »Das ist deine Mama.«

Dann legte er mir unser Baby in die Arme. Dass mein Bauch brannte wie bekloppt, weil er vor 20 Minuten noch 20 Zentimeter offen war – daran dachte ich nicht eine Sekunde. Ich hatte nur Augen für dieses perfekte, noch nasse, rosa Baby. Mein Baby.

An meinem Bettende standen zwei junge Hebammen, die wohl gerade nichts mehr zu tun hatten, und lächelten mich an. Maxime war an diesem Abend Baby Nr. 18 und ihre Schicht war wohl gleich um 22 Uhr zu Ende.

»Wollt ihr auf eine supercoole Party gehen mit Konzert und kostenlosen Drinks?«, fragte mein Freund die Mädels plötzlich und zog die zwei Eintrittsbändchen für die After-Show-Party aus seiner Tasche.

Für einen Moment schienen ihre Augen noch glücklicher zu strahlen als unsere.

»Auf jeden Fall, unbedingt«, antworteten die beiden.

Und mein Freund und ich empfanden das als einen guten Tausch.

Baby Maxime gegen zwei Bändchen für den VIP-Bereich.

Nicht schlecht, oder?

Vor allem, wenn wir an die durchgemachten Gesichter der zwei Ladys denken, die uns am nächsten Morgen versicherten, dass es die aufregendste Party des Jahres war.

Tja, Lisa, alles etwas anders als gedacht.

Aber wie hätte ich in diesem Moment etwas anderes als überglücklich sein können?

Am Ende ist es doch so: Ob du jetzt in der Gebärwanne saßest, im Geburtshaus, in einem OP-Saal oder im Taxi – wenn du dein Baby in den Armen hältst, sind neun Monate Schwangerschaft, die Geburt, deine Ängste und Wünsche, deine Hoffnungen und Pläne, wie du was nach der Geburt sagen oder machen willst, alles vergessen.

Zu deiner zweiten Frage, Lisa!

Nein, ich war natürlich nicht während des Wochenbettes im Wirtshaus essen. Ich saß zu Hause und habe wie alle braven Mamis den Hormonen freien Lauf gelassen, geschwitzt und geheult.

Aber dafür habe ich etwas anderes gemacht.

Kurz vor Weihnachten, vier Wochen nach der Geburt, bin ich mit Mini-Maxime im Wickeltuch los und habe einen 1,50-Meter-Weihnachtsbaum organisiert.

Vorne das Kind umgebunden, in der Linken den Baum, in der Rechten meine Longchamp-Tasche mit dem ebenfalls gerade gekauften Baumständer drin. Und dann ab in die U-Bahn.

Und plötzlich war ich wieder da. Ganz die Alte. Als Mama.

Gemeinsamer Dank

Wir danken ...

... Malte Welding für das Unterstützen unserer Idee.
... Petra Eggers fürs An-uns-glauben.
... Nina Krause für die tolle Zusammenarbeit.
... dtv fürs Realisieren.
... Sebastian Rohde für das geile Cover.
... Julija Goyd und Katja Hentschel für die Fotos.
... den Lesern von Stadt-Land-Mama.de für die Treue.

Lisas Dank

An erster Stelle danke ich Caro Rosales. Wir haben uns vieles anvertraut und stehen nun auf einer ganz neuen Basis. Ein großer Dank gilt Markus für den Zusammenhalt in dieser schönen, turbulenten und produktiven Phase. Auch meinen drei Goldlöckchen: Danke!

Inga und Kristina: Ihr seid mein Input und wirklich die besten Mitmütter Pbergs – grüßt mir die Meierei. Meinen Eltern und Schwiegereltern danke ich fürs Immer-da-Sein. Rike danke ich für die Chats. Nicky und dem Team von LetsFamily danke ich für den tollen Job. Silke, dir danke ich fürs Erstlesen und fürs Kinderhüten, wir vermissen dich alle sehr.

Des Weiteren danke ich folgenden tollen Personen, die direkt oder indirekt Teil dieses Buches wurden: Christine Harmann, Katharina Nachtsheim, Joe Landertinger, Sarah Büttner, Karen

Gottschild, Inga Pagel, Christina Häffner, Janine Frönd, Alexandra Bücker, Thomas Lindemann, Julia Heilmann, Pablo Andreae, Anne Fahron, Charlotte Sparla, Kerstin Schirmer, Melanie Ebers, Eva Baborsky, Christiane Reither, Nina Shewmaker, Merle Scholz, Tina Kesting, Dea Frohn, Katta Menze, Steffi Logermann, Birgit Querengässer, Birgit Sondergeld, Kerstin Buschbeck, Juliane Wendeler, Julia Lamskemper, Gabi Pollerhoff, Katrin Jäger, Heike Schürmann.

Caros Dank

Mein erster Dank geht an Lisa Harmann, die ich – schon lange bevor wir dieses Buch angefangen haben – im Stillen bewundert habe.

Aus tiefstem Herzen danke ich meinen Beiden. Baby Maxime fürs Groß-und-frech-Werden. Michael. Für unser Wagnis. Und dafür, dass du jeden Tag machst, dass ich dich mehr will.

Aram. Für dich, tausendmal.

Mama, Papa und Magali. Fürs chaotische, schöne Familie-Sein.

Dem Ärzte-Team der Berliner Charité, die mein Baby dank höchster Professionalität innerhalb von Minuten gesund auf die Welt gebracht haben. Man kann ihnen gar nicht oft genug danken.

Dem Redaktionsteam der B. Z. und besonders meinem Chef Peter Huth für die große Unterstützung, nicht erst seit meiner Schwangerschaft.

Ebenso danke ich Sylvia Jaszczykowski und den Girls aus Bonn, Katja Hentschel, Andrea Hömke, Annika Line Trost, Sophie Böcking, Lucia Steinert, Diana Zinkler, Anna Mezey, Charlotte Welding, Stefanie Schneidler, Judith Bruch, Saralisa Volm für die Inspiration und das Freundinnen-Sein.